カミと人と死者

東北大学大学院文学研究科
日本思想史研究室＋冨樫 進◉編

岩田書院

カミと人と死者　目次

はじめに――「体験としてのカミ」という出発点

冨樫　進

本論文集は、去る平成二五年(二〇一三)五月に還暦を迎えられた東北大学大学院文学研究科教授・佐藤弘夫先生に対し、これまでの学恩への感謝と祝賀の意を表す目的で編纂された。

以下の部分では本書の制作に至るまでのいきさつを簡単に振り返るとともに、本書所収の十三編の論文の梗概を示すことで、全体の序文に代えることにしたい。

佐藤先生は平成四年(一九九二)四月、東北大学文学部に助教授として赴任されて以来、一貫して日本思想史研究室所属の学部生・大学院生に対する教育の任に当たられてきた。とくに平成一三年(二〇〇一)年三月に前主任の玉懸博之教授、同一五年(二〇〇三)三月に併任の吉田忠教授がそれぞれ定年退官なさったのちは、両教授の後を承けて研究室を主宰され、平成一三年(二〇〇一)四月以降は主任教授としてその任に当たられた。

この間先生は、学部生時代の研究テーマである日蓮をはじめとした中世鎌倉仏教研究や古代から近現代に至る神仏交渉史研究を基軸に、文献実証主義に基づく独創的な内容の研究を世に問うてこられた。さらに、近年では死生観・ヒトガミ信仰に関する研究を次々と発表することにより、これまで〈頂点思想家〉の手になる文献史料のみによって構築される傾向にあった日本思想史学のパラダイムを転換すべく、果敢な挑戦を続けておられる。

その一方、学部や大学院における講義や演習、玉懸教授在任時以来の恒例行事であった日本思想史夏季セミナー（二〇〇八年度まで継続）などの場を通じて学生の教育に力を注がれるとともに、日本思想史学会（二〇一〇年～二〇一三年度に会長就任）・日本宗教学会・日本文芸研究会・東北史学会などの諸学会において要職を歴任されるなど、斯学の発展にも大きく寄与されてきた。また、平成二六年（二〇一四）四月からは東北大学大学院文学研究科長に就任され、開学以来「研究第一主義」を標榜する東北大学全学の牽引役としての重責を担われている。

このような先生のご指導・ご鞭撻のもと、これまで数多くの人材が学窓を巣立ち、学界をはじめ様々な分野において活躍を続けている。

こうした経緯をふまえ、二〇一三年の初頭より、在学生を中心に記念行事を執り行いたい、という話が持ち上がった。この企画を実現すべく、さっそく大学院生により構成される実行委員会、通称「ＳＨ会（会名は佐藤先生のイニシャルに由来）」が結成された。実行委員会は小嶋翔・村上麻佑子・小泉礼子・島田雄一郎・若色智史・安江哲志・松本学の七名によって構成され、准教授の片岡龍と助教の冨樫進がアドバイザーとして加わることとなった。

佐藤先生の還暦二ヶ月前にあたる三月六日、第一回目の企画会議が催された。その結果、記念行事は一泊二日の合宿（セミナー）形式とすることに決定した。それに伴い、佐藤先生の新著『ヒトガミ信仰の系譜』をテキストとした勉強会を企画、研究室内外に広く参加を呼びかけるとともに、学生有志の主宰する「読書会」――これは、佐藤先生の学部生時代から現在に至るまで、代々の学生によって自主的に受け継がれている伝統的な企画である――における使用テキストを合宿のテーマに可能な限り関連づけるなどの方策を講じることで、合宿参加（予定）者間における問題意識の共有を図ることとなった。

実行委員会発足当初に設定された共通テーマは、佐藤先生の問題関心の広さを象徴するとともに、合宿参加者の多種多様な研究テーマをもれなく包括することを目指した「神・仏・天・スピリチュアリティ」というものであった。しかし勉強会や読書会、および企画会議における議論の深化に伴い、テーマをさらに絞り込むべきではないかという意見が次第に実行委員の中から出始めるようになった。

当初のテーマに列記された四点のキーワードを超越者たる〈カミ〉という概念で捉え直した上で、時代毎に異なる様相を見せる〈カミ〉と〈人〉との間に共通の認識基盤・行動様式を見出すことができないだろうか。戦争や死といった危機的状況における〈カミ〉認識の在り方を追究することで近代国家・国体の実態を理解する手掛かりが得られるのではないか――このような問題関心の根柢には、文献史料という〈記憶〉を用いることでしか過去の〈認識〉に触れることのできない現代人にとって、〈カミ〉あるいはそれに類する超越的存在の実在感を学問のレベルにおいて体感することが可能なのか、という問いかけが存在する。本質的な意味における歴史〈認識〉を過去と共有することなくして（現代的価値観においてはともすれば「世俗化」の一語で片付けられてしまいがちな）「非合理」な〈カミ〉に対する〈信〉の意義を正しく評価することは極めて困難である。〈人〉と〈カミ〉との出会いの瞬間に〈信〉が発生するのであれば、〈カミ〉を「信じる」という営みはいかなる作用をもたらし得るのか――このような問題意識は、毎週のように行われ時には深夜に及ぶ議論の場を経て実行委員の間に遍く共有され、五月二二日開催の企画会議において「体験としてのカミ」というテーマが改めて設定された。

六月には新しい共通テーマの設定を承けて、佐藤先生が助教授に就任されて以来、その講義を聴講させて頂いた方々に加えて、その期間に助教（助手）・院生として指導や助言を受けた方を対象に記念合宿開催の案内を送付した。同時に発表者選定も本格化し、気鋭の若手研究者である先崎彰容・船田淳一の両氏、および実行委員の若色智史氏の三名に口頭発表をお願いすることとなった。各発表に対しては大学院生によるコメンテーターがつくこととなり、発表者・コメンテーター・実行委員の間において、問題意識の共有を目的とした綿密な打ち合わせが繰り返し行われた。さらに、佐藤先生に対する感謝と祝賀の気持ちを一つの〈かたち〉として残すとともに、合宿を通じて各参加者間に共有されるであろう問題意識を風化させることなく維持・発展させていくことを目的として、記念論文集の制作が本格的に検討されることとなった。

論文集のスタイルについては実行委員の間で様々な形式が検討されたが、最終的に『ヒトガミ信仰の系譜』（二〇一二年）『死者のゆくえ』（二〇〇八年）の版元にして、佐藤先生とは懇意の間柄でもある岩田書院社長・岩田博氏にご相談申し上げることとなった。飛び込み営業のセールスマンも真っ青の、佐藤先生のコネをほぼ唯一の頼みとする実行委員からの唐突かつ不躾なお願いであったにもかかわらず、岩田氏からは親身にして有益な数々のご助言とともに、論文集出版についての前向きなお返事を頂戴した。その上、お盆間際のお忙しい時期であるにもかかわらず、遠路はるばる記念合宿の場にまでご臨席頂けたのは私たちにとって望外の幸運であった。

かくして、七月末から八月初旬にかけての複数回に及ぶ調整やリハーサルを経て、記念合宿は二〇一三年八月一一・一二日の両日に「体験としてのカミ」という共通テーマのもと、以下のような内容で実施された。

平成二五年（二〇一三）八月一一日（一日目）

総合司会　島田雄一郎

趣旨説明　小嶋　翔

（研究発表）

中世の春日神と死者――白毫寺の一切経転読儀礼と穢れをめぐって――　船田　淳一

（コメンテーター　小泉　礼子）

内なる神――池田草菴の自己修養について――　若色　智史

（コメンテーター　村上麻佑子）

パネル発表

李　月珊

王　一兵

井出　貴幸

小原　早織

古山　善貴

佐々木隼相

安東　美香

皆川弘二郎

渡邊　美咲

高橋　恭寛

小泉　礼子

監修　松本　学

コーディネーター　松本　学

佐藤弘夫先生還暦記念祝賀会

二次会

平成二五年（二〇一三）八月一二日（二日目）

（研究発表）　　　　　　　　　　　　　　　　　　　　　　先崎　彰容

神、あるいは超越性をめぐって——近代日本思想点景——

（コメンテーター　　　　　　　　　　　　　　　　　　　　吉川　裕）

全体討論

司会　　　　　　　　　　　　　　　　　　　　　　　　　　小嶋　翔

アシスタント　　　　　　　　　　　　　　　　　　　　　　小泉　礼子

八月一二日は入道雲の湧き上がる夏日のもと、ＪＲ東北本線の小駅・桑折《こおり》から車で五分ほどの山あいにある保養施設・うぶかの郷（福島県伊達郡桑折町）に、以下の三十六名の参加者が集合した（順不同・敬称略）。

佐藤　弘夫	岩田　博	曽根原　理	本村　昌文	桐原　健真	和田有希子
渡辺　毅郎	先崎　彰容	森川　多聞	中嶋　英介	石澤　理如	船田　淳一
森　新之介	塩野　雅代	高橋　恭寛	松山　和裕	吉川　裕	小泉　礼子
村上麻佑子	小嶋　翔	島田雄一郎	油座　圭祐	李　月珊	若色　智史
王　一兵	安江　哲志	松本　学	佐々木隼相	小原　早織	井出　貴幸

古山　善貴　　安東　美香　　皆川弘二郎　　渡邊　美咲　　片岡　龍　　冨樫　進

また、ご都合により残念ながら合宿会場にはお越し頂けなかったものの、オリオン・クラウタウ氏と梶沼彩子氏にはいろいろとお心遣いを頂くことになった。

会場となった「うぶかの郷」とはかつて、夏季セミナーの会場として長らくお世話になっていたご縁があり、佐藤先生および一定年齢以上の日本思想史研究室OB・OGにとっては馴染み深い場所のひとつである。渓流沿いにある平屋建ての建物の周辺には桃畑の点在する長閑な山村風景が展開しており、学術的な討論に没頭するにはまさに絶好のロケーションといえる。

セミナーでは三本の研究発表とその成果を承けた全体討論に加え、大学院留学生の李月珊・王一兵、学部生の井出貴幸・小原早織・古山善貴・佐々木隼相・安東美香・皆川弘二郎・渡邊美咲の各氏により〈宮崎駿アニメ〉〈怪談〉〈ゆるキャラ〉をテーマとする三本のパネル発表が行われた。学部生自筆のイラストや〈ゆるキャラグランプリ〉における「実地調査」の成果などを交えたユニークな内容の発表により、硬軟織り交ぜた種々の題材を自在に用いて日本思想史の魅力と奥深さを語られる佐藤先生に相応しい、小輪ながらも実に色鮮やかな〈華〉が添えられることとなった。

佐藤先生ご本人には合宿の本来の趣旨を初日の夕方まで伏せておき、研究発表・パネル発表終了後の宴席においてクラッカーによる「祝砲」のもと、参加者一同でお祝いの言葉を申し上げることにした。このような計画が予想以上に首尾よく進み、佐藤先生に対する文字通りのサプライズ企画として成立し得たのは、実行委員会メンバーそして参加者各自の気持ちが「佐藤先生に喜んでいただきたい」との思いのもとで一つになったことの何よりの証であろう。

宴席では、文学部野球大会において学部生時代より現在に至るまで日本思想史研究室チーム不動のエースとして君臨されているという佐藤先生の「もうひとつの偉業」にちなみ、背面に「ＨＩＲＯＯ・Ｓ」のネームおよび背番号「60」（永久欠番）をあしらった真紅のＴシャツを記念品として贈呈させて頂いた。さらに有志による寸劇やスライドショー、青森県の高校で教鞭をとる松山和裕氏によるアカペラ独唱や〈教え子代表〉和田有希子氏から送られた手紙の朗読などが次々と先生に捧げられ、出席者一同が和気藹々とした空気に包まれた時間を過ごすことができた。

宴席終了後の二次会では岩田氏を車座に囲み、昨今の学術出版をめぐる様々な興味深いお話しを伺う機会に恵まれた。そして、本書企画案の原形に相当する論文集『日本思想史のポテンシャル（仮題）』の具体案が実行委員会によって初めて公とされ、議論の俎上に載せられたのが、まさしくこの座談会の場だったのである。

以上にみてきたように、本書の出発点は実行委員をはじめ多くのＯＢ・ＯＧ、学生達によって創り上げられた記念合宿「体験としてのカミ」に他ならない。記念合宿、および本書の制作・刊行がいかなる目標のもとに企画・立案されてきたのかということを振り返る意味をこめて、一日目に実行委員によって読み上げられた「趣旨説明」の全文をここに引用したい（本文に既出の書誌情報など、ごく一部の箇所において必要最低限の修正・省略をおこなった）。

日本思想史という学問分野は何を対象とする学問分野なのでしょうか。近年、思想史の世界で盛んに唱えられているのは、「人文科学の基幹としての日本思想史学」、つまりタコツボ化が指摘される各学問領域の垣根を越え、横断的に人文社会全体を見渡す「基幹学問」としての日本思想史です。隣接領域をも包摂しようとする日本思想史という学問領域の在り方は、古くは津田左右吉が『文学に現はれたる我が国民思想の研究』で、既存の学問領域や手法に囚われない斬新なスタイルで全体史を描き出そうとしたように、思想史という学問領域が持つ潜在的な野心の発露であると言えるでしょう。

我々の研究がそのようであるならば、個々人の具体的な研究対象が何であるにせよ、行き着く先においては、いわば人類共通の課題ともいうべき問題に応えられるものでなければならないと思われます。今回、「体験としてのカミ」というテーマを設定しましたが、ここでいう「カミ」とは、まさにそのような課題として想定したものです。

今回の研究会にあたって、日本思想史研究室では大学院生、学部生を中心に、当研究室の教授・佐藤弘夫先生の近著『ヒトガミ信仰の系譜』の読書会を行い、勉強を重ねてきました。佐藤先生は同著の中で次のように書いています。

死はだれ一人避けることのできない人間としての宿命である。他方、カミは遠い過去から一貫して人に寄り添いつづけてきたパートナーだった。人文科学の目的が、「人間」というこの不可解な生物の本質を解き明かそうというところにあるとすれば、もっとも深いレベルで人と関わってきたこの二つのテーマこそが、恰好の糸口となるのではないか。（二三一頁）

こうしたご関心から刊行された別の近著としては、『死者のゆくえ』があり、『死者のゆくえ』では「死」をめぐる思想史が、『ヒトガミ信仰の系譜』では「カミ」をめぐる思想史が、それぞれ描かれました。

時間も空間も越えた人類共通の課題としてある「死」と「カミ」のうち、今回は「カミ」をテーマとします。「死」、またその他限りなくある不幸や悲しみなどを前に、人類はいつの時代も「人間を越えた存在」としての「カミ」を追い求めたものと思われます。しかし、脱呪術化された近代以降の時代を生きる我々にとって、「カミ」を必要とする理由は失われていないにもかかわらず、「カミ」を感じる契機は多くが失われてしまったように思われます。「体験としてのカミ」というテーマは、思想史の上で「カミ」がどのように体験されてきたかを振り返り、翻って今日の思想状況を相対化して、より豊かな人類史の将来を探ろうとするものです。

全体の構成としては、古代中世・近世・近代と、各時代をご専門にされている方にそれぞれご発表いただき、最終の全体討論を行う予定です。二日間で幅広い時代や分野を扱うことになりますが、それぞれのご専門に関わりなく、ぜひ越境性という思想史の精神をもって、自由闊達に議論していただきたいと考えております。

なお、今回の研究は、今日と明日だけで終わるものとは考えておりません。学問領域のタコツボ化とはよく言いますが、それ以前に同一学問領域内でも、研究対象や時代が異なれば議論がなかなか行われないような、一人一人の問題関心や視野の狭隘化ということが起こっているように感じられることも多いのではないでしょうか。今回の研究会「体験としてのカミ」を契機として、各人がそれぞれの研究成果を持ち寄りながら、全体で新たな知見を広げていくような場を継続的に持つことができればと考えております。また、そこでの成果を具体的な形で広く世に問うことも視野に入れております。

しかし、このように趣旨説明をする私も、この研究会を中心になって開催した研究室所属の院生も、まだまだ浅学の身です。佐藤先生はよく「研究者として野心的であれ」と仰います。今年も去年も、その前の年も、年度初めの演習授業では決まってそのようにお話しされました。私の記憶している限り、ここ何年間も毎年同じです。ぜひそのようでありたいと思いながら今回の研究会も開催に至ったわけでありますが、野心があっても力の追いつかないことも多いでしょう。本日お集まりいただいた皆様には、そのような現役学生をぜひ応援していただきたく、さしあたっては今日と明日の二日間、積極的な熱い議論をお願いしたいと存じます。

以上、雑駁ではありますが趣旨説明とさせて頂きます。

合宿終了後、記念論文集の編集・制作作業は諸般の事情により、実行委員会全メンバーからアドバイザーの片岡・冨樫へと委譲されることとなり、書名も『カミと人と死者』へと改められた。

二〇一三年一二月、記念合宿の参加者を含むOB・OGおよび在学生に執筆者を募ったところ、予想をはるかに上回る数の申し出があった。制作費用等の関係から希望者全員に執筆を依頼することは到底不可能であり、最終的に石澤理如、オリオン・クラウタウ、昆野伸幸、東海林良昌、末永恵子、鈴木啓孝、成海俊、永井隆之、中嶋英介、船田淳一、本村昌文、和田有希子(五十音順)の諸氏に片岡龍を加えた、OB・OGを中心とする計十三名に執筆を依頼することとなった。

研究テーマや興味関心を異にする学生たちが額を寄せ合い、五ヶ月間に及ぶ産みの苦しみに耐えて創りあげた〈結晶〉を、果たして本書は掬い上げることができたのかどうか、その判断は読者諸賢に委ねるしかない。いささか荒削りではあるものの〈日本思想史〉という学問の高みに挑戦せんとするエネルギーの赴くままに一気呵成の勢いで書き上げられた「趣旨説明」と、本書に寄せられた十三本の論文との間における問題意識の齟齬を感じる向きがあるとすれば、その責めはひとえに双方の橋渡し役であるところの片岡・冨樫の両名が負うことになるだろう。

以下、本書所収の諸論考の内容を、掲載の順序にしたがって簡単に紹介していく。

和田有希子「思想史研究の転換――佐藤弘夫著『ヒトガミ信仰の系譜』の意義――」は、佐藤先生の近著『ヒトガミ信仰の系譜』(前掲)を辻善之助以来の神仏習合研究史上に位置づけることで、その研究史的意義を明らかにするとともに、同書(および、それに先行して公表された諸著作)によって提示される新たな思想史研究のあり方を展望する内容の論考である。これまでの佐藤先生の諸研究の集大成ともいうべき『ヒトガミ信仰の系譜』は、従来自明のものとされてきた神―仏の区分の歴史的な限界を突き、〈カミ〉(人間にとっての聖なるもの)と人間との関係(冥―顕)を軸に、靖国神社に至るヒトガミ信仰の系譜を論じる内容をもつ。和田論文によれば、そこでは「日本固有の神道」を実体視せずに人々の思索の跡と捉えると同時に、実証的な文献読解から大胆なパラダイムの転換が鮮やかに果たされており、この点において同書は「ポストモダン」の思想史研究の実践を示した業績として評価することができるという。

成海俊「日本思想における死生観――韓国の巫教との対比を通して――」は、死者供養を目的とした儀礼を通じて韓日両国の死生観について検討する。〈孝〉を重要な倫理的価値観念とする東アジアでは、死後も生前と同じような環境で過ごしたいという永続願望を背景として、墓や納骨堂を設けて祭日や忌日に死者を弔う儀礼が広汎に発達した。しかし、神道的観念に基づき仏教的要素の強い葬礼をおこなうことの多い日本の死生観は、東アジアの伝統的な神観念と似て非なるものといえる。成論文では儒教の『朱子家礼』導入により、儒教、ことに巫教的要素を濃厚に有する韓国の葬送儀礼と日本の葬送儀礼との比較を通じて、韓日両国の死生観の変遷を通史的に検討する。

片岡龍「「神明の舎」のありか――神は正直の「頭に宿る」のか、「頂を照らす」のか――」は、中国古代に由来し、中世以来の日本の神道・儒教における重要概念の一つともなった「心は神明の舎」の語と、同じく中世以来の日本に流布した「正直の頭に神宿る」の諺をとりあげながら、〈カミが宿る場所は心臓なのか脳なのか〉、〈カミとタマとはどのような関係にあるのか〉といった問題を、当時における医学知識の普及や韓国思想との関係も示唆しながら論じ、それによってカミ観念研究に対する方法論的な問題提起を試みたものである。

舩田淳一「中世の春日信仰と死者供養――白毫寺の一切経転読儀礼と穢れをめぐって――」は、中世南都の神仏習合儀礼に関する論考である。興福寺・春日大社を中核とする中世南都世界の周縁部に所在した律院である白毫寺ではかつて、本来であれば死の穢れを最大のタブーとするはずの春日神自ら、墓地となった旧社地に埋葬された死者霊を救済せんとする縁起を有する法会が年中儀礼として恒常的に実践され続けていた。船田論文ではこの「白毫寺一切経会」の実態を縁起や次第書など諸種の史料から復原することで、神祇信仰に基づく死者供養という独特の儀礼の成立背景を、春日山をめぐる他界観の中に探っていこうとするものである。

永井隆之「中近世移行期の村々における領主像——加賀国石川郡富樫郷を例に——」は、多面的な性格を有する戦国時代の領主が、いかなるかたちで領民に認識されていたのかという点を明らかにしようとする。戦国期の領主は平和維持や紛争解決、村々の保護といったさまざまな義務を負う存在であったが、永井論文では、そのような領主の姿を守護富樫氏の強い影響下にあった加賀国富樫郷に伝わる「藤五物語」を題材に、領民にとっての理想の領主像について検討した。それは一揆の一翼として自治を担い、それ故に地域の歴史・信仰の言説を用いて自ら由緒を作るようになった、戦国の村々が求めた領主像であったという。

本村昌文「林羅山の死別体験」は、これまでの思想史研究でなされてきた儒学者・林羅山(一五八三〜一六五七)の内面に光をあてる方法をもとにし、彼の死別体験、とくに弟の永喜との死別に際して抱いた意識に注目し、その前後に見られる羅山の心情にも目を配りつつ、羅山の〈死生観〉について検討したものである。本村論文によると、死別体験が羅山にもたらしたものは悲嘆の感情のみならず、①仏教に基づく死の儀礼の根強さ、②親への孝のあり方、③老いの自覚と残された寿命を思って生じる畏怖の感覚である。数々の死別体験を通じて、羅山は自らの本来の志とそれを子孫へと継承させていく必要性を自覚するようになったことを明らかにした。

東海林良昌「勢至菩薩の示現としての法然——近世浄土宗学僧忍澂・義山による伝記研究をめぐって——」は、江戸中期浄土宗の代表的学僧である忍澂(一六四五〜一七一一)・義山(一六四七〜一七一七)両名の手になる法然伝研究が、前近代における法然像形成に与えた影響について論じたものである。これまでの法然伝研究は、中世に編纂された諸伝成立の先後関係や史実としての宗祖法然を明らかにすることが中心であったため、近世における法然伝研究については必ずしも十分な考察が加えられていない。東海林論文では法然没後約百年後の室町期に編まれた舜昌『法然上人行状絵図(四十八巻伝)』の権威化、および法然勢至菩薩化身説の流布を通じて、滅後五百年に向けた法然への大師号加諡に際して忍澂・義山の両名が果たした役割を明らかにしようとする。

中嶋英介「近世士道論と「死」」は、戦後の近世武士道研究にて評された「伝統的武士道論」と「儒教的士道論」を、奉公人による「死」を軸に再考した論文である。『匹夫訓』『武士としては』『武道初心集』といった一八世紀成立の教訓書において理想視される「死」とは、武士個人のそれではなく、家督争いを避けるために書付を遺すという、段取りあるものであった。中嶋論文によれば、このように後の誇りを受けることのない死を目指す姿勢は『葉隠』上の武士談にも認められるものであり、士道・武士道という構図を前提とする研究史の再検討を迫るものであるという。

末永恵子「白虎隊の死と古典世界」は、戊辰戦争時の少年節による集団自刃事件に基づく白虎隊の〈物語〉が近代を通じて広汎に普及していく過程を追う内容である。白虎隊の自決という事件が小説・演劇・詩・映画などを通じて物語化される過程で、史実からの乖離や潤色が行われた。末永論文では白虎隊の物語化の過程で、白虎隊像に源義経・平敦盛・文天祥・楠正成のイメージが投影されていることを明らかにした上で、白虎隊の物語がいわば共感的に受容された一因として、日本人が愛好していた古典世界の英雄像と類似点の多い人物造形がなされていることを指摘する。

鈴木啓孝「席次を争う神と人――近代における津軽顕彰を例に――」は、死者への贈位を手段とした地域顕彰運動の展開について、弘前出身の歴史家・外崎覚(一八五九～一九三二)を中心に考察したものである。歴史家として郷里の過去と向き合い、大凶荒による無念の死を強いられた無名の死者たちと対面した外崎の思想は、軍礼賛に直結する戦死軍人の英雄化・神格化とは一線を画するものであり、既存の国家意思への盲目的追従ではなかった。鈴木論文では外崎による旧藩主の神格化・顕彰活動を、地域における人材育成活性化のための方策であると同時に、飢餓による無数の死者たちへの慰霊・自らの故郷である津軽への慰撫としての性格を有するものであったと述べる。

オリオン・クラウタウ「近代と〈未来預言〉――仏教の滅亡をめぐる一八八〇年代の一論争について――」は、明治前期における仏教再構築をめぐる実践について論じたものである。明治期には、仏教各宗の「衰微」を嘆き、その「復興」あるいは「改革」を目指すような運動が次々と展開していくことになる。オリオン論文ではそのコンテクストのさらなる理解に貢献することを目的として、明治一〇年（一八七七）に創刊された諷刺雑誌『団団珍聞』の記者などを務めた著述家・田島象二（一八五二～一九〇九）が明治二一年（一八八八）に著した『仏教滅亡論』と、その翌年に「南柯堂夢笑道人」こと萩倉耕造（生没年不詳）によって著された反論の書『仏教不滅亡論』との検討を通じて、日本近代仏教史上における両書の意義を明らかにする。

石澤理如「欽仰すべくして干犯すべからず――憲法学における天皇制理解に関する一考察――」は、天皇が神格化され、大日本帝国憲法によって絶対視されていく過程の前提として、明治・大正期の国法学および憲法学の解釈からどのように解釈できるかを探っていくものである。石澤論文では憲法学のフロンティアとも呼べる一木喜徳郎（一八六七～一九四四）と穂積八束（一八六〇～一九一二）、一木の弟子である美濃部達吉（一八七三～一九四八）と穂積の後継者である上杉慎吉（一八七八～一九二九）という四名の公法学者の天皇制理解に加え、初代内閣総理大臣・伊藤博文（一八四一～一九〇九）の著した『憲法義解』を中心に、解釈学における天皇の位置づけと天皇制理解を軸とした、近代天皇制における神格化過程の一部分を明らかにすることを目指している。

昆野伸幸「葦津珍彦と英霊公葬運動」は、神道家・葦津珍彦（一九〇九～一九九二）が日本回帰を果たした昭和七年から英霊公葬運動に参加する昭和一八年（一九四三）に至るまでの思想について検討したものである。昆野論文は、神道信仰＝天皇信仰を核とする葦津の思想が、筥崎宮の神職を務めた実父・耕次郎から大きな影響を受けたものであり、かつ昭和維新運動の中心人物たちの思想に通じるものであったこと、また葦津が昭和一六年以降盛り上がりをみせた英霊公葬運動への参加を通じて、公葬・私葬を使い分ける立場から戦没者を対象とする公葬神式統一の論陣を張った点を明らかにした。

本書の執筆者のほとんどは、佐藤先生から論文指導をうけた経験を有している。

私たちが先生から受けた指導はいわゆる「添削」に留まらない。先の趣旨説明の一節ではないが、佐藤先生はここ何年もの間、「この一年間、ここにいる人たちの中で僕が一番たくさんの論文を書いてみせるから」という〈宣言〉や、「プロというのは、どんな場面でもベストの仕事をしてみせなくちゃいけない。たとえ一回でも失敗したら、それでおしまいなんだよ」といった警句を、一言一言にこめられた身のすくむような厳しさにそぐわない、実に楽しそうな笑顔で口にされている。その一方で先生は「どの研究にも必ず光る側面がある。人の仕事を評価する時には、細かな欠点を一つ一つあげつらうのではなく、どうすれば本人の気づかないような豊かな可能性を引き出すことができるのだろうかという視線による、生産的な内容の議論を心がけなければならない」という一貫した姿勢のもと、常に温かな眼差しで後進の指導に当たられている。このような、研究という営為に対する限りない敬意と愛情とに満ちた先生の若々しくも大きな後ろ姿に導かれ、私たちは思い思いのペースで確実な歩みを続けている。

佐藤先生の学恩に報いる目的で編んだ本書が多少なりとも斯学の発展に寄与するとともに、いまだ道半ばにある私たちにとっての確かな里程となることを確信している。

今春（平成二六年四月）からの文学研究科長就任によって佐藤先生には膨大な量の校務が課せられることとなり、教育や研究に傾注できる時間は極めて限られたものとなってしまった。

何事にも手際よく、的確かつ円満に当たられる先生の高度な業務遂行能力とそのお人柄とを思えば、研究科長へのご就任にはやはり得心するほかない。その一方で、佐藤弘夫教授室の窓から漏れる蛍光灯の明かりが深夜に至ってなお煌々としているさまを見るにつけ、人知れずご無理を重ねていらっしゃるのではないかという懸念を拭い去ることもできない。まずは佐藤先生のご健康を専一にお祈り申し上げるとともに、思う存分ご研究に打ち込むことのできる環境が一刻も早く訪れるよう、心より願うばかりである。

末筆ながら、ご多忙の中ご寄稿下さった佐藤先生、並びに出版事情の厳しい状況下、本書の出版をご快諾くださった岩田書院の岩田博氏のご両名に対し、記念合宿の実行委員一同ともども、改めて御礼申し上げたい。

思想史研究の転換
――佐藤弘夫著『ヒトガミ信仰の系譜』の意義――

和田有希子

一　『ヒトガミ信仰の系譜』

『ヒトガミ信仰の系譜』（岩田書院、二〇一二年九月。以下、本書と言う）は、著者佐藤弘夫氏（以下、著者と言う）の一一冊目の単著である。著者の研究は、当初、日蓮から開始され、その思想的背景の究明として鎌倉仏教全般についての研究、そして一九九〇年代後半から神仏交渉論研究と中世の世界観（コスモロジー）に関する研究へ、そして空間に現れた中世の世界観を捉える霊場論へと展開する。近年では、著者自身が「五十路の坂を越えようとするころ、私は残された研究者としての人生を賭けるべきテーマとして、二つの仮題を設定した。一つは「死」であり、もう一つは「カミ」である」（本書あとがき）と述べるように、「死」と「カミ」の問題の追究を、これまでの研究の延長線上に行うに至っている。本書は、そうした近年の問題関心のもと、前著『死者のゆくえ』（岩田書院、二〇〇八年）が「死」を扱ったのに対し、「カミ」、特にヒトガミ信仰の展開を追うことを通じて、日本人の思考を人類史の中で究明しようという壮大な構想を持つ最新の著作である。

まず本書の構成を紹介しておく。本書は、以下のような構成から成っている。

本書の具体的な内容について、次節に示すことにしよう。

二　本書の内容概観

本書は、ヒトガミ信仰の展開を軸に、「私たちはなぜカミを必要とするのだろうか。なぜ、これほどまでに執拗にカミを求め続けてきたのだろうか」（五頁）という課題に答えるものである。ここでいう「カミ」は、本書を貫く重要な概念である。それは、日本に特化された「神」ではなく、人間を超えた普遍的な存在としての「カミ」である（五頁）。これこそが、前著『死者のゆくえ』以来、明確にされてきている著者の重要な視点である。

その上で、著者が採る方法は、次の三点である。第一点は、従来の歴史科学が採ったような、多くの民族における「固有の文化の特徴」を浮き彫りにする方法ではなく、人間が普遍的に持ち合わせている認知システムとある環境因子とが出会った時に、諸地域の歴史の類似性や特色を生み出すという前提のもと、ヒトガミの展開を通した日本の思想史を、人類史の展開の中に位置づけることである。このため、認知考古学の成果も多用することを主張する。第二点は、人が神となって子孫を護るという観念についても、これまでいわれてきたように、太古以来の日本固有のものであると前提せず、いつ形成されたかを掘り起こすことである。この上で第三点として、現人神、生き神、即身仏など様々な種類のヒトガミを包括的に捉える方法として、これまでヒトガミ研究に欠落してきた通時的な視点を重視するということである。このような方法に基づいて著者は、広い文化圏の中で、日本人の思考パターンを捉えていこうとするのである。

第一章では、「人類はいつから同じ人間のなかに、人を超えたカミの姿を見出すようになったのであろうか」（一七頁）という課題に、天皇霊の問題から迫っていく。天皇霊に焦点を当てたのは、従来、ヒトガミの原点は平安時代、祟り神であるとされてきたことを再検討するためである。著書は、文献史料の検討から、天皇霊が、平安期の祟り神や御霊のような、恨みを抱いた政治的な敗北者とは異質の、天神地祇と同列に扱われることもある守護の存在であったことを明らかにした。天皇霊が神々と同列の守護の存在になり得たのは、七世紀、天武・持統朝に進められた、天皇を国家の唯一の代表者にまで引き上げる運動によるもので、天皇家の陵墓を定めることで、天皇家代々の権威を高め、他の貴族との区別化を図り、アラヒトガミとして君臨できるようになったことによるという。しかし、天皇霊が代々の天皇を守護するという営為は、この時期に新たに始まったことではなく、氏族が子孫を加護するという、以前からあった観念を継承したものであり、また、従来の古墳が山稜として、天皇の霊魂の宿る地と解釈されるようになったのも、清浄な山にいるのが神だという古くからの観念を継承したものだと著者は述べる。そのように考えた時、ヒトガミの発生は、従来いわれてきたような平安時代でもなく、また奈良時代の天皇霊でもなく、より時代を遡って、その発生の現場を検証しなければならないのではないか。そこで次章では、縄文時代にまで遡ってヒトガミ成立の具体相を見直していく。

第二章では、まず認知考古学の成果を取り入れて、十万年〜二十万年前、現生人類（ホモサピエンス）が誕生したところに話を戻し、日本ではいつから人間を超えた存在＝カミを認識するようになるのかという問題に迫る。そもそもホモサピエンスは、狩猟の際に予め待ち伏せができる脳の発達を持ち合わせていたが、この能力こそが、人間を超えた存在を認識できる能力だという。そして、この人類の発展の中に日本の縄文時代の信仰状況を位置づけていく。縄文時代には、聖なる存在を示した動物の姿が施された土器が現れ、縄文後期には、それまで集落内に作られていた墓地が、集落の外に形成されるようになるという。このことは、縄文時代には既に聖なるものが認識されるようになっていたことと同時に、縄文後期には、死者を生者の世界から区別し、環状列石として知られる埋葬と祭祀の場が生み出されてくることを示している。こうした例から、今から三千年〜四千年前の縄文時代後期には、人間を超えた存在（カミ）へのイメージが膨張し、人々がカミと共に生き、祭祀をしながら生活を始めていたことが窺えるというのである。

弥生時代には、縄文時代のような直接的な祭祀の対象であるカミの表現がなくなり、かわりに、祭祀を司り霊力を持つシャーマンや、カミが降りてくる依代などが描かれるようになるという違いがあるが、いずれにせよこの時点ではまだ、特定の人物がカミとして顕彰されるような祀られ方は確認できない。つまりヒトガミの出現を認めることはできないことが明らかにされる。このような縄文・弥生時代の特色から著者は、時代区分によって歴史的状況に明確に線引きをすることとの危険性を指摘し、時代区分を超えて様々な観念が定着していく「緩やかな実態」にこそ着目すべきことを主張するのである。

では、ヒトガミの出現はどのような状況で起こったのか。第三章では、紀元三世紀半ばに作られた箸墓古墳を書き出しに、前方後円墳生成の事例からその問題に切り込む。前方後円墳が広範囲に作られるようになる背景には、集落の規模が大きくなる中で必要とされた、人々を取りまとめるシステムの出現があり、それが人間を超えた存在＝カミだったとする。シャーマンのような、カミの意思を取り次ぐ権利の独占が重視された弥生時代とは異なり、小国家の統合により、集団の数が増えたことで、より普遍的で強大な力を持つ神格が必要とされ、古墳が増産されるようになった弥生中期から古墳時代に連なるこの時期こそ、ヒトガミ誕生の画期とみるのである。また古墳は、山にカミが宿るという古くからの観念に伴って認識され、死者はカミと見なされた。古墳で行われる祭祀も、古墳以外で同時代に行われていた祭祀と同様のカミ祀りの形態と共通していることから、古墳に葬られる支配者がカミと見なされていたことが明確になるという。また、七世紀末の天皇を中心とする集権国家形成に至って、カミが特定の社殿に常住する以前のこの時期には、古墳を依代とみなし、そこにカミを勧請する従来の祭祀が行われていたと考えられる。このように、古墳という新しい機能が登場しても、古くからの祭祀の形態がそこに継承されることは、前章でも言及された、信仰形態の変化の「緩やかな実態」の一例といえる。

七世紀末の天皇を中心とする集権国家形成に至り、古墳文化は衰退した。それは、他の首長に対する大王の地位の特権化に向けた流れの中で、自らの権威の延長としてカミになるのではなく、大王が天神地祇や祖先神、歴代の天皇の霊によって守護される存在へと変化するからである。著者は、日本と同様のこうした変化を、中国や朝鮮半島にも見る。それは、官僚機構と成文法を備えた支配体制が整えられると、大規模な墳墓の造営が衰退するという例である。

また、同様の変化は、普遍宗教が根付くことによっても生じることを、エジプトでのピラミッドの縮小を例に論じ、古墳文化の衰退の人類史上における位置づけを示す。

第四章では、死霊の問題をめぐり、ヒトガミとモノノケなど、カミが多様化してくる時代について論じられる。死霊の観念は、生者の居住域と別の場所に死者を葬るようになった縄文後期に始まると考えられるが、当時、確実に死者を恐れていたかについては不明確であり、弥生時代には、死者に対するケガレの儀式が確認できるものの、畏怖すべき死霊の確実な登場は、八世紀、政変に敗れた人物に、世の不吉な動きの元凶を帰そうとする事実の登場にあると著者は述べる。古代の国家権力は、託宣や祟り、祭祀を通じた異界との交流を一元的に独占するものであったため、妖言を放置するわけにいかず、失脚した皇族を天皇陵に準じた山稜に祀ることで、「伝統的な祟りへの対処マニュアルを適応し得る、制御可能な存在」（八三頁）にしていった。これが善神の発生である。このことは同時に、この対処マニュアルから漏れた悪霊の出現、分化をもたらしたと同時に、善神と悪神との特徴を一神が併存する従来の祟り神など、「カミの間における機能分化と個性化」（八七頁）を進めた。これが平安時代だったとする。こうした中から登場した御霊を鎮める御霊会は、ヒトガミになり得る範囲を、天皇・皇族以外の一般権力者にまで広げる作用をもたらした。御霊の代表である北野天神は、当初の祟り神性から、人を守る存在へと姿を変えた、多様なカミ形態の一つと位置づけられる。

ここで、次章の中世の議論と対比するために、ここまで述べ来たった古代のカミの特色が三点に纏められる。第一点は、古代のカミは、カミがこの世の人間と同じ空間を共有し、「いまカミが目の前にいるという生々しいリアリティ」（九八頁）を特徴とすること、第二点は、他のカミを圧倒するような傑出した絶対神がいないこと、第三点は、カミが祟りを本性に持つことである。平安中期から、カミの意思を示す言葉が「罰」にとってかわることは、カミが、古代のように不可知な意思を持った存在から、人がなすべき明確な基準を媒介に結ばれる中世の当来を予想させるものと述べる。

第五章では、古代末から中世にかけての浄土や悟りの世界を取り込んだ、この世とあの世から成る広い世界観の発生の中でのヒトガミの展開について述べられる。これは、浄土信仰の受容によるものであり、他界の仏の誕生により、古代以来の神々以外に、聖徳太子や弘法大師などの聖人や祖師が仏の垂迹に位置づけられ、人々はこれら垂迹を媒介に往生を願った。高野山では、弘法大師の引導による極楽往生を願い、納骨や参詣が盛んになったが、それはこうした思想的背景によるものだった。垂迹には、祖師のみならず、徳の高い僧侶や行者・童・遊女を含めた女性も確認できるという。

浄土と此土から成る二元的世界観の普及は、垂迹の登場のみならず、死者がこの世に留まらず、あの世の仏のもとに到達することが求められるように、死者供養や人々の死生観にも大きな影響を与えた。こうした普遍宗教の普及によって、王がその救済者に組み込まれるため、王の権威が低下することが世界的な現象であったことは第三章で言及されていたが、浄土信仰による他界観のイメージの膨張により、日本でも天皇の地位が低下したことが指摘される。

本章は、本書の中でも重要な主張が詰まった箇所でもある。それは、従来、神を仏の垂迹と捉える本地垂迹説、また、現実世界の中に究極の浄土を見出す密教と、彼岸の往生を標榜する浄土教、そして本地垂迹説対「反本地垂迹説」のような、限定的・対立的な枠組みで捉えられてきた諸概念の、時代における位置づけを完全に見直していることである。まず、本地垂迹説については、仏の垂迹は神だけでなく、先述のように、聖人ほか幅広い層の古代・中世のカミから成っていたことを史料から突き止め、神はその垂迹の一部としてあったことを明らかにした。つまり、本地垂迹説登場の背景を、従来のように、仏教という普遍宗教と、日本古来の神祇とのせめぎ合いと見るのではなく、「他界のイメージの膨張」(一一七頁)が創出した、広範な層を動員した彼岸―此岸の世界観(コスモロジー)の生成の中で捉えるのである。

次に、逆のベクトルで捉えられてきた浄土教と密教については、「人間の認識の及ばない絶対的存在が実在するという確信のもと、どこまでもそこにアプローチしようとする点において、密教も浄土教も共通の立場にあった」(一一八頁)として、双方を時代の世界観に沿った現象と捉える。そして、本地垂迹説と「反本地垂迹説」に関しては、これまで仏教側の本地垂迹思想が、仏の神に対する上位を説くのに対し、神道側が神祇を上位に位置づけ、仏をその垂迹と位置づけることで、自らの独自性を主張したものとされてきたが、著者は、本地垂迹と反本地垂迹の「両者のあいだに、思惟様式のレベルで本質的な相違を見出すことはできないと考えている。どちらも根源的存在を追究する、中世的な発想の枠内にあるとみるべきであろう。その違いは、根源者を仏教の教理で理論化するか、それを神に比定するかにあったのである」(一二二頁)として、その対立的図式を解消するのである。

とはいえ、たしかに仏教に対立して神祇の至上を説く一派がいたことについても著者は配慮を忘れない。そうした一群について著者は、「古来天神地祇を奉じ、それに仕えることを生業としてきた人々」(一一九頁)と説明した上で、日本の神々が仏の垂迹とされることに対して反発する人々を神道のように規定するのではなく、共同体を維持する上で、神祀りが重要な役割を果たすようになった弥生時代以降、律令体制下でも神祇祭祀制度が継承され、仏教伝来後の、「神祇祭祀の組織とシステムは仏教教団のそれに組み込まれていく」(一一九頁)が、神祀りを専門にする氏族・祀官らは存在し、仏教との習合を忌避していたとして、彼らを時代の一部に位置づけるのである。

ではなぜ、中世に他界のイメージの膨張が起こったのか。このことについては従来、浄土教の普及の結果とみられてきたが、著者は、他界のイメージの膨張が世界各地で見ることができることを挙げ、日本では平安後期の社会がこうした現象を発現する時期にあたっていたため、浄土教をそれに「親和的な思想として受容」（一一八頁）したと、世界の現象の中に日本の状況を位置づけることで、逆に日本の思想的展開を内在的に捉えることに成功している。

これらの考察を終えて最後に著者は、中世に生じた新しいタイプの神をここに紹介する。すなわち、人間の外側にあって霊異を現す古代の神に対して、心を離れては神と悟りの世界も実在しないという、平安後期から興隆する本覚思想によって急展開する、人に内在する神の登場である。こうしたカミ観念の登場が、後に俗人や一般人をカミに祀り挙げる際に重要な鍵となると著者は述べる。

こうした議論を踏まえて第六章では、一四世紀〜一六世紀に至る中世後期に焦点を当てて、聖性が人間個人の中に宿っているとする本覚思想的観念の普及により、ヒトガミが、それまでの仏の垂迹としての位置づけではなく、自らヒトガミになる方向性を生じることが論じられる。中世後期には、彼岸表象が衰退し、此土と彼岸との緊張関係がなくなったことで、中世前期に確立していた人間の内面に超越的存在（カミ）を見出そうとする傾向が一層深化し、人々が人間の内部のみならず、自然の中にカミとその働きをみるように変化すると捉える。このことに関わって著者は、これまで太古以来の「アニミズム」の伝統によるものとされてきた山自体をご神体として遙拝する信仰形態も、この観念の普及によると説く。それは、草木や動物から石や瓦礫まで全てに仏性を見出し、目の前の現実をそのまま真理の現れとして捉えるこの時代の変化の中で、それ以前からあった、山に神が棲むという観念が変化したものとみるのである。このような観念の普及によって、中世前期と異なり、死者は浄土へ送り出されるというよりもむしろ、現実世界のどこかに留まり、生者と対話しながら心穏やかに暮らすものという観念が広がっていくとも述べている。

同様にこの時期、死後、第三者の供養によってカミとなるのではなく、俗人が自らの発願に基づいて神に上昇する新たなヒトガミの登場も認められるという。また、イキガミ信仰もこの頃登場するといい、諏訪の大祝のように、

「生きながらにして神の代理人であり、神と一体の存在」（一三五頁）を標榜する例や、生きながらにして鬼に変身した謡曲「黒塚」で有名な例を挙げる。こうした例もやはり、超越的な存在が自己の内にあるとするカミの内在化の傾向と、彼岸の理想世界のリアリティの衰退によるものと位置づけられる。ヒトガミが、本地—垂迹の論理によって、彼岸の根源者の存在を背景にしたものから、自らヒトガミとなる状況に至るには、こうした世界観の変化が必要だったこと、また本地—垂迹の仏教の論理や、神道の論理からも外される「実社」の神に当たる様々な神々が、此岸世界の重視の気運に乗って変質を遂げるとし、近世のヒトガミを生じさせる動きが徐々に生じてくることを示す。

第七章では、信長・秀吉・家康の神格化の問題と、神が「君臣忠義」というような儒教道徳を重視する根拠としての役割を果たすよう変化してきたこと、また、垂加神道出現の頃から、死後に神になることが志向された信長・秀吉・家康の頃と違い、生前に神になると宣言するイキガミが現れてきたことが論じられる。イキガミについては、山崎闇斎が生前に自身の霊魂を鏡に寄り付かせ、垂加神社という額に掲げて祀ったのを、吉田神道に属する吉川惟足が承認し、霊社号を与えた例のほか、天皇までもが生前に神と祀られる「生祀」となることもあったことなどが紹介される。こうした動きについて著者は、古代のアキツカミとしての天皇や、中世の高僧を「生き仏」と称する例と比較し、近世では、古代・中世には確認できなかった、生きた俗人を神に祀ることが社会的に公認された行為として行われるようになったことを特徴とみる。また、近世では、神道の正規のプロセスを経て祀り上げられたケースとは異なり、飢饉の中で起こった、御所を参拝する天皇信仰など、下からの運動が特定の人物を神に上昇させる例も確認できる。こうした神の誕生について著者は、時代における人々の欲求が様々な神を誕生させていく側面を指摘する。このような近世のカミ観念を、著者は、中世におけるカミの内在化の発展上に位置づけるのである。

第八章では、特に近世のイキガミの事例を時代の中に位置づける。他人のために命を捧げた人物が神に祀り上げられる人柱や即身仏、自身の飲酒による失敗から、死の間際に後世の人々に同じ失敗をさせないよう助けようという言葉を残した本田忠朝が「酒封じのカミ」として知られるようになったような「流行神（はやりがみ）」などが挙げられる。こうしたカミの登場は、「死者が遠い他界に飛び立たない時代」（一七八頁）の到来によるものとされる。したがって、かつて柳田国男が指摘したように、古くから日本人は、死者が遠い世界に旅立つというイメージを持たず、死者が故郷近くの山の頂から子孫を見守るという観念を有しているという見方についても著者は、死者が永遠にこの国土に留まるという観念の定着と、それを支え供養する「イエ」制度という条件が整った江戸時代中期以降の時代状況を反映したものと見る。「死者が遠い他界に飛び立たない時代」の到来によって、垂迹にかわって、自らがパワーを持つ霊験仏の出現、自らを神であるとする民衆宗教が相次いで登場する幕末期を迎える。幕末に向けてのヒトガミ観念の高揚は、幕藩体制下での固定化された身分秩序をはねのける力を醸成するまでに達し、民衆宗教による世直しの神の模索や、垂加神道における天皇の浮上といった現実をもたらした。著者は、「幕末維新の動乱は単なる政治闘争ではなく、千年単位の熟成を経て澎湃として湧き起こった新たな人間観のうねりが、既存の硬直化した身分制社会に突き当たり、それを突き破ろうとする大規模な地殻変動」（一八五頁）と捉える。このため、明治初期の内乱終結後も、「自由」や「平等」を求める民衆の動きが継続して起こり、明治政府はこうした民衆の能動性を国家の側に絡め取り、「国民国家を自発的に支える等質な「国民」の創出に結びつけていく」（一八五頁）と、近代以降の状況を見据える。

終章ではまず、以上論じられてきたヒトガミ信仰の近代における展開が論じられる。前章最後に論じられた明治政府の「国民」創出の営為は、身分を超えた常備軍（国民軍）の創出と、天皇のために命を捧げた人は神として再生し、永遠に祭祀を受けるという論理を創出し、手始めに官軍の兵士の忠魂社への祭祀が遂行された。これを著者は、「靖国神社へと続くヒトガミ信仰が、近世以来の伝統を引き継ぎつつも、天皇制国家にふさわしい装いをもってここに再生した」(二〇四～二〇五頁)ものと位置づけるのである。

次にカミを追究することで何が見えるのかについて、著者の見解が三点に亘って示される。第一は、「固有の神」という言説の虚構性について、第二は、日本列島のカミを広いコンテクストの中で歴史的な視点から分析することで、従来の分析概念の見直しに貢献できることについて、第三は、カミ研究と歴史学との関係の再構築についてである。

第一の点について著者は、日本における聖なる存在(カミ)は、固定化したものではなく、長い歴史の中で内外の思潮と交錯しながら、他の超越者とともに何度も変身を繰り返してきたと主張する。一方で、この考え方では日本文化の精髄である神道の伝統を否定するのではないかという予想される批判に対しては、カミの変身を「この列島に住んだ人々の豊かな想像力の産物」(一九五頁)とする回答を提示し、カミを解明することが、「人々がどれほどこの国土と自然に愛着を抱き、それを素材として深い思索を重ねてきたかを解き明かす」(一九五頁)ことになると説く。したがって、神道を「太古以来の」「土着の」という本質論や、という日本文化論の「鋳型」に押し込んでしまうことは逆に、日本に住んだ人々が「神に託して築き上げてきた豊穣な創造性と思索」をその一言に封印してしまうことになると主張するのである。そして「カミの探求の歴史は、人間としてのみずからの可能性の追究の歴史だった」(二〇六頁)という結論を提示するのである。カミが、人々の欲求によってなされた思索を写す鏡ともいえる位置づけで捉えられるのである。こうして著者は、靖国神社をめぐる議論に対しても、日本「固有」の神道と予め前提する見方ではなく、史料に即して、日本人の思想的営為にその位置づけをみる方法を示したのである。

第二点として著者は、本書で論じてきた方向性により、宗教史や神道史を超えた広い学問分野への貢献が可能と主張する。著者は、カミの変容の背景を、社会の変化など外的な要因による側面があること自体は認めながらも、「一回限りの偶然の出来事や外来文化の影響が、カミの変貌を生じさせるのではない。深く静かに信仰する精神世界の地殺変動が、そうして事件を必然のものとして招き寄せるのである」（一九七頁）という内在的な見方を一貫させる。このことは本書序でも述べられていたように、「人が保有する認知システムの普遍性とその発現形態を規定する環境因子の多様性が、諸地域の歴史の類似点と特色を生み出している」（九頁）という著者の見方と一致することはいうまでもない。ただ、内在的といっても、人類史に普遍的に現れる段階と随時比較を行うことで、日本固有のものという閉ざされた見方を回避し、一神教の教義を中心としてなされてきた論理を重視する欧米の見方をもとにした「従来の「宗教」概念では把握し切れない列島の精神世界の再発見につながるに違いない」（一九七頁）として、世界の中での日本の信仰形態の位置づけにも目配りするのである。

第三点では、これまでの歴史学が社会や世界の構成者を人間と考えてきており、近代以前の人々の認識において、神仏という超越者や死者、動物や植物がこの世界の同じ構成者の一員であったことに目を向けていないことを欠点とする。カミのリアリティが持つ意義を歴史叙述にどう組み込むかはほとんど手つかずの状態と指摘する。

最後に、日本における「近代化」の特色に触れる。その定義が人間中心主義を意味するのであれば、中世後期以降の彼岸世界の後景化と人間の浮上にその原点を見、これが幕末維新の変革における身分制社会解体の根本的要因となり、西欧化の原動力になったとする。とはいえ、近代化の一方での日本の特色として、草木国土にも広く聖性を認める思想が継続していたことを挙げ、欧米との際だった違いであることを指摘する。それをふまえて、歴史的視点の重要性について述べる。すなわち、近代に生み出された哲学では、近代人としての自身を客観視することは困難であり、「真に近代を相対化できるのは、悠久の時の流れのなかで人類が生み出し、蓄積してきた智恵である。それは、現代人の願望の投影としての「縄文の思想」や「弥生の思想」を安易に持ち出すことではない。広い視野に立ち長いスパンのなかで、近代という時代とそこに生まれ合わせた私達の生の意味を問い直すことが、いま求められているのではないだろうか」(二〇七頁)というものである。ヒトガミ信仰を取り上げた本書が、いかに広範な問題への回答を提示し得るものであったかが、最後にまとめて論じられるのである。

三　本書の研究史上の意義

前節に紹介したような壮大な構想と、広範な諸問題への回答を提示する本書の意義は、ある限定された研究分野での著者の到達点を示すだけでは足りない。それを明らかにするためには、いくつかの分野での著者の到達点を確認しておく必要がある。まず、神仏習合研究について検討してみよう。

これまでの神仏習合研究に支配的な位置づけを持っていたのは、辻善之助「本地垂迹説の起源について」(『史学雑誌』一八―一、四、五、八、九、一二号、一九〇七年、のち同著『日本仏教史之研究』金港堂書籍、一九四二年に収録)である。古代から中世にかけての神仏の関係を、神仏の調和の方向への展開として捉え、本地垂迹説をもって神仏習合の到達点と捉えるものだ。具体的には次のように説かれる。

神明は仏法を悦ぶ→神明は仏法を擁護する→神明は仏法によって業苦煩悩を脱する→神明は衆生の一である→神明は仏法によって悟を開く→神即菩薩となる→神はさらに進んで仏になる→神は仏の化現したものである

神仏習合の発展段階を説いたものとして、辻説は、おおむね一九八〇年代前半までは、肯定的であれ批判的であれ、その基本的な図式が継承されてきており、近年もなお、辻説を越える枠組みの構築が模索されている[1]。辻説継承の時期には、神と仏の関係において、両者の力点の置き方が議論の俎上に挙げられることが多かった。

一九八〇年代前半から中盤になると、このような傾向に変化が生じる。山折哲雄や林淳は、これまでの神仏習合の研究史をまとめている。[2] 山折は、辻説が、神仏分離令によって、それまでの神仏調和的な状況を無理矢理引き裂かれたものという辻自身の認識をもとに叙述されたものと指摘し、前近代の神仏関係の実態を見直す必要を唱えた。林は、本地垂迹が、一向専修や排仏意識とどう関わっていたのか、また「神道」が、仏教と同じような意味での教団だったのかなど、神道の実態に切り込む必要を提唱した。このように、これまで支配的だった辻説成立の背景を自覚し、神仏関係を再検討すべきこと、また神道や神祇信仰を仏教に対するものと前提せず、その実態を検討すべきことが主張されるようになる。

一九九〇年代になると、辻説が提示した神仏調和的視点に対し、神仏隔離の側面に切り込むことで、日本の神仏関係を見直す研究が本格的に提出されるようになってきた。[3] このように、一九八〇年代中盤から九〇年代には、神仏関係をより具体的かつ多面的に捉える必要が唱えられ、神祇とは何か、神道とは何かが議論される時代が到来した。

そのような中、一九九五年には『日本の仏教』3（法蔵館）で、「神と仏のコスモロジー」という特集が組まれ、著者の論考を含め数々の論文が収録された。[4] 従来の研究に対して、その実態に迫る本格的な神仏関係に関する研究が動き出したのである。門屋温は、「神道史の解体」として、神道を各流派の総合として論じることの限界を指摘することで、「神道」の実態を見直す方向性を示した。著者の論文「怒る神と救う神」は、神―仏という従来の区分への疑義を指摘し、中世にはこうした区分が必ずしも成り立たないことを、起請文を用いて明らかにし、時代のコスモロジーを追究する重要性を説くものであり、今日にまで続く、神仏を含めた時代のコスモロジー研究がここに開始された。この段階で著者が注目したコスモロジーという視点で重要だったのは、中世の実態に即した世界観が、神―仏という括りによるものではなく、彼岸と此岸を視野に入れた冥―顕にあったことを指摘したことである。このことについては後述する。このように一九九〇年代中盤には、「神道史」、あるいは神―仏という、これまで全く自明のものとされてきた概念自体が再検討される段階に入ってくるのである。

二〇〇〇年に入ると、神道とは何かという問題に関する海外の研究が紹介される機会が増えてくる。その動向や、最近の神仏習合研究については、『「神仏習合」再考』[5]序論に詳しい。海外の研究者の視点からは、これまで「シンクレティズム」という用語で認識されてきた神仏習合が、その用語で指し示すには性質を異にする概念であることが、翻訳の際に生じる問題から指摘されるようになる。「シンクレティズム」という語は、もとはヘレニズム時代の地中海世界で覇権を握った宗教(「純粋かつ正当な宗教」を基準にする)が、より民衆的な宗教を取り込む際に用いられた概念であり、日本の神仏習合は、その用語で指し示すには性質を異にする概念だというのである。[6]つまり、日本の習合思想を論じるには、そうした欧米の概念を借りるのではなく、諸現象の実態の解明を行い、その上で、用語を模索する必要があるという方向が示されるに至っているのである。また、日本の習合思想は、神仏に限らず、修験道にも顕著であり、しかも現代のそれにも継承されていることも指摘される。[7]このことから、明治期の神仏分離令で終息したかに見えた、多様な信仰の交錯が、現代にも継承されていることが明らかにされた。同書のタイトルが、括弧付きで「神仏習合」となっているように、近年の神仏習合研究は、修験道や、仏教教学における習合現象[8]をも含めた、広く日本宗教全体の習合思想にまで視野が広げられた中で捉えられるようになってきている。

このような神仏交渉史研究の動向の中で、著者の研究はどのように位置づけられるものなのか。先述したように、著者の神仏交渉史研究は、一九九五年頃から本格的に公開されるに至っているが、その段階から著者の視点は、辻説以来の神仏関係のあり方に対する見直しという意味では、大方の研究と方向を同じくするものであった。しかし、その方法は独特なものだった。すなわち、著者の方法は、神と仏の関係性を追究するものというよりむしろ、そもそも神—仏という区分自体に再考を迫り、そのかわりに冥—顕によるコスモロジーを、中世の実態に即したものと主張する、中世の世界観の再検討をもその目的とするものだったからである。

著者の神仏交渉史研究が、時代のコスモロジーを明らかにする営為と同じ形で進められたことは、同じく一九九五年に発表された「神国思想考」において、神国思想をテーマにした動機にも明らかである。すなわち著者は、「初め仏教中心の中世思想史を構想していた私は、ある時期から、仏教・神道・儒教といった枠を外した形で時代の思想像を再構成する必要性を痛感するに至った」とし、「従来の通説では反仏教の思想の系譜に位置づけられてきた神国思想ではあったが、その展開は仏教の浸透と軌を一にしている。それを考えたとき、分野史を越えた中世思想史の全体像に切り込む糸口として、もっともふさわしいもののように思われたのである[9]」（同書四六一頁）と述べているのである。

このように、著者の神仏交渉史研究は、当初から、神―仏の区分を越えた中世思想史を構想することと連動する方向性を持つものであった。これは、日蓮など時代の思想家の思想的背景としての鎌倉仏教、さらにその背景となっている時代の思想へと研究を進めた著者の方向性によるものと考えられる。付言すると、「構想の段階から史料の収集・分析を経て活字となるまで、十年近い歳月を要した」ともあることから、分野史を越えた中世思想史の全体像という二〇〇〇年に入って本格化する著者の構想は、既に一九八〇年代に萌芽していたことを窺わせる。これを先述の神仏習合研究の流れと合わせ考えてみると、神祇・神道の実態に切り込もうとする動きと重なるが、著者の視点には、その問題が中世思想史の全体像の見直しに連なるものということを見据えた方向性があったということになる。

二〇一二年刊行の本書『ヒトガミ信仰の系譜』に列なる著者の研究は、こうした方向性の中で、二〇〇〇年以降加速していく。二〇〇〇年には『アマテラスの変貌』（法蔵館）が刊行され、時代のコスモロジーの変容とともに、アマテラスの変貌が具体的に著される。二〇〇二年『偽書の精神史』（講談社選書メチエ）では、時代のコスモロジーの展開を追うことにより、従来対立的に捉えられてきた新仏教と本覚思想について、新仏教を文献主義、本覚思想を主観主義と捉える二分法を否定、双方ともにその時代における自らの主張に合うかたちでの経典解釈を行っているとして、双方を時代の中に位置づけた。これは、『ヒトガミ信仰の系譜』で行われた、本地垂迹―反本地垂迹、浄土教―密教のように対立関係で捉えられる概念を時代に位置づける作業の先駆的業績ということができ、冥―顕を軸にした時代のコスモロジーの考察によって成功したものということができる。

二〇〇六年の『起請文の精神史』（講談社選書メチエ）、二〇〇七年の「「神仏習合」論の形成の史的背景」（『宗教研究』三五三、二〇〇七年九月）に至ると、それまでの構想を引き継ぎながらも、神仏交渉史研究から見出される方法論について具体的に論じるに至っている。この論文では、神仏習合研究の閉塞的な状況の原因として、神―仏の区分を前提とし、両者の習合の距離を測定する従来の方法は、神と仏を、歴史を超えて存在する実体と見なすことを前提としているが、実際の史料では、現在の我々がイメージする神と仏の区分とは全く異なった思想界が存在していたと指摘する。そうした歴史的背景に配慮しないまま、太古から一貫して日本に存在していた神を、仏教への従属から解こうとするシナリオを構想したのは、近世の垂加神道や国学だったとして、日本の宗教状況における神―仏の二分法の限界を明らかにした。このように、この段階になると、神―仏の区分が自明のものとされるようになった歴史的状況に自覚的になることで、通時的にこの区分で捉えることが適当とはいえないことを明確にするに至っている。その上で、仏―神の枠組みで、本地―垂迹を捉えるのではなく、冥―顕のコスモロジーの展開という、人類に普遍的な枠組みで検討することで、「仏教やアジアという枠を越えて、より広い地域と文化圏を視野に入れた思考パターンを比較検討するツールとして用いることが可能になる」（二一頁）という、『ヒトガミ信仰の系譜』で実践される方法論がここに構想されるに至っている。

本書『ヒトガミ信仰の系譜』では、日本人にとっての聖なるものという概念である〈カミ〉を設定したことが重要であった。先述のように、〈カミ〉には、仏も神もその他のものも含まれる。このことによって、従来、仏教に対峙する唯一のものと認識されてきた神が、日本人の広い〈カミ〉信仰の一部に位置づけられるのである。

このように、本書における〈カミ〉の設定は、人間にとっての聖なるものと、人間との関係という視点、つまり冥―顕を軸にしたコスモロジーによる考察を意味するものだった。二〇〇〇年に入ってからの著者のコスモロジー研究、それに続く霊場研究をはじめ、近年の研究テーマである「死」と「カミ」という概念も、一見整合がつきにくいようだが、全て冥と顕、彼岸と此岸の世界観を探ることにほかならなかったのである。冥―顕による研究は、これまでもその重要性が説かれているが、実証的な文献読解を経て、それを形にした著者の業績は大きい。この枠組みによって時代の世界観を把握することで、仏―神はもちろんのこと、本書第五章に言及されていたように、本地垂迹―反本地垂迹、密教―浄土教、本覚思想―新仏教といった、これまで自明のものとされてきた概念の対立が解消され、双方全てが時代の世界観の中で生じた同様の志向として説明されるに至った。それは同時に宗派史的な縦割りの宗教史研究の見方に、具体的な形で反省を促すものでもあった。著者の神仏交渉論研究は、このように、時代の世界観を描き出すだけでなく、パラダイムの見直しと密接に関わるものとなったのである。

これまで、垂加神道や国学による神―仏の二分法ほか、新仏教―旧仏教のような明確な区分によって、混沌として、非合理的な中世世界そのものの構造は十分明らかにされてこなかった。著者は、「近年盛んになっている神仏習合論にしても、仏と神以外の冥衆・死者をどのように捉えるかという課題は残されたまま」(10)と述べており、著者の方向性が、同時代の神仏習合研究よりも、より複雑な日本宗教の実体の解明にあることが窺える。加藤周一の「雑種文化」論のように、日本に複数の思想的要素が雑居することに言及したものはあっても、その構造についての把握がほとんどなされていない欠点を抱えていると著者は述べる。著者の研究は、こうした課題を解決することを目的としている。

本書の到達点は、これだけに留まらない。二〇〇六年刊行の『起請文の精神史』終章「パラダイムに挑む」に既に確認される方法論も生かされている。『起請文の精神史』終章は、グランドセオリーが使命を終えた今、歴史家は何をすべきか、という問題への著者の回答を披露するものだった。それは、単に既存の思想像を脱構築していくだけでなく、「ある時期そこに実在した小さな思想世界をできるだけ忠実に、リアルに再現していくこと」（同書一九五頁）で、「日本列島をフィールドとしてみずからの学問研究の手腕を磨き、そこで鍛え抜かれた思想研究の方法を新しい知のメチエとして世界に発信していく」（同書一九六頁）というものであり、従来の枠組みの中で新知見の獲得を模索することよりむしろ、実証的な文献読解を積むことによって初めて新しい知の枠組みが出現すると説くものである。こうした方法によって著者が、『ヒトガミ信仰の系譜』において、今日なお国際問題にも発展する靖国神社のヒトガミを、史料に即して歴史的な流れの中に忠実に位置づけたことは、歴史的な経緯を知ることの重要性と、それを知ることで、今後どう対処していくべきかを考える術を与えることに成功したものである。グランドセオリーが終焉を迎えた今、「ポストモダン」の時代に立つ著者の歴史家としての具体的な方向性を本書は明確に示しているのである。

そして、日本のヒトガミ信仰の特徴が、随所で外国の事例と比較され、人類史的視点で位置づけられたことも本書の重要な意義だ。固有の文化の特徴を論じるのではなく、普遍的に人類の営為の中で日本の思想史を位置づけたことは、思想史を人文科学の中の一分野としてではなく、人文科学そのものにまで広げていく可能性を示したものとなった。

このように、諸分野における成果、現在の諸問題への配慮を伴うスケールの大きい研究はどのように出現するのだろうか。もう十年も前になろうか、自信の持てない学生だった私に著者は、頂いた仕事は絶対に断らないこと、又、研究室の外に積極的に足を運ぶことをよく言われていた。これは、単なる学生へのアドバイスではなく、著者自身が率先して実践されていることでもあった。本書を前に、当時はアドバイスとして受けとめていた著者の言葉が、そのスケールの大きな仕事を構成する基礎にあるものだったことに気付かされる思いがする。

このように本書は、著者の従来の研究の集大成であり、「ポストモダン」の思想史、そして歴史学の進むべき方向性を指し示すまでに至った、まさに思想史研究の転換点に位置づけられるものである。現代に生きる我々がなぜ前近代の歴史を研究する必要があるのか、という問題は、西欧では多くの議論がなされてきたが、これまでの日本の歴史学では正面から論じられることが少なかった。本書は、神―仏の区分の妥当性を問い始めた一九九五年段階以来の研究をもとに、パラダイムの見直しへと進み、こうした普遍的な課題にも挑むことになった。現代の我々が立たされた立ち位置の検討とともに、それを知るために史料から読み取れることを忠実に紡ぐという方法による「ポストモダン」の人文科学の方向性が本書によって示されたことは疑いえない。本書は、過去と現代の対話が意識された思想史研究の最先端の業績ということができるだろう。

註

（1）一九九〇年代までの神仏習合史の研究史は、山折哲雄「古代日本における神と仏の関係」（『東北大学文学部研究年報』二九号、一九七九年）、林淳「神仏習合研究史ノート」（『神道宗教』一一七号、一九八四年）、伊藤聡「神仏習合の研究史」（『国文学解釈と鑑賞』八〇二号、一九九八年）などを、また辻説をどう乗り越えるかについては、曽根正人「研究史の回顧と展望」（曽根正人編『論集奈良仏教　第四巻　神々と奈良仏教』（雄山閣、一九九五年）、伊藤前掲論文、佐藤弘夫「「神仏習合」論の形成の史的背景」（『宗教研究』三五三号、二〇〇七年九月）などを参照されたい。

（2）前掲註（1）山折・林論文。

（3）シンポジウム「神仏習合と神仏隔離をめぐって」（『神道宗教』一四六、一九九二年）、高橋美由紀「神仏習合と神仏隔離」（『神道文化』五号、一九九三年。のち同著『神道思想史研究』ぺりかん社、二〇一三年、Ⅰ第五節に収録）。

（4）『日本の仏教』3（法蔵館、一九九五年）。佐藤弘夫「怒る神と救う神」ほか、末木文美士・八重樫直比古・松尾剛次・門屋温などの論文を収録。

（5）ルチア・ドルチェ、三橋正編『「神仏習合」再考』（勉誠出版、二〇一三年）。

（6）トゥリオ・ロベッティ「二つが一つになること―宗教研究における「シンクレティズム」の意味と用法―」（前掲註（5）所収）。

（7）関守ゲイノー「江戸期里修験の活動における習合的儀礼―甑岳修験道の線香護摩から―」（前掲註（5）所収）、アンヌ・ブッシイ「神仏習合の系譜」（『宗教研究』三五三号、二〇〇七年九月）。

（8）大内典「「仏教」理論の複合性―安然の声論をめぐって―」（前掲註（5）所収）。安然は天台密教の体系化のために、天台と真言の教義を取り入れたことは周知のことであったが、本論文では、独自の声論を展開するため、天台と真言の理論を統合する中で、梵語の音韻論や浄土教の称名法が援用されるなど、多様な宗教・文化的要素が仏教に取り込まれて展開する様相を示している。

（9）佐藤弘夫「神国思想考」（『日本史研究』三九〇号、一九九五年。のち同著『神・仏・王権の中世』法蔵館、一九九八年に収録）。

（10）佐藤弘夫『起請文の精神史』（講談社、二〇〇六年）一八五頁。

日本思想における死生観

――韓国の巫教との対比を通して――

成　海　俊

はじめに

死は人間をはじめあらゆる生命体において、避けて通れない大きな問題の一つで、自然界で生命体の生が終わることを意味する。人間の場合、他の生命体とは違い全ての感覚と知覚が喪失し、死が確定されると、葬式という儀式の手続きがある。この手続きは伝統や習俗あるいは信仰によって異なるが、葬式の過程での共同体の統合維持という社会的な機能は、世界的に似ている。その葬式の方法には、文化や宗教あるいは習俗によって、火葬・埋葬・鳥葬・風葬・自然葬などがある。宗教的には、唯一の神を信奉する天主教・基督教・イスラム教などでは、神様あるいはアラーの神以外の他の神に仕えてはいけないと言う教えがあるため、祖先のための祭祀は執り行わず、慰霊祈禱を代わりとする場合が多い。このように人間の死は、個人や国家と民族を超えた普遍的な現象として、世界の宗教文化形成に深い関わりを持ってきた(1)。

東アジアの場合、孝を重要な倫理的価値とする伝統があるためか、屍を処理し墓や納骨堂を設け、祭日や忌日に死者を讃える儀式が発達した。すなわち儒教は家で、仏教は寺院で、死者の霊を慰める祭祀を執り行う。このような儀式の背景には、死後も生前と同じような環境で生きたいという永続願望が込められている。仏教や基督教では、生前善行をし真面目に生きると、死後、極楽や天国に行くという教えがある。(2) 日本の場合、神道的な神意識の観念のもとで、仏教的な葬式が主であると言える。その葬式の内容をよくみてみると、神道・仏教以外にも儒教的な要素が入り雑じっている。これは、東アジアの伝統的な神観念と似たようなもので、異なる要素である。韓国の場合、儒教・仏教・巫教の中でも、儒教の『朱子家礼』が流入された後は儒教的(巫教を含む)傾向が強くなり、その影響は今も続いている。

そこで本稿では、東アジア文化の観点から日本の死生観と韓国の死生観を、死の儀式を通して考察する。具体的には、神道思想が中心になる日本の死意識と、巫教思想が中心になる韓国の死意識に焦点を置く。それは、両国の死生観が、古代から現代に至るまで時間と空間の変化の中でも変わらず、多くの共通点があると思うからである。(3)

一　日本の死意識の特徴と変化

古代の日本列島に居住していた人々の意識には、死者がこの現世を逃れ、遠い他界に向かうという観念が少なかったと言われている。その一つの例として、記紀神話ではイザナミが向かった黄泉の国は、歩いて行くことができるぐらいの近い場所であった。もう一つの他界表象である高天原は、現世と同じような景観を持つ水田農耕や機織りが行われる場所であった。そればかりではなく、この世へ容易く帰ってくることができる距離の土地であった。このように、太古の遥か昔から自分が住んでいた土地に深い愛着を持って、死後にも継続して美しい郷土に留まりながら、現世と同じような生活を楽しみたいという強い願望が含まれている。(4)

これを具体的に見せてくれるのが、柳田国男の『祖先の話』である。『祖先の話』のなかでも、霊魂が行くあの世は、現世に比べより静かで清潔な場所で、現世の日常生活からごく近いあのあたりと言えるぐらいの場所であった。つまり、死後、現世から手が届かないほど遠い天国や極楽へ行くという思惟が少なく、霊魂はあくまで生前の生活空間の近くに留まり、季節の節目や特別な日には、縁故者たちと親しく交流をするという考えである。このような考えは、古代韓国の社会にもある(5)。つまり、霊魂不滅を信じ、霊魂は死後も生前と同じような環境で生きると信じる死生観で(6)、死者は永遠にどこかの場所へ消えるのではなく、残りの家族と強い繋がりを持つようになると考えた(7)。

日本では、古代から一般的に平安時代中頃までは、天皇家や貴族・身分が高い僧侶など、限られたごく一部の身分層の人々を除いては、墓地をつくることは殆どなかった。庶民層の死体は特定の葬地に移されると簡単な葬礼儀式を行った後、そのまま放置され犬や烏などの野生鳥獣の餌食になった(8)。墓地が造成された貴族の場合でも、管理されないのが一般的であった。たとえば、多くの天皇陵が所在不明になったのもその一つの例で、このことからその時代には、遺体や遺骨に対してもそれほど関心がなかったことがわかる(9)。

その当時、死体を放置していたことは、鎌倉時代の説話集である『閑居友』上巻に載った逸話が伝えてくれる。その逸話から確認できることは、蓮台野に死体が収拾されずに放置されたことである。すなわち、平安時代から鎌倉時代にかけて、当時の共同墓地に埋葬できなかった数多くの死体が、地面に露出したまま腐っていったのである。これは、当時、死体を全裸にして葬地に放置する風習があったことと、死体遺棄が一般化され死者を粗末に取り扱ったことを物語っている(10)。

このように、遺体や遺骨が軽視され、そのための墓地をつくらなかった古代人は、人間が霊魂と肉体に構成されているという霊肉分離思想によって、霊魂を肉体より重視した。人間は死ぬと霊魂と肉体が分離され、肉体を離れた霊魂はさまようようになる。このさまよう霊魂は、ある一つの場所に一貫して留まらず、この世のどこかにある死者の国へ行くという。このようなことから、この時代には家族観念も微弱で、おそらく家族という観念は明確に定立されていなかったと思う。

しかし、近世になると、家族観念が強まり、死んだ家族を自分たちの生活空間から簡単に追い払うことができなくなった。従って死んだ者の霊魂は勿論、その霊魂の抜け殻である遺体と遺骨にも愛着を持つようになり、葬礼儀式にも変化が見えるようになる。つまり、古代的な社会構造から中世的な社会への転換が完了する一二世紀には、霊魂がぬけた遺体や遺骨を単なる物扱いをした葬礼儀式とは違い、霊場や共同墓地が成立し、納骨習俗が生じるようになる。そこに仏教の浄土信仰の浸透により、彼岸世界の観念が膨脹し、死後に往生すべき他界浄土が設定される。従って、肉体と霊魂は有機的な関係になり、死後一定期間、霊魂がそのまま肉体の一部に留まるという思惟が拡大された。

中世には、往生を成した霊魂は、現世を後にし遠い浄土へ行くという浄土観が発達し、現世は往生するための準備期間であった。それで、現世は仮の宿に過ぎないため、生に執着することは罪業とされ救援の妨げになる行為であった。この現世は生者ばかりではなく、地獄に堕ちるほどの悪業は積まなかったが、わけがありこの世に留まり続ける多くの死者の霊魂で充ち溢れた(11)。多くの人々は死後、極楽に代表される理想的な浄土に往生することを、窮極的な人生の目標にした。同時に、浄土往生を理想とした中世では、現世には多くの死者が留まっており、死者が生者に対し様々な作用をすると考えた。重い罪業にかかり、餓鬼道に堕ち墓場をさまよっている亡者がいる反面、自らの意志で神になり、子孫を守りながら現世に留まっている者もあったのである。

しかし、古代とは違い、現世に留まる死者は好まれる存在ではなかった。そのため、死者を確実に浄土へ送るため、繰り返し法要を行った。なかには、やむをえない事情で現世から脱出できない死者が、追善を依頼する場合もあった。

このような世界観の転換のなかで、浮き彫りになったのが死者の拠り所としての骨であった。人々の願望が深化され、霊場への納骨信仰が流行するなかで、骨は、往生できるまでの霊魂の拠り所として宗教的な意味を持つようになる。(12)

中世後期の他界観と往生のイメージが変容し、それに伴い葬礼儀式も変化するが、それは共同墓地の終焉として表れる。すなわち、中世に発達した火葬骨の埋納を中心とする大規模な共同墓地が、近世への転換期とともになくなっていったのである。(13)一五世紀以降に流行し、血縁を中心とした家父長的な家族制度の思想と深く結びついた朱子学が、日本の都市発達とともに永続するイエ観念として浸透した。そして、死後にも子孫が供養してくれるという考えが、より多くの階層に広がったのである。(14)これに伴い、以前の単なる骨ばかりでなく納骨をする墓も大事にされ、これをより効果的に管理するため、境内墓地が造成された。すなわち、戦国期から近世前期には、血縁を中心とした家族制度と観念が庶民層にまで拡散確立され、それに因んだ寺院の境内墓地が一般化された。死者は檀那寺の墓地に埋葬され、墓のなかに納骨の空間を備えた、いわゆる家の墓が普及する。子孫たちは定期的に墓参りをするようになった。(15)墓地に祖先が眠っているため、そこを訪問すればいつでも祖先に会えるという、家族情緒が確立されるのである。

家の墓が誕生し、一つの空間に複数の遺骨が納骨されるようになったのには、土葬の衰退と火葬の普及、墓地の確保の困難等の要因があるという主張もある。しかし、家の墓は生前家族として生活した人々が死後も同じ家族と生きたいという、強い家族愛の発露であると言える。同時に死後にも同じ家族であることを明らかにし、家の墓の中から懐かしい人々の生活を継続して見守ることができるという意識が作用したのである。(16)

このように近世日本では、永続的に続く家制度とその観念が庶民層にまで広がり、それを背景とした家の墓が広く一般化されていった。これが今日まで続く「一家の墓」の起源である。

二　韓国の巫教の死意識の特徴

韓国の場合、先史時代に遺体を野原に捨てる遺棄葬があったと伝えられている。慶尚北道慶州市月城の玹子や全羅北道益山市の弥勒寺址の池で、死体放棄とみられる人骨が出た事がその一つの例である。[17] 死体放棄の多くの理由の一つとして、死体それ自体に対する嫌悪感と同時に、死体に込められている死霊に対する恐怖心が挙げられる。[18] その他、人間は肉と霊で構成され、肉体的活動の他に様々な霊魂の活動が見られる。その霊と関わった表現としては、神・霊・神霊・魂・幽霊・魂魄・霊神・聖霊・鬼などがある。[19] 死後は、この霊肉分離に基づいて遺体より霊魂を重視する思想により、死体が粗末にされ棄てられたようである。このような死体放棄の風習は、高麗時代まで続いた。[20]

高麗時代は、太祖王建が道詵国師[21]から『道詵秘記』[22]を受け取ったという話が伝わるぐらい、国の国是は仏教であった。したがって国家の公式的な行事は仏教が導いて、死と関連した葬式文化が寺刹を中心として発達した。特に国家体制が整備され仏教の隆盛につれ、門閥家を中心として仏教式の葬式が普遍化され、お寺の近所では葬式をすませた後、火葬をし墓地を造る場合が多くなった。[23] 死亡した日から四九日が過ぎると四十九斎をあげ、一〇〇日になると百日斎をあげた。葬式を執り行った寺が願堂になり、毎年忌祭祀をする所として利用されたりした。葬式の日時、択日は易術により決められ、墓地の場所を選ぶのには陰宅や風水が採択された。もちろん他方では、依然として古来からの火葬・埋葬・風葬などの伝統が続くのである。また、巫教的な民間風習と儒・仏・道の葬式が混用された。

『高麗史』によると、人が死ぬと巫女や僧侶を呼んで、お膳いっぱいの供え物を陳列し鐘と太鼓を打ちながら、死者の霊魂をよい所へ導くための薦度斎を執り行ったと言う。儒教を国教とした朝鮮時代に入り、新しい政治を主導した新進士大夫たちは、朱子学と共に自分達の政治的理想を広げるため、『朱子家礼』を積極的に実践・普及に努めた。しかし、朝鮮王朝に入ってからも、依然として仏教式の葬式は続いた。その一つの例として、朝鮮時代の第四代目の王であった世宗は、昭憲王后[24]（一三九五—一四四六）の沈氏が死ぬと故人の冥福を祈るため、息子首陽大君[25]に釈迦牟尼の一代記を漢文で編んだ『釈迦譜』をもとに、ハングルで『釈譜詳節』を書かせた。『釈譜詳節』が完成すると、世宗はやはり、釈迦牟尼の一代記を詩の形式で詠んだ『月印千江之曲』をつくった。

このように、仏教・儒教思想が混在した巫教的観念の死意識は、長い歴史の流れの中でも一度も絶えず、韓国文化の底流に脈打っている。つまり巫教は、韓国人の心を理解するための重要な民間思想である。[26] 韓国の巫教あるいはシャーマニズムは、民間信仰として儒教のように高い水準の理論はないが、巫教で行うシャーマニズムの儀式は、儒教と同じような現世中心主義思想に基づいている。

その一つの例として、巫教において巫たちが執り行う死霊祭は、生きている時持っていた亡者の恨を解き、あの世への険しい道を順調に通過できるように手伝う儀式でもある。しかし巫教では、人間が死ぬと誰もがあの世に行くわけではない。海難や遭難などで死体を探す事ができなかった死や、不慮の事故で死んだ場合、あの世へ行けずに大きな恨を持ちこの世でさ迷うようになる。この場合、亡者の魂は自分の恨により苦しみ、残された家族にも自分があの世に安着できず、この世で苦しく彷徨しているという事を知らせるようになる。この時、死者は思わず子孫たちに害を与える事もあるから、巫女（巫堂）を呼んで死霊祭[27]を執り行う。[28]

巫教で執り行う死霊祭のグッ（굿）には、巫教の死生観の特徴がある。それは、地域によってセナングッ（새남굿）[29]やシッキムグッ（씻김굿）[30]、オググッ（오구굿）[31]など、非常に多様な名称と形態がある。巫教の不確実な「あの世観」は、形式の面で儒教とその系統を共にする。しかし、オググッ（오구굿）のような死霊祭を見ると、死んだ両親の霊が巫女

に乗り移って、息子と話をする部分がある。そのようなオググッの霊との対話は、巫女たちの祖先であるバリデギ姫が、死者の魂を魂箱に入れ、あの世に行く過程の中にも見られる巫教独特の霊魂観でもある[32]。

仏教や基督教で描写するあの世が、だいたい極楽(天堂)と地獄に分けられている反面、巫教では天堂に対する描写が殆どない。巫教の死生観に現れるグッ(굿)には、あの世へ行く行為はあるが、あの世に対する確かな描写は乏しい。地獄に対しては非常に恐ろしく描写されているが、この巫教の地獄観は巫教固有のものと言うより、仏教のものを借用してきた事が多い。巫女たちが描写するあの世のなかには、山に刀が一面に立てられている刀山地獄や、山全体が大きな火事になっている火の山地獄があるが、これらは寺刹の冥府殿[33]の死者のための建物の奥の壁に描かれている地獄と同じものである。すなわち、巫教の地獄は単なる仏教の地獄観に従うだけで、明確な来世観がないと言える[34]。

韓国の巫教が志向するものは、現世で厄を退け、できるだけ多くの祝福を受けて無病長寿・富貴栄華を全うすることだけであり、その他死後の住み処に対してはあまり関心を見せていない。巫教のあの世は、遥か遠い所ではなく、亡くなった者の霊を容易く呼び戻せる、この世と近い距離にある。つまり、巫教のあの世は、人間界から長い時間はかかっても歩いて到達できる所で、現世での生活と似ていると看做した。たとえ死後の世界は険しく遠い道のりであったとしても、現世と繋がっている[35]。

しかし巫教では、死者のためのグッであるオググッ(오구굿)をする時、呼び戻す叙事巫歌のバリデギ姫(바리데기공주)が、父母の薬を探しに行ったあの世への道のりは、険難で遠い。しかし、永遠の生命と再生と不死の薬水がある世界を想像させる[36]。

その遠い旅路には数多くの難題があり、バリデギ姫一人では切り抜けない。そのため、観音菩薩のような神的存在の助けを受ける[37]。ちなみに、バリデギ姫はあの世に行く途中で、激しい苦痛を受けている多くの人々にも出会うが、その様子は仏画に描写されているように、生前この世で罪を犯した人々である。自分の唯一の世界であったこの世を去る時、あの世の使者たちが刀と金鎖を持って早く行けと催促するのは、バリデギ姫[38]があの世に行く途中で経験する苦労と似ている。

このように、バリデギ姫は険しくて長い旅程を経ながら無事にあの世の門に着いてから、守門将である武将神仙に会い、彼の要求どおりに炊事洗濯をするなど心を込めて彼の世話をした。その上、彼の妻になり子供まで産んだ。その褒美として、後に両親を生かせる霊薬を手にすることができる。しかし、更なる話はなく、バリデギ姫が苦労して向かった所は、あくまであの世のドアの前までで、彼女があの世のドアの中に入ったという話はない。また、あの世に対する具体的な描写になる手がかりもあまりない。あの世のドアは、かたくなに閉ざされている。それで、バリデギ姫もあの世の中には入らず、再びこの世に戻ってくることができたのである。勿論、本来の両親を生かさなければならないという目的はあるにしても、あの世への道が険しく、苦労の道として描写されている。そして、あの世の夫である武将神仙との間に産まれた自分の子供たちすら残したままこの世に向かった事から、巫女のあの世観は、否定的で現世重視思想が潜んでいることがわかる。

葬式の手続きの一つである皐復にも、この世と現世中心の例を見ることができる。皐復は、人が死ぬと亡者の衣服を持って家の屋根の上に登り、北側に向けて亡者の名前と住所を三回唱えながら帰って来いと叫ぶ儀式である[39]。この行為は、あの世へと向かう死者の霊魂を、この世に取り戻すための儀式である。これと関連したものとして韓国の民譚や説話では普通、人間の死をあの世の使者が亡者をまるで犯人を引き摺っているように描写している。これは、能動的な死ではなく本人が望まないにもかかわらず、強制的に逮捕されていくイメージが強い。また、葬式が始まると、サザサン（使者床、使者飯）[40]が供えられるが、このサザサンは亡者を連れていくあの世の使者をねぎらうようなものである。いわゆる死者を連れて行くあの世の使者にあげる、賄賂のようなものである[41]。

また、サザサンには、ご飯・お酒・お金・草鞋・醤油などが置かれるが、ここで注目しなければならないのが醤油である。醤油には、亡者の魂を引いている使者が、醤油を水と間違って飲んでのどが渇けば、あの世に向かう途中で水を飲むためこの世に戻って来るだろうという、素朴な願いが込められている。何とかしてあの世へ行く時間を引き延ばし、少しでもこの世に留まらせたいという、残された者からの配慮である[42]。また、そればかりでなく小殮[43]をしてから大殮[44]をしたり、飯含[45]などの過程からも、現世的な価値観が見える。勿論、これは、儒家でも制度化された葬式のひとつであるが、巫教でも行われている手続きでもある。

このようにして、三日目になる日に喪輿が家をでる時、喪輿の前で執り行う祭祀である発靷祭（永訣祭）の際、霊座と屍身は家を離れ墓地に向かうようになる。この時、喪輿を引きながら歌が喪輿歌であるが、この喪輿の歌声にも、あの世を否定的に描写した現世中心主義が現れている。ここで、今でも残っている喪輿の歌を紹介する。

オホーロン、オホーロン、オファノムチャ、オホーロン
あの世の道が、遠いと言っても、大門のすぐ外が、あの世である。
オホーロン、オホーロン、オファノムチャ、オホーロン
行こう、行こう、早く行こう、あの世へ、早く行こう、絶えず催促する。
オホーロン、オホーロン、オファノムチャ、オホーロン
我ら人生、生れる時、仏様の功徳で、神様の命を受け
オホーロン、オホーロン、オファノムチャ、オホーロン

帝釈様の前で福を授かり、お父様の前で骨を授かり、お母様の前で肉を授かり、
この人生、生れてから
オホーロン、オホーロン、オファノムチャ、オホーロン
一、二歳の物心がつかない時から、二、三十になっても父母の恩功に報いず、
但四十も生きられない人生、胸苦しくて怨めしい。
オホーロン、オホーロン、オファノムチャ、オホーロン
春草は年年緑で、王孫は帰不帰である。
明年三月、春が来るとおまえは再び咲くが、
オホーロン、オホーロン、オファノムチャ、オホーロン
我ら一度行けば、再び戻って来るのが難しい、怨めしく胸苦しい。
オホーロン、オホーロン、オファノムチャ、オホーロン(46)

この喪輿の歌は、二〇〇六年一月に採録されたもので、「仏様の功徳」「帝釈」「父母恩功」などの用語から、巫教・仏教や儒教思想からの借用が見られる。父母の恩功と人生の短さ、一度あの世に行くと、二度ともどれない死の虚しさを歌っている。また、「但四十も生きられない人生、胸苦しく怨めしい」と言ったり、「明年三月、春が来ると、おまえは再び咲くが」という句節から、この世は美しい所であると言ったりする。しかし、あの世は「一度行けば、再び戻って来るのが難しい、怨めしく胸苦しい」から、一度行くと、帰って来ることができない虚しい所であると言う。このように一度行くと、再びこの美しいこの世の春を見ることができない、よくない場所であると考えていたこと、

また、「あの世の道が、遠いと言っても、大門のすぐ外が、あの世である」という表現がある。このことからあの世は現世と咫尺にありながら一度行けば二度と戻れない人生無常へのもどかしさと強い現世集着観を見ることができるであろう。

また、「行こう、行こう、早く行こう、あの世へ、早く行こう、絶えず催促する」のは、前のグッ(굿)と同じく、閻羅大王が派遣したあの世の使者であるが、「日直死者月直死者一手に槍剣を持ち、またもう一つの手には鉄棒を持ち金鎖を持ち上げ、あの世の元の門にたどり着くと牛頭羅刹[47]、馬頭羅刹[48]大声を出しながら飛びかかる[49]」と同じ意味である。あの世への道が、まるで警察が犯人をつかまえて監獄へと引き摺っていくことと似ている。このようにしてあの世に到着すると、牛馬の顔をした恐ろしい魔鬼羅刹(仏教にでてくる悪魔守護神)たちが飛びかかり、死者をあの世の内側に引き摺って行く。すなわち、死と関係する過程が、すさまじい嫌悪感をもって描かれている。

このように韓国の伝統的な巫教の習俗に見えるあの世は、ある特別な空間に存在する超越的な世界であるというより、この世の近くにある世界では、よくないと考える否定的な場所で、韓国の俗談に「犬糞畑に転んでもこの世の方がいい」という言葉や、「ぶら下がって生活するとしてもこの世の方がいい」「死んだ政丞(大臣)より生きている犬がましだ」などがあるように、あの世よりはこの世を重んじる思想がうかがえる。

三　神道と巫教における死生観の意味

荘子の妻が亡くなってから、彼の友人である恵施が弔問に行った。しかし、荘子は莫蓙むしろに座り、瓶を叩きながら歌を歌っていた。それで恵施は、これはあんまりではないかとの意味を込めて、荘子に「どうしてそのような行動ができるのか」と質したところ、荘子は、これはやりすぎだと認めた上、「最初は私も嘆き悲しんだ。しかし、その人生の始まりを考えてみると、家内にもともと生命はなかった。それどころか、身体もそれを形作る元素としての気もなかった。捉えどころがないぼんやりした状態の中から気が生じ、身体や生命に変化したのである。それが今、また変化して死んでいくのだ。これは四季のめぐりと同じことで、人が大いなる部屋で安らかに眠ろうとしているのに、大声を上げて泣き叫ぶのは、運命を理解していないことだと分かり、私は嘆くのをやめたのだ(50)」と答えた。

荘子も自分の妻が亡くなったことは悲しいとしながらも、よく考えてみると、そもそも人間の生命は有と無の間から気が生じ、気が変わり形になり、形が再び生命として姿を変え、まるで春夏秋冬の四季が廻るのと同じようなことであるとした。それで、自分の妻も宇宙のなかで眠っているのに、もし悲しくて泣くと自然の理に反することになるから、泣かないということである(51)。これは、儒家思想の磁場のなかにある荘子の死に対する思惟で、荘子は必ずしも生を否定したり死を礼讃するのではなく、生を善いものとして執着し、死を厭うべきものとして避けようとする常識的な考え方をも、根底から否定しようとしたのである。死は本当に嘆くべきこと、避けるべきことであろうか。時代の流れにより、巫教も現世志向的な死生観を持っているが、両者の源流になりうる道教の死の思想、生と死は春夏秋冬の季節の巡りのような自然の一部で、ごく自然な成り行きである、と、荘子は世間の常識や固定観といったものに対して、それらを徹底的に問い直していく(52)。

このような自然の理に順応する道教の死生観は、現世中心の神道と巫教ともその脈を共にする。つまり、荘子の凡宇宙的で自然の順理により死を客観的に見ようとする視座は、古代日本の神道の死生観と韓国巫教の死生観の根底とも通じると言える。古代日本では、死者は活動をやめた仲間であるとの意識から、死者を、集落の中心の広場やかつて生活した場所と同じ生活空間に埋葬し、同じ世界観を共有したのである(53)。韓国巫教でも、死者は生者と共有できる近い距離にあるとし、またその死者と生者を媒介する霊媒者がいて、死者に対してこの世の未練とあらゆる思いを断ち切らせ、自然の理に従って楽に休むようにさせた。つまり、死者が生者と別れることは、悲しいことであるのは否定できないが、神道と巫教が共に現世指向的な方向に向かった背景には、自然に順応する客観的死生観の影響があったからであろう。

しかし多くの思想と宗教が、荘子と同じような思惟を持っているわけではない。死に対する意識、すなわち死生観は、民族ごと国ごとの歴史的背景と宗教によって違いがある。しかし、共に笑い泣き生活した家族の一員が、ある日、死に至ったとき、多くの人々は驚き悲しむという共通点があるが、その死を扱う方法は、やはり、民族や国家あるいは宗教や歴史的背景によって様々である。いわゆる、死生観によって死を処理する方法が違い、また変遷するのである。

死後の世界は明確でないが、永い歴史を経ながら仏教では輪廻転生、基督教では復活、そして神道では、死ぬと無になるという三つの普遍的な観念がある。

日本の来世希求的な信仰は殆ど仏教(浄土教)に起因するが、これは大きな枠から神道の磁場の中にあると言える。古代社会では、貴族は死んだ者の供養のみならず、自分たちの来世も仏教に依託し、死ぬ前に「臨終出家」をする場合が多い。しかし、朱子学が受容された江戸時代の場合、表面的には仏教の形態を取ったが、内面的には儒教・仏教・道教が混合された形態の「家」観念が広範囲に広がる。「家」の中で全ての人々が個別的には、仏教式の供養を受け、死後の安楽を望む。いわゆる、①よい死に方ができなければ、生きている間に味わう幸せの色が褪せるので、よい死はよい生を前提とする。それで、生きている間に精神的苦労があっても自分の運命と受け止め、自分の生命が大事であるように他人の生命も大事にする人がよい死を迎えることになる。②正しい死の認識を持つということは、死を生の過程の一部と見做し、安らかに死ぬためには、正しい生き方をしなければならない。従って、正しい生き方をした人は、この世で空しい未練を持たず安らかに目を閉じることができる。

日本の死生観は、儒・仏・道思想の特徴が混合しているが、この混合の調和は多神教的世界観を持つ日本人の思惟観念と一致する。日常生活の宗教葬式の中の儒・仏、あるいは儒・仏・道思想の混用の側面から、その脈を繋いでいると言える。

韓国の場合も、仏教と儒教思想が長い間大きな影響を及ぼしてきたが、人々が生活の側面で頼りにしたのは巫教である。[54]喪葬式で重要な点は、死を魂と魄の分離であると見做していることである。従って屍身を埋葬すれば、魄は土の中にいるようになり、返魂の手続きで家につれてきた魂は、脱喪する直前まで、家に上庁[55]を用意し大事にする。臨終から皐復・使者床・殮襲・入棺までの過程が、死を確認する分離葬式であるとすれば、脱喪後の葬式は死んだ人が新しい存在、すなわち、祖先の一人と見做され、祖先世界に統合される過程である。このような点で韓国の伝統的な死生観は、死んだ者を生きている者の世界から分離する過程ではなく、新しく祖先の一員とする手続きでもある。その媒介体が祭祀である。祭祀を通して、生きている者と死んだ者の関係を維持させ、亡者がこの世に帰ってくることができる名分を提供する。特に巫俗の巫教では、死者は、残された人が供えてあげる死霊祭、すなわち、ジンオギィグッ(진오귀굿)[56]、シッキングッ(씻김굿)、オググッ(오구굿)など、巫堂を通して、この世とあの世を往来する。また「神主」という壺に祖先の魂を入れ家廟や壁龕に安置し、朝夕の挨拶と家の大小事の報告をする。[57]

まとめてみると、柳田国男以後の日本の神道思想に現れた祖霊観や、韓国の巫教思想に現れた霊魂観に共通しているのは、現世中心主義の思考である。人間の希求は、見えない来世より現世に中心を置く。来世の極楽往生のためという現世の善的行動も、結局、死者にとってはもう一つの現世である子孫のためであった。これは、日本の神道の死生観や韓国の巫教の死生観に見える。また、このような思惟の根底には、家族という観念の変化も作用している。家族に対する観念が強くなかった時代には、大概、死体を遺棄したり放置したりしたが、近世と近代に入ってから家族観念が強くなるに従って、死体に対する処理がより精密になり生者との距離も近くなった。すなわち、日本の神道と韓国の巫教の死生観に共通して現れているのは、亡者に対する慰めと極楽往生の祈願であるが、結局これは残された者に対する慰労であるという現世観へと帰結される。また、韓国の葬礼儀式では、死んだ者を容易くあの世に送ることができず、たまに地面を叩きながら痛哭することもある。(58)

おわりに

本稿は、日本思想(神道)に現れた死生観の変遷を、韓国の場合(巫教)と対比しながら考察したものである。日本の場合、古代には主に遺体を放棄したが、中世に入ってからは納骨儀式が発達するようになる。しかし、これは霊魂が極楽往生するように一時的に骨に依拠したためであるが、墓地や納骨に対する持続的な関心と管理は続かなかった。その後、近世に入ってから納骨の習俗が強化され、境内墓地に至るまで深化される。ここには家族観念の変化も、大きく影響したと思う。すなわち、中世以降、伝播・受容された朱子学の孝が重んじられることもあって、家族観念の絆もより強まり、これが死の対処にも影響を及ぼしたと思う。

韓国の古代の場合、支配者や地方豪族は大事に葬られるが、一般には日本と同じく遺体の放置が知られている。しかし、高麗時代(九一八年から一三九二年まで四七四年間、王氏が三四代に亘って支配した王朝)に入ると、仏教と儒教の混用的な死意識が現れる。特に、朱子学が受容され定着した高麗時代末期から朝鮮時代には、巫教的観念は否定的に見做されたが、民間では変わらず広範囲に亘って持続された。

結果的に、柳田国男以後の日本の神道思想に現れた祖霊観や、韓国の巫教思想に現れた霊魂観は、共に現世中心主義的思考であると考える。それは、目に見えない来世よりは現世に中心を置く思考で、来世での極楽往生を求めるために行う現世の善的行動も、結局もう一つの現世と現世の子孫のためのものになる。これは日本の神道と韓国の巫教に共通的に見える死生観であるが、死者は遠いところに行かず、家族たちの日常生活を眺めることができる程度の距離にいる。日本の神道と韓国の巫教の死生観に現れているのは、亡者に対する慰めと極楽往生の祈願である。これは残された者の心の慰めにもなることで、現世主義の現れでもある。

ここで、敢えて神道と巫教の死の儀式における相違点を見出すとするなら、儀式形式の手続きにあると言える。殆どの日本人は、仏教式の葬式をした後、遺骨を家の墓に埋葬する。そして、祖先の霊魂を迎えるため仏壇に位牌を安置する。また、お盆には精霊棚を準備し、迎え火を燃やして祖先の霊を迎える。そのほかに、死者の遺影を部屋に安置し、毎日食べ物や花と水を供えるなど、祖先の霊魂を家に呼び戻し、故人を通して残りの家族の平安と幸福な暮らしを祈願する。韓国の場合は葬式後、現場である墓地や、死者の忌日に家で執り行う祭祀以外、死者を弔う場所は殆どない。また、埋魂という儀式の後、家では祖先を弔う儀式をしない場合が多い。また韓国の巫教では、ムダン（巫女）という霊媒者のグッを通して死者の霊と生者が交渉できる。巫教ではムダンのグッを通じて死者と疏通し、死者と生者が繋がる。この死者との関わり方も、日本の神道と韓国の巫教の相違点であると言える。

付け加えれば、死者がいつも生者の生活空間に親密に留まるという死生観は、今もなお日本人の意識のなかに大きく影響している。しかし、基督教の強力な影響もあったためか、便利な生活方式を好む韓国では、いち早くそのような意識がなくなっている。殆どの家では祖先を祀る神棚、あるいは自然神を祀る「神主」（神壺）がなくなっている。

また伝統的に続いている祭祀も縮小、あるいは祭祀それ自体が別の形に変えられている。

註

(1) 佐藤弘夫『死者のゆくえ』(岩田書院、二〇〇八年)。

(2) 成海俊「일본 사생관에 담긴 죽음 의식의 특징(日本死生観における死意識の特徴)」(『日本文化研究』四〇輯、東アジア日本学会、二〇一一年)二三六頁。

(3) 研究の主なテキストは、韓国語に翻訳されている佐藤弘夫『死者の行くえ』(岩田書院、二〇〇八年、韓国版『일본 열도의 사생관(死者のゆくえ)』、成海俊訳、図書出版、二〇一一年。以下同書からの引用は韓国版による)と、現在、韓国慶尚大学大学院の日本学科で教材として使用されながら韓国語訳が進行している佐藤弘夫『ヒトガミ信仰の系譜』(岩田書院、二〇一二年)である。

(4) このような死者観は韓国も同じで、死者の数に合わせた壺を用意し、その壺の中に米も入れておいたことは、生前の生が死後もそのまま繋がることを示す(李恩奉『한국인의 죽음관(韓国人の死の観念)』ソウル大学出版部、二〇〇一年、四九頁)。『三国史』魏志東夷伝、東沃沮、「刻木如生形、随死者為数、又有瓦鬲、置米其中、編県之御槨戸辺」とある)。

(5) 殉葬の風習も広い意味で、生きている間の風習を死後にも繋げたいという考えからのものである。韓国で発掘された古墳には、生前と同じような装身具や日常用品、土器、武器、米穀などが副葬されていたが、これは死後の幸福を願った残された者からの配慮である。また死後も現世と同じような生活が冥界でも繋がると思ったから、自分が死んだら侍従たちも連れて行こうと考えた。李恩奉「한국인의 죽음관(韓国人の死の観念)」(ソウル大学出版部、二〇〇一年)

五一頁。

（6）邊太変「韓国古代の継世思想と祖先崇拝信仰」（『歴史教育』四、一九五九年）。

（7）李玉順他『아시아의 죽음문화（アジアの死の文化）』（ソナム、二〇一〇年）。

（8）佐藤弘夫著、成海俊訳『일본 열도의 사생관（死者のゆくえ）』（岩田書院、二〇〇八年）一八頁。

（9）佐藤弘夫著、成海俊訳『일본 열도의 사생관（死者のゆくえ）』（岩田書院、二〇〇八年）八八頁。

（10）平安時代初期に編纂された説話集である『日本霊異記』の作者、景戒が自ら体験したという死の観念は、『日本霊異記』に収録されたいくつかの蘇生譚に共通的に現れる現象である。佐藤弘夫『死者のゆくえ』（岩田書院、二〇〇八年）。

（11）佐藤弘夫著、成海俊訳『일본 열도의 사생관（死者のゆくえ）』（岩田書院、二〇〇八年）一五三頁。

（12）佐藤弘夫著、成海俊訳『일본 열도의 사생관（死者のゆくえ）』（岩田書院、二〇〇八年）三七頁。

（13）一例として、静岡県磐田市の一の谷遺跡は、中世都市の見付の郊外に形成された大規模な墳墓群であった。

（14）竹田聴洲『祖先崇拝』（平楽寺書店、一九五七年）。佐藤弘夫『死者のゆくえ』（岩田書院、二〇〇八年）一九二頁。

（15）佐藤弘夫著、成海俊訳『일본 열도의 사생관（死者のゆくえ）』（岩田書院、二〇〇八年）二七頁。

（16）李聖恵「일본인의 가족관념과 장례 의식과의 상관성（日本人の家族観念と葬礼儀式との相関性）」（『日本文化研究』三九輯、東アジア日本学会、二〇一一年）四四一頁。

（17）郭種喆「場所의 象徴性과 境界性遺蹟의 性格」（『古文化』五七、韓国大学博物館協会、二〇〇一年）。

（18）死者を安置する場合、生者に害を与えることを恐れ死体を折り曲げて縛った。新石器時代の墓の人骨の上に意図的に多量の石斧や土器の砂利を置いたのも、死者の霊が死体から出、害を与えることを防ぐためであった。李相均「韓半島新石器人의 墓制와 死後世界観（韓半島 新石器人の墓制と死後世界観）」（『古文化』五六、二〇〇〇年）。

(19)『三国史記』巻第六新羅本紀第六文武王上、『三国史記』巻第七新羅本紀第七文武王下、『三国史記』巻第八新羅本紀第八神文王、『三国史記』巻第一三高句麗本紀第一瑠璃王、『三国史記』巻第一七高句麗本紀第五烽上王、『三国史記』巻第二一高句麗本紀第九宝蔵王上など。

(20) 高麗を訪問した中国宋代の人の記録がこれを証明している。「其疾病、雖至親不親薬、至死殮拊棺、雖王与貴冑、亦然、若貧人無葬具、即路置中野、不封不植、委螻蟻烏鳶食之、衆不以為非」(『宣和奉使高麗図経』巻二二雑俗一)。

(21) 道詵国師(八二七―八九八)は、一五歳で出家し、月遊山の華厳寺で仏教を勉強した後、僧侶になった。その後、有名な寺刹に通い修行しながら、八四六年、谷城の桐裏山の恵徹を訪ね無説無法の法文を聞き、五妙な理致を悟った(『종교학 대사전(宗教学大事典)』、韓国事典研究社、一九九八年)。

(22) 中国伝来の風水地理説と陰陽図議説を骨子とした道詵国師の『道詵秘記』は、高麗の政治・社会に大きな影響を与えたが、高麗時代の初代王であった王建も『道詵秘記』によって遷都したという話がある。

(23) 新石器時代以前から行われた火葬の痕跡が、最近、晋州市大坪面上村里の住居地で見つかった。甕棺の中で火葬骨が発見されたのである。キムジェヒョン「人骨로 본 南江大坪 사람들(人骨から見た南江大坪の人々)」(『청동기시대 大坪・大坪人舟(青銅器時代の大坪・大坪人舟)』、国立晋州博物館、二〇〇二年)。

(24) 朝鮮時代の第四代世宗王の妃で、本貫は青松で門下侍中、沈徳符の孫娘、領議政温の娘、母は領敦寧府事安天保の娘である。一四〇八年、忠寧君、道との嘉礼で嬪になり、敬淑翁主に奉された(『한국민족문화대백과(韓国民族文化大百科)』、韓国学中央研究院)。

(25) 朝鮮時代の七代の世祖が王になる前の号称。

(26) チェジュンシク「한국인의 죽음관념(韓国人の死の観念)」(『죽옴학(死生学)』、図書出版모시는사람들(モシノンサ

ラムたち）、二〇一二年）三五〇頁。

（27）死霊祭は、屍体中心の死者観念とは違い死者に霊魂が存在するという考えで、人間の死は単なる生物学的な死のみではなく、宗教的な意味の死が付随される。死霊が人間によって崇拝されるのが葬礼で、死霊に対する祭儀が死霊祭である。死霊祭は種類あるいは地域によって、また宗教によりその様相が異なる。死霊祭に対する歴史的記録は、『三国遺事』の「月明師兜率歌条」に月明師が亡くなった妹の魂を慰めるため、斎を施し歌を詠ったというところから断片的な姿が確認できる。巫俗の死霊祭は種類と地域において多様であるが、死者の魂を慰め生者の平安を祈るという点では、同じである。また、死霊祭では非正常的な死をした人の死を慰め、極楽へと案内するのが普通である。この死霊祭は葬式とともに行われるが、単なる屍体処理だけではなく、生命を亡くした悲しみの解消と社会的役割解消など複合的なものであるが、同時に死から発生する不浄の処理などの宗教的な意味もある。リブヨン「死霊의 巫俗的治療에 대한 分析心理学的研究（死霊の巫俗的治療に対する分析心理学的研究）」（『最新医学』一三―一、一九七〇年）。

（28）羅喜羅『고대한국인의 생사관（古代韓国人の生死観）』（知識産業社、二〇〇八年）九一頁。

（29）死者のために行われているジンオギグッの中で、規模が一番大きいグッがセナングッである。セナンには、再び生まれるという意味がある。これは、巫俗の死の儀礼をはじめ、韓国社会の多くの伝統的な死の儀礼や関連遊びの再生の動機を含蓄している（国立民俗博物館『한국민속신앙사전　巫俗信仰編（韓国民俗信仰辞典　巫俗信仰編）』、二〇一〇年）。

（30）死者の不浄をきれいに洗い流し、極楽へ送る全羅南道地方のグッである。学術的には死霊祭と言う。しかし、同じ死霊祭と言ってもグッの方法は異なる（『한국민족문화대백과（韓国民族文化大百科）』、韓国学中央研究院）。

（31）慶尚道と江原道の嶺東地方で、死者の霊魂をあの世に送るため行うグッである。死霊祭の一つとしてオググッは行う時期によって名称が違うが、死後すぐ行われるグッをジンオググッと言い、亡くなって一年以上過ぎてから執り行うグッ

はマルオンオグッと言う(『한국민족문화대백과(韓国民族文化大百科)』、韓国学中央研究院)。
(32) チェジュンシク「한국인의 죽음관(韓国人の死の観念)」(『죽음학(死生学)』、図書出版모시는사람들、二〇一二年)、『한국민속신앙사전(韓国民俗信仰辞典)』三六二頁。
(33) 冥府というのは、閻魔王が治める冥土の総称である。冥府殿の中央には地蔵菩薩が、左右に十王が安置されている。死者の霊を導いて極楽往生するように祈願する殿閣である。
(34) チェジュンシク「한국인의 죽음관(韓国人の死の観念)」(『죽음학(死生学)』、図書出版모시는사람들、二〇一二年)。
(35) ファンルシ「공간민속으로 본 한국인의 사상체계(空間民俗から見た韓国人の想像体系)」(『기층문화를 통한 한국인의 상상체계(基層文化を通した韓国人の想像体系)』上、民俗院、一九九八年)。
(36) 死霊グッの時、口演される序詞舞歌として韓国全国で伝承されている。バリデギ姫は、約二〇編が採録されているが、各編の内容は伝承地域によって異なる(『한국민족문화대백과(韓国民族文化大百科)』、韓国学中央研究院)。
(37) 金泰坤『무조신화(巫祖神話)』(集文堂、一九八五年)。
(38) チェジュンシク『한국의 풍습 민간신앙(韓国の風習民間信仰)』(梨花女子大学出版部、二〇〇五年)二八頁。
(39) 『礼記』「礼運篇」にも似たような用例がみられる(「升屋而号告曰 皐某復」)。
(40) 死者を遷度するグッで、あの世の使者のために供える飲食物である。これには、あの世の使者が死者の魂を虐めずに導いてくれるように、という願いが込められている。
(41) チェジュンシク「한국인의 죽음관(韓国人の死の観念)」(『죽음학(死生学)』、図書出版모시는사람들、二〇一二年、三八五頁)。
(42) 一方、死そのものをごく否定的に見做したので事故死は勿論のこと、両親が老衰で自然死をしたとしても、子供は両親を死なせた罪人になり、罪人のような服を着た。髪を垂らし麻製の粗末な服を着、罪人のようにボタンをしめなかった。このような考えのベースには、この世を去り険しいあの世の道へと両親を送ることに対する悔恨が込められている。また、この世は佳く、あの世は佳くないという考えも潜んでいる。

(43) 屍体に新しく作った服を着せ、布団で包むことを言う。

(44) 小殮をした次の日、屍体に重ねて服を着せ、布団で包み布で縛ることを言う。

(45) 飯含は、あの世に行く時必要な食糧という意味で、屍身の口に水に浸した米を入れることを言う。

(46) 「금정산성의 문화와 민속（金井山城の文化と民俗）」（『금정산성종합정비계획（金井山城綜合整備計画）』、釜山広域市、五七八～五七九頁。提報者：呉柄善、男七七歳、歌唱場所：韓国釜山広域市金井山城、竹箭村、採録者：李聖恵、採録日時：二〇〇六年一月二五日。これは、一七七六年板刻された「念仏善勧文」と「新編善勧文」に回心歌（筆者本などの異本には悔心曲と表記）として伝え、『仏教回心曲』にも出ている歌の内容の一部である。『回心曲』は、嚮導あるいは輓歌であると言われているが、喪輿の歌声の一部分である『別回心曲』と殆ど同じ内容である。人生の虚しさを嘆く歌として、生前多くの功徳を積むことによって極楽へ行けるという、教訓的な内容がある。

(47) 仏教用語として本来は、悪鬼として人を食べたが、後に仏教の守護神になり、十二天の一つとして南西方を守るという。体は人で、頭は牛である地獄の獄卒。

(48) 同前。体は人で、頭は馬である地獄の獄卒。

(49) ジンオギィグッ（진오귀굿）の亡子遷度行事の歌の一種である。

(50) 荘子妻死、恵子弔之、荘子則方箕踞鼓盆而歌。恵子曰、「与人居、長者老身死、不哭、亦足矣。又鼓盆而歌、不亦甚乎！」荘子曰、「不然、是其始死也、我独何能无概然！察其始而本无生、非徒无生也而本无形、非徒无形也而本无気、雑乎芒芴之間、変而有気、気変而有形、形変而有生。今又変而之死、是相与為春秋冬夏四時行也。人且偃然寝於巨室、而我噭噭然随而哭之、自以為不通乎命、故止也」(『荘子』「外篇・至楽篇」)。

(51) 元々存在しなかった生が死に帰ることは自然の循環であるから、死を悲しむのは生命を知らないことと同じである。楽な状態で自然に帰ったことを祝福することであった。死は自然が人類に施した解説であったからである。そもそも荘子は、生は苦痛で死は安息であったと考えたから、死者を追悼するための壮大な葬式に意味をつけなかった。「吾以天地為棺槨、以日月為連璧、星辰為珠璣、万物為斎送、吾葬具豈不備邪?」(『荘子』「例御寇」)。

(52) 柴田篤「古代中国人の死生観—『論語』と『荘子』を中心として—」(『生と死の探求』、九州大学出版会、二〇一三年、三二頁)。

(53) 佐藤弘夫『ヒトガミ信仰の系譜』(岩田書院、二〇一二年)四五頁。

(54) 巫教では、死んだ場所から霊魂を呼び、祭祀を執り行うのが普通である。客死をした時は、遺体を生まれ故郷につれてくる。遺体をつれてくることができない場合は、巫女が魂を呼び仮墓を作る慣習がある。

(55) 上庁とは脱喪直前まで死者を仮に置く空間である。

(56) ジンオギィグッ(진오귀굿)は、死者の恨みを解き良いところへ行かせるため、巫女を呼んで繰り広げるグッ(グッ)として、死者をあの世へと送り極楽往生を手伝う儀式である。シッキングッ(씻김굿)と同じような言葉でオギィ(오귀)、スリュクセナム(수륙새남)、オギィセナムグッ(오귀새남굿)と呼ばれ、不浄距離、堂山迎え、ドア越え、部屋中オギィ、霊土手、道掃除、念仏などになっている(『한국민족문화대백과(韓国民族文化大百科)』、韓国学中央研究院)。

(57) 今日にもこの意味が残っている。以前の時代の「神主」は普通、宗廟や家廟に祀られた木主のことを言う。しかし、死生観の変化と都市化および家屋構造の変化により現代の韓国では、神主を祀らない場合は、神主の代りに紙榜が広く使われている。最近は、写真を代りにすることもある。

（58）あの世を否定的に捉える死生観は、現在までも続いている。現代においても殆どの人々は命の危険にさらされたり、余命宣告を受けたりすると、本人は勿論、その家族たちも必死に延命の努力をする。

「神明の舎」のありか

——神は正直の「頭《こうべ》に宿る」のか、「頂《いただき》を照らす」のか——

片岡龍

はじめに

「正直の頭に神宿る」という諺があるが、この語はいつごろから人々の口の端にのぼるようになったのだろうか。文献的にしっかり調べてみたわけではないが、いま手もとにある何冊かの参考書をひもといてみると、だいたい鎌倉時代ころと言われているようである。たとえば、加藤玄智は、次のように言っている。

> 鎌倉時代になると、以上渓嵐拾葉集等に在る様に、正直の頂に神宿るの思想信仰は、当時の社会通念として、成立してをつた。故に日蓮は曰く、「神明は、正直の者の頭には、住給也。不正直の者の頭には宿り給はず」(垂跡法門、日蓮上人御遺文全集、一二七及一二八)又曰、「八幡御誓願云、以正直之頂為栖、以諂曲之人心不亭《やどら》」(諫暁八幡抄、同上、二〇三八及二〇三九)と。東大寺八幡験記に又曰、「吾波宇佐仁毛不住須男山仁毛不住須正直乃首乃上仁住奈利」(続群、六四、経、三、二四四)[1]。

また、谷省吾は、「清浄・正直」の徳を強調する伊勢神道の成立した鎌倉時代、「正直の頭に神宿る」ということの諺が、広く流布していたことを指摘している[2]。

ところで、加藤の挙げる例では、この諺は本来、八幡の託宣とされている。(3) 一方、谷がこの諺との関連を指摘したのは、伊勢における託宣であった。すなわち、

> 人は乃ち天下の神物なり。須く静謐を掌るべし。心は乃ち神明の主たり。心神を傷《やぶ》ること莫かれ。神は垂るるに祈禱を以て先と為し、冥は加うるに正直を以て本と為す。（『宝基本記』）
>
> 日月は四州を廻り、六合を照らすと雖も、須く正直の頂を照らすべし。（『倭姫命世記』）

である。(4)

実は、加藤が最初に挙げている光宗の『渓嵐拾葉集』（一三一八年六月自序）にも「伊勢八幡等、以㆓不妄語㆒為㆑体也。されば正直の頭にやどらんと誓給也」とあり、したがって鎌倉時代の末には、この諺は伊勢と八幡の託宣にもとづくと認められていたようである。

ところで、この伊勢と八幡の託宣の内容は、まったく同じなのだろうか。この点については、さまざまな角度から検討してみる必要があるが、ここでは、たんに表現上の僅かな違いにこだわってみたい。すなわち、神は正直の頭に「宿る（住む・栖《すみか》とする）」のか（八幡）、正直の頭を「照らす」のか（伊勢）、の違いである。

もちろん、伊勢神道においても、神は正直なる人に降って（「垂」）、心を主とするのだから、「宿る」といってもよいように見える。しかし、その宿る場所は「心」であって、「頭」ではない。頭はやはり照らされるのである。

この二つの表現の違いは、何を意味しているのか。これについては、追々筆者なりの考えを示していきたいが、お断りしておかなければならないのは、本稿のめざすところは、八幡信仰と伊勢神道の違いや、中世神道の史的変遷といった問題に対する専門的な考究にあるのではないことである。それは、筆者の手にあまる。むしろ、この問題を一つの糸口として、日本の「カミ」へのアプローチの仕方について、方法論的な問題提起を試みることを目的とする。

その問題提起とは、まずは①「カミ（神）」と「タマ（霊）」の機能をはっきりと弁別する必要があるということである。したがって、上記の問題に対する結論を先取りして言えば、「タマ（霊）」は「心」に宿るが、「カミ（神）」はそうではない。「カミ（神）」が人格（persona）に関わるとすれば、それは「心」にではなく、天から降臨して人の「頭（脳）」に宿る。ただし、それは日本の「カミ」の特徴というよりも、東北アジアの民衆世界に共通する基層信仰的な感覚としてである。「カミ」が頭上から鏡のように照らし、それが一部の人の「心」においてのみ正しく顕現するとするのは、文字支配層のイデオロギーである。

こうした結論、というよりも一種の作業仮説から、日本の「カミ」を考える際に、②文献を主とした手法の陥穽に自覚的であること、③日本史の枠組みから自由になること、その際、中国や西欧との対照にのみとどまらず、④とくに韓国を補助線とする有意義性等の方法論的な提唱を、本稿全体の叙述を通じて、おのずと浮かび上がらせたい。

一　カミとタマ

カミは正直の頭に「宿る」のか「照らす」のか、この問題はいったん措いておき、「カミ（神）」と「タマ（霊）」の弁別の必要という問題から始めよう。

言うまでもなく、「カミ」と「タマ」を弁別すべきという主張は、とくに目新しいものというわけではない。すでに津田左右吉は、次のように述べている。

日本の上代に於いては、宗教的意義に於いての祖先崇拝の風習はなかつた（中略）。一般に死者を「カミ」として祭ることも無かつた。人には肉体から遊離する霊魂があるとせられていたが、それはタマと称せられてゐて「カ

ミ」とはいはれなかつた。死せるもののタマ、祖先のタマ、とても「カミ」として祭祀の対象とはせられなかつた。(5)

津田の問題関心は、中国的な祖先崇拝の風習は、もともと日本にはなかったという点にあるのだが、「儒礼では祭をうける死者の霊は神と呼ばれる」(6)ようなところから、文字上の縁によって「カミ」と「タマ」はだんだんと混淆するようになった。しかし当初は「タマ」には「魂」の字が宛てられ、「カミ(神)」とははっきり区別されていた。(7)ただ、『日本書紀』には、紀伊の有馬村にイサナミの命が葬ってあるという話に、土地の人が「此の神(カミ)の魂(タマ)」を祭ったという記述があるが、これについても津田は、

有馬村で祭られたといふ伊奘冉尊の魂も其の魂が「神」とはよばれなかつた。さうしてこれが死者を祭るといふ話のたつた一つのものであり、またそれは最も遅れて作られたものと推定せられる「一書」にのみ見える話である。此の話は墓地に於ける呪術的儀礼が葬られてゐる人のタマを祭るもののやうに考へられて来たところから生じたものと解せられる。(8)

と説く。また、死者に対して神を祭る儀礼があてはめられていなかったことを示す証拠として、「墳墓と神社とが別のものであつた」こと、すなわち令の制度において陵墓は、葬事を掌っていた土師氏の職務を受け継いだ諸陵司の所管であり、中臣氏・忌部氏の職務を引き継いで神の祭祀を行う神祇官には属していなかったことを挙げている。(9)

津田ばかりでなく、中井真孝も、「カミ」と「タマ」と「ホトケ」の関係について、次のように言う。

民俗学では一般に祖霊ないし霊魂を媒介項に神仏の関係が近づくと考えられている(柴田実「神と仏」『中世庶民信仰の研究』所収)。だが私には(中略)いささか首肯しがたい。そもそもタマをカミと祭るようになるのは御霊信仰より後のこと、またタマをホトケと崇むのは中世的な庶民信仰の所産であろう。少なくとも奈良時代にでは、文

献に徴するかぎり、カミとタマ、ホトケとタマはおのおの同質に意識されることはなかった(下略)[10]。

なお、ここで参照されている柴田の文章も、実は、神も仏も祖霊の中に融け込んでしまうと見るような民俗学一般の考えに対して、「神と霊(魂)とはたとえ等質的なものであろうとも本来その次元を異にするものがあるのではないか」[11]という問題提起を、立論の出発点としている。

こうした主張が繰り返されながらも、一方で、カミとタマを包摂関係として捉えたり、発展段階の違いとして理解しようとする主張も根強い。いま、こころみに伊藤聡の近著『神道とは何か—神と仏の日本史』によって、伊藤自身の説も含めて例示する[12]。

- 折口信夫…原初的観念が「タマ」であり、その善の要素が「カミ」となり、悪が「モノ」になり、さらに善悪両用を兼ねる「オニ」の観念が生まれた。
- 松村武雄…「チ」を「神秘的な力能」、「タマ」を霊魂とし、「カミ」は、これらの観念が発展したもの。
- 溝口睦子…「カミ」は当初複数ある神霊・霊力呼称(チ・ミ・タマなど)のひとつであったが、後になって(六世紀後半以降)、漢字の「神」と結びつくことで、神的存在の総称となっていった。
- 伊藤　聡…「カミ」と総称される存在は、霊的なもの(「タマ」)として把握されており、実体的なものと見なされていない(ただし、全ての「タマ」が神なのではなく、強力な霊威・脅威を持つ「タマ」が「カミ」と祀られる)。「カミ」は「タマ」の一種であるのだから、「タマ」と同じ性格をもつ。

折口・松村は発展説。溝口は、タマは「神(カミ)」に包摂されたとする。伊藤の場合は、逆に「タマ」が「カミ」を包摂する関係となっているが、実際の捉え方は混淆に近く、さらに言えば、前者は後者の属性とされている感さえある。「神と仏の日本史」という副題に象徴されるように、一般的な「日本史」においては、「神」や「仏」に対して

「タマ」は、いまだ独自の地位を占め得ていないようである。

むろん、それにはそれなりの理由もあって、いずれにせよ日本史上のある時点で、「タマ」は「神(カミ)」に収斂するのである。津田は、それをできるだけ遅く引き延ばし、明らかに死者を神として祭った事例を、豊国明神(豊臣秀吉)以前に認めない。ただ、その場合でも、

> 人の心に残つてゐる死者の姿は、仏としてでもなく輪廻の苦に沈んでゐるものとしてでもなく、ありしまゝの人としてであるのが、一般人の信念であつて、死ぬべきものみづからの考にもそれが含まれてゐたらしい。神として祭られる場合でも其の点は同じであつたらう。(中略)かういふ神は、儒教思想に於いて気として抽象化せられ一般化せられてゐる魂でないのみならず、神道者の思想に於いて構成せられた人の心に宿るものとしての神明でもない。生きてゐた人そのものである。それがもし霊魂といふべきものであるとすれば、それは具体的な個人性を有つてゐる霊魂なのである。神として祭られるといふことは神道者の思想に導かれたものであるにしても、祭られようとする気分は必しも彼等の説いたところと一致するには限らぬ。(中略)神道者やそれにいくらかの関係を有つてゐたと思はれる儒家の思想と日本人の現実の気分との違ひがこゝにある。さうして其の現実の気分は、普通の場合に於いては、神といふ名にはかゝはらないことである。[13]

というように、祭られる死者は、「生きてゐた人そのもの」であるとし、できるだけそれを「霊魂」という観念や「神」という名称から遠ざけようとする。ここには、「シナ思想」的な祖先崇拝とは異なる、日本の「国民思想」を明らかにしようとする、津田の意志が強く反映しているようである。[14]

一方、溝口に代表されるように、近年の研究では、その時点をできるだけ早い時期に(先史時代にまで)遡らせようとする。ここには、東アジアのつながりを重視しようとする意図が働いていよう。しかし、文献記録の出現と「日本」

意識の高まりは同時並行現象なのだから、それを「日本史」の中で論じようとした途端に、「タマ」は「カミ」に呑み込まれることになる。

本稿の立場は、文献に寄りかかる危険性を自覚し、できるだけ「カミ」と「タマ」を弁別して捉えようとする点では津田を継承するが、「シナ思想」とは異なる日本の「国民思想」を明らかにしようとは思わない。そうした国民的対比の枠組みではなく、東アジアに共通する文字(漢字)文化対非文字文化の対比という枠組みを採用する。ただし、日中に比べ、韓国では、文字(漢字)文化の中に非文字文化的要素が反映しやすいという(15)、通説とは全く異なる仮定に立つ。

なお、「カミ」と「タマ」を弁別するのは、最終的に二つの望ましい関係を考えたいからである。史実や日本という枠組みから解放すれば、「カミ」とは生きた自然(生命)、「タマ」とは生きた心(霊魂)といってよいと考える。「タマ」を「カミ」に回収しないのは、人格(persona)としての人間の尊厳のためである。しかし、「タマ」はあらゆる生命ある存在にそなわっており、特定の人間(文字支配層)の独占物ではない。したがって、生命のレベルでの望ましいつながりが再考されなければならない。

ところで、「カミ」の中に「タマ」が包摂されたり、混淆されやすかった遠因としては、やはり本居宣長の影響力の強さを考えざるを得ない。宣長の有名な「カミ」の定義は、以下のとおりである。

凡《すべ》て迦微《かみ》とは、古御典等《いにしえのおんふみども》に見えたる天地《あめつち》の諸《もろもろ》の神たちを始めて、其の祀《まつ》れる社《やしろ》に坐《いま》す御霊《みたま》をも申し、又人はさらにも云《いは》ず、鳥獣草木のたぐひ海山など、其余何にまれ、尋常《よのつね》ならずすぐれたる徳《こと》のありて、可畏《かしこ》き物を迦微とは云なり、（『古事記伝』三之巻）

「尋常《よのつね》ならずすぐれたる徳《こと》」というのは、内面的な徳性ではなく、外面的な徳行(津田のいう地位に応じた「はたらき」

「しわざ」)の意であろう。そうした「徳」のある人・鳥獣草木・海山などの「物」に並んで、神社に祀られた「タマ(霊)」が挙げられているのである。

ただし、これに関しては、宣長がふまえたと思われる賀茂真淵の「カミ」の定義を見合わせる必要がある。

から国にて神とは妙《たへ》に量《はか》りしられぬをいひて、皇朝にいふと末はあふに似たれども、皇朝にて神と云は天地の御霊《みたま》を本にて、人の霊をいひ、又鳥獣草木までも神とす。故にその神によき神あしき神ありて云々。

(『古今集序考』)

東より子は、このことについて「真淵がこれまでの伝統的な解釈に従って、神を徹底して「霊」の範疇で捉えているのに対し、宣長は「霊」のみにとらわれず「物」として総括している」ところに特徴があるとし、そこから「現身」(=身体)をもった「カミ」という独特の理解が導き出されるとする。(16) この「現身」論のもつ思想的可能性については、後考を期すことにして、ここでは真淵的理解をアニミズム、宣長的理解をマナイズムと呼ぶ東の考えを参考にして、とりあえずそれらを「タマ」と「カミ」の弁別に重ねておきたい。

アニミズムが万物に宿り、しかも宿ったものから独立して存在しうる霊魂や精霊を中心にし、すなわち物に宿る存在を強調するのに対して、マナイズム(プレアニミズム、アニマティズム、バイタリズムとも)は万物を「生きている」ととらえる活力・生命力を中心にし、物のもつ力・作用を重視する。(17)

言うまでもなく、前者が「タマ」、後者が「カミ」だが、もう一つ注意しておきたいことは、真淵が言うように、「タマ」を根本にするからこそ、善悪の道徳観念が生じるという点である。生命(「カミ」)だけでは善も悪もなく、霊魂(「タマ」)と関係することで、はじめて善神(善霊)と悪神(悪霊)という観念も発生するのである。

二 内景医学、道教医学、シャーマニズム

ここで、当初の問題に戻ろう。神は正直の頭を「照らす」としたのは、伊勢神道であり、それは「心は神明の主(舎)」という語を中核として、中世後期をとおして継承・発展し、近世の垂加神道にまで及んでいる。ここでは、論述の便宜上、継承・発展の過程はすべて省略し、その最終形態について考察する。

ただその前に、中世においては、神明の宿る「心」は、心臓という具体的・肉体的なイメージを伴っていたことについて、注意しておきたい。たとえば吉田兼倶(一四三五—一五一一)の『神道大意』(一四八六年成立)では、「心は神明の舎」の語は次のような文脈中に見える。

神聖は動かずして動き、霊躰は形無くして形す。是れ即ち不測の神躰なり。天地に有ては神と云ひ、万物に有ては霊と云ひ、人倫に有ては心と云ふ。心は則ち神明の舎、混沌の宮なり。混沌とは、天地陰陽分かれず、喜怒哀楽未だ発せず、皆な心の根元なり。

これを同書冒頭の次の文章と併せて見れば、「心」が五臓の一つとしての心臓の意であることは明白である。

夫れ神とは、天地に先だちて、而も天地を定め、陰陽を超えて、而も陰陽を成す。天地に在りては之を神と云ひ、万物に在りては之を霊と云ひ、人に在りては之を心と云ふ。故に神は天地の根元なり、万物の霊性なり、人倫の運命なり。無形にして而も能く養う者は神なり。人の五臓に託して而も五神となる。各おの其の臓を守る者なり。故に神字をたましゐと読む、是れなり。

同書にはまた、喜・怒・哀・楽・愛・悪・欲の七情の働きが度を過ぎると、それに応ずる五臓(と胆・大腸)の神が

傷んで病気になるので、避けなければならないと説いてある。このことに対し、津田左右吉は「これは養生の法である」と評し、よって同書に「己が心の神を祭る」とある「心の神」も五臓の神のことであり、「神道とは心を守る道なり」という「心を守る」も、五臓の神を傷めないことと解した。(18)

ところで、津田をはじめ多くの中世神道研究者は、道家・道教思想、あるいは密教思想の影響という観点から、こうした問題に取り組んできた。しかし、むしろそれらとも密接に結びついた当時の医学的知識の普及という問題に、より留意する必要があると思われる。たとえば、津田も挙げている覚明(一一五六?—一二四一)の『三教指帰注』に「明堂経」からの引用として「心者五臓六腑之大王、精神之舎也」という語を載せるが、(19)「明堂経」とは、最古の鍼灸医学書である『黄帝明堂経』(20)のことであろう。

また、唐以後、医学理論の基本的なバイブルとなった『黄帝内経素問』『黄帝内経霊枢』には、心臓は神を内蔵し、肺臓は魄を内蔵し、肝臓は魂を内蔵し、脾臓は意を内蔵し、腎臓は志を内蔵しているという記述があり(『素問』宣明五気)、かつ「心は君主の宮、神明出づ」(『素問』霊蘭秘典論)とされ、また「心傷るれば神去る、神去れば死す」(『霊枢』邪客)と言われている。『神道大意』の養生論も、むしろ直接これを典拠として考えた方が早い。

ただし、内経医学では神の宿る場所は「心」であるのに対して、道教医学(養生論)においては、それを「頭(脳)」に見る傾向が強い。(21)それは、道教では「生命中枢を体の三つの部分に設定する(換言すれば人体を三分割する)独特の身体観」があるからである。(22)すなわち上丹田(泥丸《ニーワン》=脳)・中丹田(両乳の間)・下丹田(臍下三寸)である。なお、このような三分割的発想は、基本的に世界を三層構造(天・地・下界)として捉える、アルタイ系諸民族に共通するシャマニズム的発想とどこかで関連しているのではないだろうか。(23)また、これら諸民族においては、人間のさまよう「魂」を語る場合、「見かけ、かたち、映像、影、姿」を意味した語彙が用いられる場合が多く、さらにシベリアのある民族は

「魂」は顔に宿ると信じ、また「ヤクート人の考え方によれば、人間の sur（アルタイ・タタール「見かけ」「かたち」「姿」）の住みかは顔、大きく言って頭であり、頭皮と頭蓋の保存もまた、頭の重要性を示す」とも指摘されている(24)。

それはともかく、道教徒が「頭部に多大な関心を寄せたのは、そこが天に最も近く、神々と交感し、神々が降り立つ場所として最もふさわしいと考えたからであろう」と、三浦國男は指摘する(25)。いま、医書や本草書に見られる、神は頭に宿るとする例を挙げておく。

頭は、身の元首、人神の法る所。（中略）故に頭痛めば必ず宜しく之を審らかにすべし。其の穴を灸すれば乱るを得ず。灸多きに過ぐれば則ち神を傷る。（唐・孫思邈『千金要方』巻二九）

頭は、諸陽の会。上丹は泥丸の宮に産す。百神の集まる所。（明・朱棣『普済方』巻四四）

人の頭は円く蓋の如く、穹窿、天に象る。泥丸の宮は神霊の集まる所。（明・李時珍『本草綱目』巻五二、人部・天霊蓋（＝頭蓋骨）条）

後の二例では、「泥丸」という道教用語が明白に用いられている。また初例の孫思邈は、民間で医神として薬王廟にまつられるとともに、道家において仙人としての伝承が数多く残された人物であることは、言うまでもない。

ただし、本稿では道教の影響を強調したいわけではなく、より広く人々の生命に関わる医学的知識の面に注目したい。当時は卑賤な業であった医術に、理論化のための用語を提供したのが、仏教・儒教・道教などのハイカルチャーであったというにすぎない。古代エジプトやギリシアで、脳が精液ないし精を生産する場所と考えられていた事実をふまえ、「古くから頭蓋骨が崇拝されたのは、それが今日のように精神の座だと考えられたからではなく、（中略）生命生殖霊の宿るところとして、豊饒や復活の呪力をそなえるとみなされたためらしい」などと言われているところから見れば(26)、こうした感覚は、人類の基層的な生命観として存在し、ただそれに理論的表現を与える文明の違いによって、地域差があるように見えるだけかもしれない。

三　山崎闇斎、李退渓

垂加神道の創始者である山崎闇斎(一六一八―八二)も、「心は神明の舎」が、『黄帝内経素問』『黄帝内経霊枢』などの医書にもとづくことを明らかに知っていた。

　素問に、岐伯曰く、心は君主の官なり、神明出づ。霊蘭秘典論　霊枢に、岐伯曰く、血気已に和し、栄衛已に通じ、五蔵已に成り、神気心に舎り、魂魄畢《ことごと》く具わり、乃ち成りて人と為る。天年論　又曰く、目は心の使なり、心は神の舎なり。大惑論
(『文会筆録』十八)

そして、その「心」は心臓であると明言している[27]。しかし、こうした身体的イメージは、闇斎の場合、必ずしも生命観の強調の方向には結びつかないようである。そのことを、「心は神明の舎」の語を闇斎流に解説している「会津神社志序」によって確認してみよう。

そこでは、「神」の所在する場所として、「宮」と「社」と「祠」とを挙げ、「宮」は「御舎《みや》」、「社」は「八知《やしる》」、「祠」は「火蔵《ほくら》」に同じだとする。「御舎」が「神明の舎」、「火蔵」が五臓のうち火徳の配当される「心」を意味することは明らかだろう。すなわちカミ(神)の所在する建物と、心の霊妙な働きである神明が蔵される心臓とが重ねられている[28]。

「八知」は、「神、八方を知る」意とされている。これは、カミ(神)の作用、心(神明)の作用を述べたものである。その作用が「社」という建物と同じと見るところからは、心臓のイメージも、生命観と結びつくものではなく、物の

働きを物自体と切り離さないで捉えようとするものであることがわかる。

これは、実はカミ(神)を鏡と結びつけようとする意図にもとづく。これは、後に述べるように、心の「明徳」を鏡にたとえる朱子学的発想に下支えされてはいるが、「会津神社志序」では、「神」は「鑑字の略訓」であり、「鑑」は「上観《かみみる》」に同じであり、したがって「下土に照臨す」と説明されている。すなわち火の神としての天照大神が鏡のイメージで捉えられている。そのことは、「天照太神、光華、六合に徹すること、大明(＝太陽)の天に中するが如し」(『洪範全書』)と註記されていることからも確認できよう。

ところで、「会津神社志序」では「神」は天御中主尊であり、天照大神を直接指してはいない。しかし「天下の万神は、天御中主尊の化する所」とされており、また『風水草』では、天御中主尊を神として天照大神をそれに配すと言っているのだから、ほぼ同位置にあると見てよい[29]。そして、天御中主尊の「中」は「天地の中」、「主」は「主宰」の意、「御」は「尊辞」、「尊」は「至貴の称」とされ、先にみた『洪範全書』では、天照太神は「天に中する」と言われ、その両親である伊奘諾尊、伊奘冉尊も、「神(＝天御中主尊)を継ぎ、国の中の柱を建つ」と言われているところからは、闇斎にとってカミ(神)とは、世界の中心である、高貴な場所から、あらゆる地方に光輝を放つものとなる。「神、八方を知る」とは、なによりもこうした意が強く反映した解釈なのである。

そして、このようなカミ(神)が、鏡のイメージを媒介にして、心の「明徳」に重ね合わせられるわけだが、ここでも注意すべき点がある。それは、一般に朱子学では、心を本性(「未発の中」「四端」「性」)と作用(「已発の和」「七情」「情」)に分け、明徳は前者に当てられ、それをそのまま心と同一視しない。しかし闇斎は、

> 蓋し明徳や、心や、一理なり。而して明徳は、心の表徳にして、知は則ち心の妙用なり。其の「物為る」「方寸霊台」「神明の舎」は、臓を指して言ふ。其の「人の神明」、「心の神明」は、徳に就いて言ふ。其の臓の中、虚

にして霊なるは、即ち是れ神明にして、徳の妙なり。（『文会筆録』三）

というように、まず「明徳」を外面に現れたもの、「心」を内面に存在するものとして対比させながら、それらを「一理」であるとする。この「明徳」と「心」の関係のさせ方は、一般の朱子学理解とは異なっている。こうした独特の理解は、「知」という心の神秘的な働き（「神明」）は、物としての心臓に蔵される（すなわち「心は神明の舎」）という心身一体観によって媒介されている。

そして、そこから人間の神性・カリスマ性（「人の神明」）と、心の神秘性（「心の神明」）。すなわち「知」）は、ともに明徳の霊妙さ（「神明」）であると主張されているのである。すなわち、「神」が人間の身と心と霊とを貫き、それらを融即させている。それを媒介しているのが、宮・社・祠や、神器としての鏡や玉といった物象的イメージなのである。[30]これが生命観の方向よりは、神厳性の強調の方向に結びつきやすいことは、改めて指摘するまでもなかろう。

ところで、「会津神社志序」には、すべての神は天御中主尊から生まれたものでありながら、なぜ「正神」と「邪神」がいるのか、という問いが立ててある。これに対して、闇斎は、この世界は理と気から成り立っているとする朱子学の理論をもち出してきて、「神なる者は、理の気に乗じて出入する者」だから、その気が正しければ「正神」となり、その気が邪であれば、「邪神」となると答えている。

これは、朱子の「神是理之発用、而乗気以出入者」（『朱子文集』六十二「答杜仁中」六）をふまえた説明だが、おそらくこうした闇斎の解釈は、朝鮮の李退渓（一五〇一―七〇）の考えに触発されたと思われる。[31]いま、すでに許された紙幅を超過しているため、詳述することは別稿に委ねたいが、[32]闇斎が換骨奪胎した李退渓の考えを、「心は神明の舎」の朝鮮における発展形態の例として、簡単に紹介しておく。

退渓の考えは、当時朝鮮の儒学者たちに広く読まれた明代や朝鮮の医書の心臓に関する説明からヒントを得たものと思われる。それは彼が「心病（心症）」に長く苦しんでいたからである。「心病」とは、体中が熱気を帯びて上気し、のぼせや眩暈、精神不安定やノイローゼといった症状を呈する、「心火」の活動が盛んになりすぎて起こる病気。[33] この「心火」を抑えるためには、「腎水」を上昇させて、水によって火を滅さなければならない。

周知のように、内景医学や道教医学においては、気を体内に循環させることで、生命力を保養することを基本とする。五臓はその気の貯蔵庫である。この気を精・気・神の三要素に分けて捉え、そのうち精を腎に、神を心に当てることが、退渓在世当時の医書や養生論に多く見られ、[34] 退渓自身もそう見ている。[35]

そこから退渓は、「心」の主宰性とは、万象を映し出す「智」（理）が、生命の根源としての「精」（腎）に「蔵」されることで、「知」（気）の霊妙さに乗じて、「天命」（神）が「心」に「降衷」し、世を照らす光明を発揮する状態となることという独創的理解を打ち出す。[36] これが『天命図説』における「心は神明の舎」に対する説明であり、退渓はそれを「心は理気の舎」と総括する。[37]「天命新図」（図1）において、「天命」の位置に「理気妙凝」という語を新たに付け加えたのは、こうした理解にもとづく。「理気妙凝」は周敦頤（一〇一七―七三）の『太極図説』にもとづく語で、霊魂と生命の交わりといってもよい。

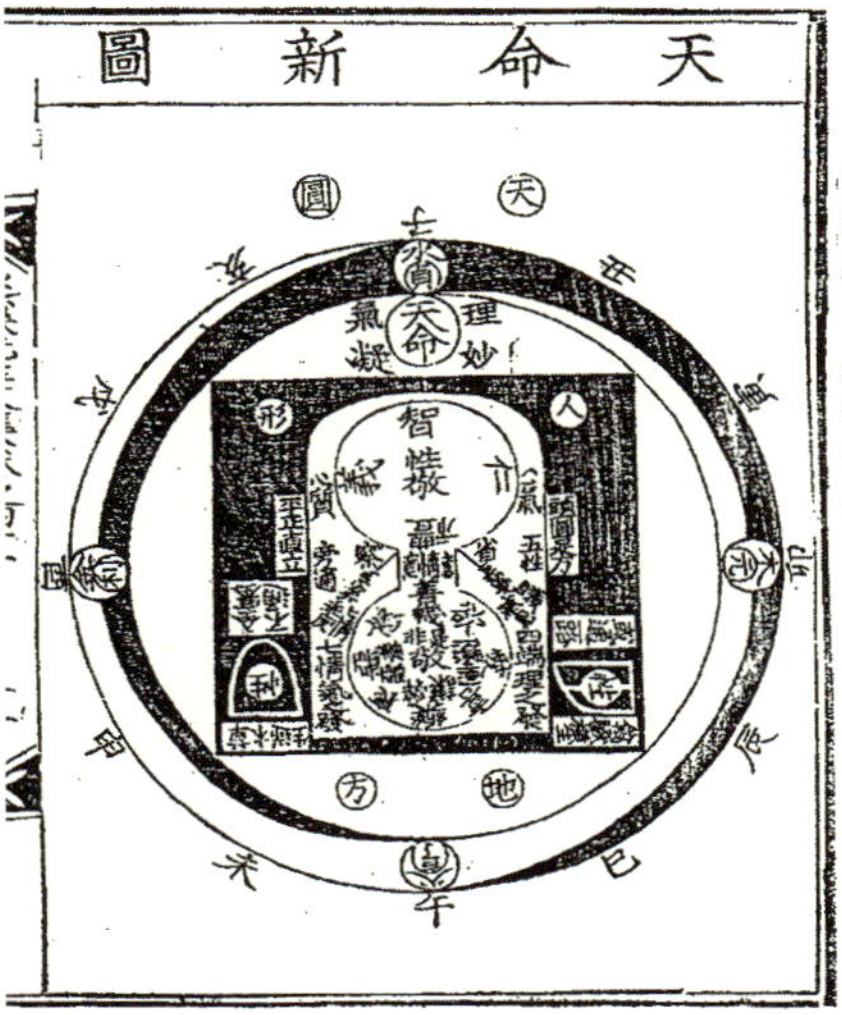

図1　李退渓「天命新図」（『退溪先生文集』41）

退渓が「理気妙凝」を説くのは、「天命」（神）が「心」に「降衷」するためのものであった。この場合、理と気は独自性を保ちながらも、交わることによって、「天命」（神）の

「降衷」した「心」が光明を発揮するという新たな展開を生じさせる。それは一度きりのことではない。気が永遠に変化していく以上、つねにそれは更新していく。

一方、闇斎が「天地の間は唯だ理と気とのみ」というのは、「善神」と「邪神」の存在を説明するためのものであった。しかし、闇斎の場合、「神」が人間の身と心と霊とを貫き、それらを融即させているように、理と気も融即関係にあるので、新たな展開は生じない。ただ「未発」と「已発」を貫く敬によって、「混沌の始を守り、邪穢を祓って、清明を致し、正直にして祈禱する」以外ない。汚れのない始原の時間に回帰することを願うのみである。すなわち、生命が流れないのである。

さきに、生命(「カミ」)だけでは善も悪もなく、霊魂(「タマ」)と関係することで、はじめて善神(善霊)と悪神(悪霊)という観念も発生すると述べたが、逆に「タマ」が「カミ」に回収されたり、混淆されてしまうと、「タマ」の成長・再生、すなわち「モラル・センス」の向上・更新もないのである。

おわりに

以上、「心は神明の舎」に対する日本と朝鮮における、それぞれの説明とその含意を見てきた。しかし、本稿は、これによって日本と韓国の「国民思想」を対比させようとするものではない。むしろ一六世紀の朝鮮の性理学と中世後期の神道思想とには、共通の地盤があったように見える。最後に、この点について、神はどこに宿るのかという問題から迫ってみたい。

まずは退渓から。上に見たように、退渓も性理学者である以上、朱子や闇斎と同じく神の宿る場所は、当然「心」

としている。しかし、退渓自身、明確に意識してはいなかったにせよ、どこかで生命的な神の降臨する場所を、「頭」とイメージしていたふしがある。

これは、退渓が改定した「天命新図」において、図の上部が、人間の頭に相当し、方位では北とされ、そこに配当された「智」と「水」の間に、「理気妙凝」の「天命」（神）が降り宿っているごとく描かれているところから推測される（図1参照）。「智」と「水」の位置は、この種類の通常の図とは上下逆である。また、「理気妙凝」の「天命」（神）が、心の中心に位置していない。

先には「水」は腎臓に宿る精（生命の根源）とされていたが、ここでは、それが頭の場所にあり、「仁」「礼」「義」「智」の中ではもっとも頭脳の働きと見なしやすい「智」とともに、「天命」（神）を蔵しているように見える。また、「天命図説」や「天命図説後叙」、その他の箇所でも、「水」を北に当て、宇宙発生の根源、生命の根源とすることが論じられている。(38)

「水」を宇宙発生の根源、生命の根源とするのは、実は伊勢神道も同じである。(39)『御鎮座伝記』や『御鎮座次第記』には、「一水の徳を受け、続命の術を生む。故に名づけて御饌都神と曰うなり」とある。これについて津田は、

豊受大神が生命の源である水の徳をあらはす神であり、さうしてまた天御中主尊と同体となることによつて、其の水徳が宇宙の根本にまでひろげられると共に、宇宙の原始状態であり同時に永遠の姿である渾沌を表はす神としての国常立尊とも結合し、それによつて宇宙神もしくは宇宙そのものに高められたのであるが、一方、人の身に存し心に存する神が其の本質である渾沌の状態を守ることによつて、此の宇宙神に一致する（下略）。(40)

と解説する。(41)ここでは、神の宿る場所は「頭」とされているわけではないが、マクロコスモス（宇宙）とミクロコスモス（身心）が一つ一つ（たとえば天の円が人の頭に）照応することによって、おのずと頭部も相対的に重視されたと予測さ

れる。[42] だからこそ、豊受大神と天照大神が、代わる代わるに月・日となって、四州を廻りながら、正直の頂を照らすのであろう(『倭姫命世記』)。

退渓の場合も、マクロコスモス(宇宙)とミクロコスモス(身体)の照応は言うまでもない。また、「天命新図」に描かれた「水」と「火」も、豊受大神と天照大神が交替を繰り返すように、あるいはぐるぐると回転すると見ることもできる。

さらに退渓の場合、併せ考えておきたいのは、日本では一般に偽書中の語と見なされている(しかし、それだけ韓民族の集合無意識的心理を伝えるとも言える)「一神降衷、性通光明、在世理化、弘益人間」(『檀君古記』「檀君世紀」)とのつながりである。[43] 直感的な印象として述べる以外ないが、この語は退渓思想の骨格にも、よくかなっている。

この「一神降衷」について、一神とは、天と地と人間に存在し、このすべての生命を掌るハナニム[44](ハナは韓国語で「一」、ニムは尊称)のことであり、このハナニムが人間の中央に降りてくるという意味であるとの指摘がある。[45] さらに、『三一神誥』(同様に日本では一般に偽作とされている)の次の語は、「一神降衷」を説明したものとされる。[46]

自性求子、降在爾脳(みずからの本性に種を求めよ。お前の脳に降りてきて、そこにいらっしゃるのだ)。

本稿の結論は、次のとおりである。神(カミ)は正直の頭に「宿る」のか、「照らす」のか、実はその表現の違い自体は大したことはない。どちらにせよ、それを支えるマクロコスモス(宇宙)とミクロコスモス(身心)の照応に、生命が貫き流れていることに鋭敏でなければ、われわれ一人一人の「モラル・センス」(タマ)も向上し、更新していかないのである。

また、精神のありかを脳に見ようが、心に見ようが、それも大した差ではない。[47] どちらであろうが、そこに宿るものが生命（カミ）であることを忘れたなら、その根を失った精神は巨大な機械と化して、いつか偽りの神の名のもとに、わたしたちの「いのち」と「たましい」を序列化していくであろう。

註

（1）加藤玄智『神道の宗教発達史的研究』（中文館書店、一九三五年）八七五頁。

（2）谷省吾『祭祀と思想―神道の祈り―』（国書刊行会、一九八五年）三四八頁。

（3）神吽の『八幡宇佐宮御託宣集』（一三一三年編纂）には、七六九（神護景雲三）年七月一一日の託宣として、「大神吾は、銅《あかがね》の火村《ほむら》を飯と思へども、意《こころ》穢き人の物をば受けず。銅の火村を座《せき》と為すとも、穢き人の物は受けずとして、正直の人の頂《いただき》を、栖《すみか》とす。諂曲《てんきょく》の人をば稟《う》けずと云々」とある（重松久明校注訓訳『八幡宇佐宮御託宣集』、現代思潮社、一九八六年、二五七頁）。

（4）ちなみに、中世後期から見られ近世に広く庶民信仰として普及した三社託宣を、垂加神道では特に崇拝し、真の託宣は「八幡大神　他《よそ》の邦より吾邦、他の人より吾人。天照皇大神　月日は六合《くにのうち》を照すと雖も、実は正直の頂を照らすべし。春日大明神　蒼生《あおひとくさ》の善無ければ、則ち我善を以て蒼生に施す」であると主張している（川崎庸之・笠原一男編『宗教史』、山川出版社、一九六四年、三一六頁参照）。

（5）津田左右吉「神代史のカミについて」（未発表。一九五四年ころ南山大学で企画された英文の刊行物のために執筆した底稿。『津田左右吉全集九　日本の神道』、岩波書店、一九六四年、所収）。なお、以下の津田の引用は『日本の神道』（一九四八年。もと「日本の神道に於けるシナ思想の要素」『東洋学報』一九三七～一九三九年、を補訂）から。

（6）『津田左右吉全集九　日本の神道』（岩波書店、一九六四年）二一六頁。なお、ここで中国的というのは、「特殊な家族制度に基礎があり、祭られるものは家長の直系の祖先に限られる」ような祖先崇拝のことである。
（7）『津田左右吉全集九　日本の神道』（岩波書店、一九六四年）二〇頁。
（8）『津田左右吉全集九　日本の神道』（岩波書店、一九六四年）一四三頁。
（9）『津田左右吉全集九　日本の神道』（岩波書店、一九六四年）二一四―二一五頁。
（10）中井真孝『行基と古代仏教』（永田文昌堂、一九九一年）二四二頁（初出は「神仏習合思想の形成と発達」『日本学』創刊号、一九八三年）。
（11）柴田実『中世庶民信仰の研究』（角川書店、一九六六年）一〇頁（初出は「神と仏」『仏教史学』五―二、一九五六年）。
（12）伊藤聡『神道とは何か―神と仏の日本史』（中公新書、二〇一二年）一九―二一頁。
（13）『津田左右吉全集九　日本の神道』（岩波書店、一九六四年）二三四頁。
（14）「日本人の心情としては、祖先のみならず、すべての死者の霊に対して生者のおもかげを認め、それを祭るにも此の意味に於いてする」（『津田左右吉全集九　日本の神道』、岩波書店、一九六四年、二四〇頁）。また「神としての死者の霊は単に祭りをうけるといふのみではなく、そこの何等かのはたらきがあることになる。（中略）さうしてそれはシナ思想には無いことである。（中略）其のはたらきはやはり生前の地位としわざとに応ずるものとせられたであらう。（中略）それぞれの身分としごとに応じて、例へば人の親なら其の子を加護しようといふやうに、或る力を自己に関係のあるものの上に及ぼさうとする（中略）。この思想は、子を思ふ親の情の極めて深く、子を育てあげることに人生最大の喜びを感じ、子を世に恥ずかしくないものにすることを親の道徳的義務にまで高めた日本人に特殊な考であつて、生きてゐるうちの親のこゝろもちを死んだ後にまで及ぼしたものである。仏教的のものでもなく、儒教的のものでもない」（同二三三―二三四頁）という記述からは、中国の「祖先崇拝」に対し、日本の「子孫加護」が対比されていることがわかる。

(15) 文字支配の圧迫が強い分、それだけ非文字文化が対抗文化として形成されやすいため。日本では安藤昌益などを想起すれば、わかりやすいだろう。

(16) 東より子『宣長神学の構造』(ぺりかん社、一九九九年)一〇一頁(初出は「宣長学における神の実在―「現身」と「御霊」論を中心に」『季刊日本思想史』二五、一九八五年)。津田のいう「生きてゐた人そのもの」「具体的な個人性を有つてゐる霊魂」「おもかげ」というのも、この「現身」論に示唆されているところが大きいのではないだろうか。

(17) 『平凡社世界大百科事典』「アニマティズム」(佐々木 宏幹)。

(18) 『津田左右吉全集九　日本の神道』(岩波書店、一九六四年)一五七頁。

(19) 『津田左右吉全集九　日本の神道』(岩波書店、一九六四年)一三五頁所引。

(20) 『黄帝明堂経』とは、経穴に関して専門的に論述した中国最古の著。成立年代は漢代と推測されており、唐代に楊上善が三巻本『明堂』を、十二の経脈ごとに各一巻、奇経八脈の一巻、合計一三巻に改編して、注釈を施し『黄帝内経明堂』とした。宋代に散逸し、日本に巻一(肺経)のみが、敦煌文書に断片が残存する。しかし、その理論はさまざまな形で継承され、『黄帝内経』とともに今日の鍼灸医学に至るまでの大きな影響力を発揮した。

(21) ただし、中国で心臓を精神の所在とするのは、戦国末期の斉の稷下黄老学派の著作とされる『管子』が最初である。そこでは、心臓と精神が、居宅とその主人というメタファーで捉えられ(心臓は「宮」であり、知性の「舎」である)、宿舎を汚したままにしておけば、「神《しん》」はそこに定着できないので、「宮」を清潔に保ち、「門」(耳目などの感覚器官)を開放すれば、「神明」がやってくると論じられている(加納喜光『中国医学の誕生』、東京大学出版会、一九八七年、一六四―一六五頁参照)。また蓮華の形をした心臓のイメージは、インドの仏教医学の影響の可能性もある(同一六八―

一六九頁)。また頭や脳を精神の座とする説は、たとえば『春秋元命苞』の「脳の言たるは在なり。人の精、脳に在るなり」(『太平御覧』巻三七五所引)、「頭は神の居る所なり。上は円にして天を象る。気の府なり」(『淵鑑類函』巻二五九所引)というように、緯書のような異端思想に源流を発する(同二〇五頁参照)、というごとく、「心」と「頭」の系譜関係は複雑である。ここでは、東アジア世界が実質的に成立する唐代以降を主として、おおよその傾向性を、本文のように整理しておく。

(22) 三浦國男『不老不死という欲望—中国人の夢と実践』(人文書院、二〇〇〇年)八二頁(初出、『CEL』四四、大阪ガス、エネルギー・文化研究所、一九九八年)。

(23) ウノ・ハルヴァ著・田中克彦訳『シャマニズム—アルタイ系諸民族の世界像—』(三省堂、一九八九年)一九—二〇頁参照。なお、早く、日本神話の高天原・中津国・根国の構造とシベリアのヤクート人・蒙古・トルコなどの宗教観に見られる天上・地上・下界の三層構造が同一であることを指摘したのは、鳥居龍蔵『人類学上より見たる我が上代の文化』(叢文閣、一九二五年)である。また、この三つの領域の区別は、「光明と闇黒という二つの相反する無意識の力にとりかこまれた魂の状態」を示しており、これは神話的思考の中に普遍的に見られるとも言う(湯浅泰雄「身体の宇宙性」『新・岩波講座哲学9　身体　感覚　精神』、岩波書店、一九八六年、二九五頁)。

(24) ウノ・ハルヴァ著・田中克彦訳『シャマニズム—アルタイ系諸民族の世界像—』(三省堂、一九八九年)二三四—二三八頁。また、インドネシアの例だが、「スラウェシ島のワナ族では、夢見の魂は頭頂にあって、その人を縮小した形になっている」との指摘もある(ピアーズ・ヴィテブスキー著・岩坂彰訳『シャーマンの世界』、創元社、一九九六年、一四頁)。

(25) 三浦國男『不老不死という欲望—中国人の夢と実践』(人文書院、二〇〇〇年)八二頁。

(26) 碓井益雄『霊魂の博物誌—原始生命観の体系』(河出書房新社、一九八二年)二〇—二一頁、二四四頁。
(27) 「心臓、神明之舎也」(『風水草』)。
(28) また「祠云保苦邏、火蔵也。心之蔵、神明之舎也」(『風水草』)。
(29) 『津田左右吉全集九　日本の神道』(岩波書店、一九六四年)一九九—二〇〇頁参照。
(30) 「神則心之霊、以玉表之」(『風水草』)。
(31) 「天之降命于人也、非此気、無以寓此理也。非此心、無以寓此理気也。故吾人之心、虚理而且霊気、為理気之舎。(中略)故心為主宰、而常統其性情」(『退溪先生続集』八「天命図説」)、「朱子嘗答門人曰、神是理之乗気以出入者。滉謂神明之神、須作如此看、方得其妙」(『退溪先生文集』二十五「答鄭子中別紙」)、「大抵神之別有三。有在天之神、在人之神、祭祀之神。三者雖異、其所以為神則同。知其異、又知其同、斯可以語神之道矣。(中略)理乗気出入之神、即所謂在天之神也」(『退溪先生文集』二十九「論李仲虎碣文。示金而精。別紙」)。
(32) 拙稿「日本思想史から見た韓国思想史の特徴—山崎闇斎と李退渓の「心は神明の舎」観の比較から—」(『東北大学文学研究科研究年報』六四、二〇一五年)。
(33) 丸山敏秋「李退渓と『活人心方』」(『退渓学報』五六輯、一九八七年)。
(34) たとえば盧守慎『穌斎先生内集』下篇「庶幾録丁・治心養胃保腎之要」。
(35) 鄭惟一『文峯先生文集』巻之三「上退溪先生問目」。
(36) これは退渓の語をいくつかまとめて、筆者が総合的に述べたもの。なお、「智」が、生命の根源としての「精」(腎)に「蔵」されるというのは、明らかに闇斎学派の「智蔵」説に影響を与えている。このことに関しては、朴洋子「『天命図』に見る退渓の智蔵説について」(『退渓学報』五二輯、一九八六年)に、すでに指摘がある。

(37)『退溪先生続集』八「天命図説」。
(38)『退溪先生続集』八「天命図説」、『退溪先生文集』四十一「天命図説後叙」、『退溪先生文集』四十五「北方黒龍祈雨文」、同十二「答白士偉 仁傑」、同二十五「答鄭子中別紙」。
(39)また「以一水之徳、利万品之命、故亦名曰御気津神也」(『神皇実録』)。「一水の徳」について、津田は「洪範の五行の順序と繋辞伝の天地の数とをつなぎ合はせて水を一として考へる漢書律暦志に見える思想に淵源があるに違ひない」とし、また『五行大義』や『長阿含経』などの典拠を挙げているが(『津田左右吉全集九　日本の神道』、岩波書店、一九六四年、七七―七九頁)、退溪にも「天一生水」といった言い方は見られ、その場合は朱子の『易学啓蒙』「天一生水、地二生火」にもとづく。また『性理大全』巻十四「易学啓蒙一」小註(黄榦)に「只以造化本原及人物之初生験之、便自可合。天一生水、水便有形。人生精血、湊合成体。亦若造化之有水也。地二生火、火便有気。人有此体、便能有声。声者、気之所為。亦若造化之有火也」とあるのは、生命の根源とする見方に関係がありそうである。
(40)『津田左右吉全集九　日本の神道』(岩波書店、一九六四年)九九頁。
(41)高橋美由紀も「伊勢神道の思想の中核に天下万民の生命の本源としての神宮という考え方、本源の神から人間への生命の連続性という考え方が存在している」という(高橋美由紀『伊勢神道の成立と展開　増補版』、ぺりかん社、二〇一〇年、三四〇頁)。
(42)加納喜光『中国医学の誕生』(東京大学出版会、一九八七年)二〇五頁参照。
(43)一なる神がわたしの中に降りてきて、魂の光が内と外を通じることで、森羅万象の気からなる世界(自然)を理によって霊化し、人と人のつながり(社会)を裨益し潤沢する、といった意味。
(44)「檀君桓因」のこと。桓因《ファンイン》はハナニムの写音、壇君《タングン》は天を表すアルタイ語「Tengri」の写音で、併せて「天に光り輝く神」の称号。その子である「檀君桓雄」は太伯山頂の神檀樹の下に降臨し、熊《コム》女と神婚して古朝鮮の始祖である「檀君王倹《コム》」を産んだ(『三国遺事』)。コムは、神を表す「kam」の写音的表記(柳東植『朝鮮のシャーマニズム』、学生社、一九七六年、二六頁)。「檀君桓因」「檀君桓雄」「檀君王倹」は三神一体ともされる。なお、韓国南部で世襲的巫女を「丹骨《タンゴル》」と呼ぶのも檀君に由来するとされ、「檀君は今日の巫覡と同じく、農作、寿命、病気等を支配していた。そしてかれは千五百年間治めた後に山神として祀られたとある。すなわち山神は降臨した天神であり、農耕および人生一般を支配する地神でもある」とも言われている(同一四三頁)。

(45) ソル・ジュンファン「韓国人の原型像とムーダン」(韓国語)(『韓国学研究』二八、二〇〇八年)。

(46) ソル・ジュンファン「韓国人の原型像とムーダン」(韓国語)(『韓国学研究』二八、二〇〇八年)。

(47) この点については、河野哲也『環境に拡がる心』(勁草書房、二〇〇五年)二一—二二頁参照。

中世の春日信仰と死者供養

——白毫寺の一切経転読儀礼と穢れをめぐって——

船田淳一

はじめに

中世という時代の思想世界には、ある意味で〈神観念の実験場〉という側面が認められるのではないか。例えば本地垂迹思想によって、日本の神は仏の化身と位置づけられ両者の一体化が進行した。その結果、神社に極楽往生を祈る中世説話が数多く確認されるに至る。五穀豊穣・国家安穏など現世利益しか管掌できなかった神が、死後救済をもカバーし得る存在と化したのである。神は人間に対し〈魂の救済者〉として立ち現れたのだと言える(1)。これは中世における神の性格転換として、思想史上の極めて魅力的なテーマであり、佐藤弘夫氏は本地—垂迹の思想を「彼岸世界」と「現世」という、世界観《コスモロジー》の問題としてより大きな構図の中で捉え直すことで、浄土に導く神という中世的観念の実相に肉迫している(2)。

中世の神は、人間の死という問題に接近してきたわけである。そのため本来、神祇信仰において死穢は最大の禁忌であったはずだが(3)、そうした根本的な部分にも何らかの変化が生じてこざるを得ないだろう(4)。そこで小稿では、中世南都の律院である白毫寺で厳修された一切経会という、春日信仰と関わる神仏習合儀礼の縁起と次第書の分析を通し

て、〈穢れのただ中に降臨する神〉・〈墓場の救済神〉としての春日神の姿を明らかにしたい。(5)

一　中世の白毫寺について

1　律院としての白毫寺

真言律宗西大寺末寺の白毫寺は、奈良市郊外の高円山の西麓に所在し、能登川を挟んで春日大社の神苑に近接する立地である。創建年代は未詳だが、「現本尊の阿弥陀如来が造立された鎌倉時代前期ごろと見るのが穏当」という指摘がある。(6)ただこの阿弥陀仏の制作年代は、『奈良市史』（寺社編）によれば、平安末期までは遡る可能性があるようだから、白毫寺の創建もその頃かもしれない。(7)

建武二年（一三三五）に成立し、暦応二年（一三三九）に書写された『南都白毫寺一切経縁起』（以下『一切経縁起』）によれば、西大寺叡尊が復興し、二世住持（長老）は道照で、弘長二年（一二六二）に一切経を請来し、一切経会を始行したという。(8)また叡尊・覚盛の戒律興行運動に助力した良遍（解脱房貞慶の孫弟子）が興福寺からここに遁世しており、東大寺真言院を律院として再興する聖守も、かつて白毫寺に住した。そして聖守の実弟で戒壇院を再興することになる円照も、春日神の霊告によって白毫寺に移り良遍に法相教学を学んでいるが、この円照の弟子が道照に他ならず、道照は円照から春日信仰を受け継いだのだろう。これらはみな『円照上人行状』(9)に記されるところである。さらに道照よりも遥かに円照の弟子として著名な凝然も、ここで講義を行っていることから、(10)白毫寺は中世南都系律僧の集う重要な宗教空間であったことが窺える。また尋尊の『大乗院寺社雑事記』長禄三年（一四五九）九月二七日条によれば、白毫寺は興福寺一乗院門跡の祈禱所であることが分かる。そして大乗院門跡の尋尊も春秋恒例として白毫寺に登山しており、応仁の乱を避け息子の尋尊を頼って南都に下向した一条兼良は、風光明媚な白毫寺で花を愛でているように、春秋の風情を賞する景勝の地でもあった(11)。大和国にはこのような興福寺の配下にある律院が、多数確認できるのである(12)。

2　白毫寺と中世墓地、そして春日神

さて『一切経縁起』の冒頭部には、誠に興味深い内容が記されている。白毫寺付近は本来、春日神の最初の鎮座地であったという。後に神は現春日社に遷座すると、落雷で社殿が焼け、その四〇年後に弘法大師が旧社地を神に乞うて、亡魂供養のため「三昧之地」「尸陀林」としたというのである。

縁起は以上を記し、それに続けて割註にて「取レ詮。則墓所之中。路頭之南社壇礎石猶残。時人呼レ之名二焼春日一矣」とする。「路頭」（白毫寺参道か）の南に旧社地の礎石が残り、「焼春日《やけかすが》」と呼ばれ、墓に囲まれているという。社殿が焼けたためそう言うのであり、現在の「宅春日《やけかすが》神社」がそれに当たる。

そしてそれ以来、「古塚塞レ路也。未レ審二何世人一。新墳盈レ衢也。不レ知二誰家客一。都鄙埋レ骸。遠近運レ歩」とされるほどの一大葬送地に発展したという。尸陀林とは中世民衆の共同墓地（惣墓）であり、律僧がこれを管理したことが先行研究に論じられている(13)。つまり白毫寺とその墓地の起源は春日神にあり、今に残存する礎石がそのいにしえの記憶を伝えているということになる。白毫寺の縁起譚は、死者と神祇を不可欠の要素として成立しているのである。

白毫寺は中世都市奈良の南東の境界区域に位置しており(14)、現在でも地蔵菩薩や地獄の閻魔王とその眷属の冥官たちを祀り、また境内には奈良に特徴的な分布を見せる地蔵十王石仏も残る。これらは、いずれも鎌倉から南北朝時代の作である。名だたる律学僧が集い、また景勝地でもある白毫寺とは、実は同時に墓寺でもあったのである。墳墓が道を塞ぐほどであるというのは、多少誇張されているかも知れないが、何時の誰のものとも知れない墓である点に、白

毫寺墓地における主たる被葬者の階層が窺えよう。ただしこの時代の庶民の葬送は、彼らの困窮した経済状態から塚を築くこともしない、いわゆる遺棄葬の場合が大勢を占めるとされるので、野ざらしにされ腐敗するに任された遺体が描かれる、かの『餓鬼草紙』の荒涼たる墓地の場面などが、白毫寺のそれを類推するよすがとなろう。叡尊・道照による復興後の白毫寺は、彼ら上位の律僧のもとに、深く民衆と接触し、葬送にも従事する下級僧や斎戒衆といった宗教者の蝟集する場であったと思われる。

また『春夜神記』(15)には、以下のようにある。

大明神、自二平岡一移二住南都白毫寺ノ前ノ焼春日ニ一、其後本宮移御ス、弘法大師其ノ後大明神有二勧請一、成二尸陀林ト一給畢、神人得度勝地也、御遷座之後雷火落テ焼レ之、故ニ云二焼春日一

『一切経縁起』と一致する内容だが、白毫寺以前にこの地に鎮座したのは、「平岡」とあるように春日社の中でも三宮の祭神であり（春日社は一～四宮からなる「大宮」と「若宮」の五社を中核とする）、河内国平岡神社から迎えられた天児屋根命であったことが判明するのであり、これは小稿のポイントとなるので注目しておきたい。また「神人得度勝地」のように、墓地を神・人ともに救済される霊地であると称揚している。

そして『大乗院寺社雑事記』明応五年（一四九六）閏二月十三日条では、春日社の社家である中臣祐仲の葬儀が白毫寺で執行されている。そして『中臣祐賢記』弘安六年（一二八三）十一月三日条にも、「亡父一周忌仏事如レ例、白毫寺」とあり、墓寺で追善廻向を修する「龕僧」の名がリストアップされている。この他にも『大乗院寺社雑事記』明応五年十一月二四日条からは、白毫寺における興福寺僧の葬儀も確認できる。後述するように中世の東大寺・興福寺僧らは、触穢を忌避するために自身の葬送を律宗に外部委託しており、春日社神官も同様であった。

二　「一切経」の縁起と儀礼――春日神と死者供養――

1　宋版一切経の請来

『一切経縁起』によれば、道照は弘長元年（一二六一）に以下の如く発願している。

発レ誓云。夫法不二孤起一要藉レ人而弘。人不二自安一依レ神而住。冀崇二一切経巻一兮。鎮備二尊神之法味一。弥仰二四所霊応一兮。成二就釈教之弘通一。如レ是誓已。

一切経をもって春日神の法楽を行い、神力によって仏法を興隆しようというのである。そして道照に「夢見下黄衣神人懸二円鏡於榊枝一授中与大徳上」という奇瑞があった。よって「属二大宋之賓客一。誂二於大宋之摺本一」とあるように、宋版一切経の請来を宋商に託した。

しかし帰朝の際に、船は大嵐に遭遇してしまう。船員らは「或向二面於秋津一。高声唱二慈悲万行之宝号一。或繋二想於春日一。深心誦二唯識三十之本頌一」とあるように、興福寺など法相宗で根本聖典とされる『唯識三十頌』を読誦して春日神の加護を願い、無事に日本への帰還を果たしたという。そして経蔵を建立して一切経を納め、「遂二転経儀一」げたのである。

その後は、八、九回ほど一切経の転読会を行うに留まったが、「今有二数輩檀越一」「恃二有縁無縁之贔屓一」「励レ志勧二信男信女之合力一」とあるように、積極的な勧進活動による檀越の確保によって、建武二年（一三三五）以降は「転読之大功」を「毎年之恒規」と定めるに至った。平均を取ってみると、これまでは八年に一回程度の開催であったようである。この縁起は、建武二年における一切経会の恒例化を記念して作成されたわけである。また縁起の奥書によれば、この建武二年時の転読は、五月十八日開白～六月六日結願であり半月程を要した。そして舞楽も含まれる、壮麗な儀礼であったことも分かる。後に徐々に期間を縮小しつつ、近世まで継承されたという。

以上のことから、一切経転読の儀礼は春日神への法施であり、春日神の加護のもとに勤修されるものと言えよう。つまり一種の「仏教的神祇祭祀」（神仏習合儀礼）との位置づけが可能である。そして、さらに注目すべきことがある。先述のように縁起の冒頭で、空海は旧社地墓地化の許可を春日神に乞うのだが、神みずから「此地与レ汝永為二墓所一、汝示二遺骨之地一、我済二度留レ尸之類一」と答えたのである。春日神は、墓所と化した旧社地に埋葬された死者の魂を救済しようと誓願したのであるが、「遺骨」「尸」といった表現は、神祇信仰における厳格な穢れ忌避を考えると衝撃的でさえある。何とも驚かされる話だが、実に春日神は白毫寺（の縁起）において、「遺骨」や「尸」が散乱する〈墓場の救済神〉として立ち現れていると言わねばなるまい。道照の発願では、「尊神之法味」「釈教弘通」のためとされる一切経会だが、縁起の末尾にも「凡花洛柳営天魂。七世四恩之土（士カ）霊。同離二三界之苦域一。共到二四徳之楽岸一」とあり、(16) 全体を通して『一切経縁起』は、この儀礼が何よりも死者の追善供養を目的としていることを明かしているのである。単に春日神の法楽に供するだけであるならば、白毫寺の至近距離にある春日社で修すれば良いはずである。

2 一切経会の実態

『一切経縁起』の叙述が、春日信仰と死者供養に貫かれていることはもはや明瞭であるが、一切経会の儀礼の実態とは如何なるものであったのだろうか。

『奈良市・西大寺所蔵典籍文書の調査研究』から、以下のような白毫寺一切経会関係の史料を見出すことができる。白毫寺では既に失われ、本寺に保存されている。

①三三函二六号『白毫寺一切経発結作法』（奥書等なし、近世写本）
②五九函三二号『一切経釈』（永享三年〈一四三一〉奥書・室町期写本）
③五九函三四号『白毫寺一切経法則発結作法』（奥書等なし、近世写本）
④五九函三六号『一切経作法　百毫寺』（奥書等なし、近世写本）

③『白毫寺一切経法則発結作法』と④『一切経作法　白毫寺』から、ごく簡単に儀礼次第を復元する。

1 表白　2 神分　3 勧請　4 転経　5 願文　6 諷誦　7 発願　8 四弘（誓願）　9 仏名　10 教化
11 経釈　12 結願廻向

室町期の②『一切経釈』は、この「11 経釈」の部分に該当するものであるから、③④は近世写本だが、概ね中世の儀礼の内容を伝えるものと判断可能である。ただし「点十箇日之光陰、終五千余之金章者也」（表白）とあるので、室町期には十日程を要して一切経全体を転読していたのであり、南北朝期の建武二年時と比べても法会の期間が縮小されている。よって儀礼内容に変化が生じていることが推測され、上記の諸次第は即座に一切経会始行当時の実態に遡及させることはできないが、少なくとも室町期の様相を知ることができる。なお①は③④の表白部分のみが伝来したものである。

幾つか特徴的な詞章を抽出してみると、「1 表白」に「嗟呼、黄巻朱軸之連字也、皆是詮唯識実性之妙理」とあって、諸経典は唯識（法相）の教義に帰するとする。また一切経の概要を説く「11 経釈」の段でも、「法相高祖慈恩大師、依深密経説相、立三時教判」として、法相宗における〈三時教判〉が重視されており、法相（唯識）教学を称揚する辺りは、興福寺との関係の深さを感じさせる。さらに「1 表白」には、「先擎景福、弥増春日霊光之赫々」ともあり、この儀礼が春日神への法施の意味を持つことを表明している。そして周知のように、春日神は法相宗興福

寺の守護神であるが、また戒律の守護神でもあり、南都律宗は春日神を深く憑みとしていた。(17)

また「3 勧請」の段には「聖朝安穏天長地久」「征夷大将軍御武運長久」「天下泰平、万民豊楽、風雨順時、五穀豊穣」といった現世利益を期する詞章が見られる一方、「当寺有恩前亡尊霊仏果証得」(神分)、「為二貴賤霊等皆成仏道一」(勧請)、「過去霊等出離生死証大菩提」(発願)、「過去諸霊等為レ令三亡晴二菩提月朗一」(四弘)、「南無帰命頂礼諷誦威力、過去霊等往生極楽」(仏名)、「凡厥、花洛柳営之天魂、見聞随喜之道俗共、離二六趣之苦輪一、同証二三明覚位一」(結願廻向)といった、死者の供養・救済を祈る詞章も各段に鏤められている。現世利益の色合いが『一切経縁起』よりも濃いが、死者供養の性質は基本的に継承されている。

そして小稿において重要なことは、一切経会の儀礼空間に、「2 神分」の段において「当国鎮座法相擁護春日五社大明神」が、天照皇大神や八幡神などの神祇と共に勧請されることである。(18)中世都市奈良の境界に立ち、死穢を不可避とする葬送の寺院たる白毫寺を代表する一切経転読は、儀礼の場に神祇が「来臨影向」(神分)しているのである。(19)一切経会には種々の願意が込められており、国家泰平の祈願は無視できない要素であり、「征夷大将軍御武運長久」などは、室町幕府安穏のための祈禱と見做すことができる。(20)『一切経縁起』の暦応二年(一三三九)書写は、南北朝初期の幕府による西大寺系律宗保護を背景になされたという指摘が想起される。(21)しかし小稿では、毎年退転することなく一切経を転読し春日神の霊威を賦活させることで、白毫寺墓地に葬られた死者の救済を、空海と交わした誓約通りに、春日神をして成就せしめんとする志向こそが、一切経会の根幹に存する〈仕組み〉であると見る。以上が、儀礼の縁起・儀礼の次第書という二種の史料から把握される、一切経会の実相である。(22)

なお著名な宇治平等院の一切経会は、次第書が伝来せず、その儀礼の目的も不明瞭である。藤原氏の氏寺である平等院の興隆、そして藤氏繁栄が祈られたであろうという推定に留まる。儀礼次第は『兵範記』『中右記』『本朝世紀』

から、ある程度は復元可能だが、細部は不詳のままであり、(23)その意味でも白毫寺は貴重な事例と言える。(24)

三　仏教儀礼における神祇と穢れ

以上のことから、白毫寺一切経会に、死穢を不可避とする墓寺における仏教的神祇祭祀という性格を読み取り、かつそこでの春日神を〈死穢のただ中に降臨する神〉と評価する時、神祇信仰における死穢の禁忌は問題にならなかったのだろうか。中世社会に瀰漫した穢れ観念と仏教の関係を確認してゆく。

1　修二会と神祇

まず他寺院の仏事における穢れ忌避ついて。例えば中世寺院の年中儀礼として、修二会が知られている。白毫寺と同じく南都に所在する東大寺の修二会は、儀礼空間に「神名帳」奉読によって日本国中の神祇を勧請する。そして遠敷明神によって送られてくる「お香水」を、若狭井から汲み取って本尊の十一面観音に献ずる。ゆえに修二会自体が「お水取り」とも通称される。さらに修二会に供奉する練行衆は東大寺境内の諸鎮守社を礼拝して廻り、中臣祓も使用されるなど神祇祭祀と深く融合している。そのため現在でも服喪中の僧は、修二会に出仕できないという伝統が生きている。

『経覚私要鈔』文安元年（一四四四）二月九日条には、「二月堂参籠事、致二別火一。厭二不浄之処一。風呂屋ノ下ニ昨夜有二犬産事一云々」とあり、経覚は風呂の下で犬が出産したことに気づかず三日の触穢となったため、予定日に二月堂修二会に参籠できなかったという。東大寺には、そうした産穢・死穢の忌みを規定した『二月堂服忌令』（天文九年〈一

五四〇〉写)も伝来する。(25)

また『満済准后日記』によれば醍醐寺でも、「雖レ為二金堂修二月一聖僧専嫌レ穢給間。殊更潔斎如二神事一沙汰者也」とされており(応永三五年〈一四二八〉二月一日条)、東大寺と同じく物忌令も存在した(永享三年〈一四三一〉九月十五日条)。「聖僧」とは僧形の文殊菩薩であり、慈悲を宗とする菩薩さえも穢れを忌むのである。(26)

一方、律宗の叡尊は文殊菩薩を本尊として、般若寺で無遮大会という、当時穢れとして卑賤視されていた非人を供養する法会を行っている(『感身学正記』文永六年〈一二六九〉条)。律院と顕密寺院では、文殊菩薩に対する認識が誠に対蹠的である。そして醍醐寺では神事に準ずるものとされた程の修二会だが、墓寺たる白毫寺でも修二会はなされており、『白毫寺勧請神名記』が残されているのである。(27)

2 顕密仏教と律宗の穢れ観念

鎌倉後期の歌論書『野守鏡』巻下(28)には、次のような禅宗批判が見える。

> しかるを禅宗のともがら神国に入ながら死生をいまざるがゆへに、垂跡のちかひをうしなひて神威皆おとろへて其罰あらたならず。是につきていよいよはゞからざるがゆえに、鬼病つねにおこり風雨おさまらずして人民のわづらひをなす。

鎌倉では死穢を憚らない禅宗が栄えており、そのために神威が衰え、結果的に疫病・飢饉が頻発するのだという。禅宗は鎮護国家の障礙と見做されており、「禅宗の諸国に流布する事は(中略)まことに神慮にかなわざりける」ものと理解されている。その一方で「関東大地振動して、神堂はたふれやけたりしに、律院はつつがなかりけるこそふしぎにおぼえはべれ」と、律宗は評価されており、また八幡神が天下国土鎮護のために埋納した「戒定恵の箱」について、「此戒定恵の箱は、顕密律義の箱なるべし。戒は律、定は顕、恵は密也」と解釈する。戒・定・恵の三学を、律・顕・密に相配することで、神祇信仰と絡めて顕密仏教・律宗を正統化する。禅宗と律宗は、「禅律」と併称されるように、共に顕密仏教の改革勢力として当該期の権力者から期待されたのだが、禅宗に対しては顕密仏教からの異端視も根強かったのである。[29]

しかし近年の中世仏教史研究において、禅僧のみならず律僧や念仏僧も死穢など穢れのタブーから自由であったことが議論されている。[30]彼らはいわゆる遁世僧である。顕密僧は官僧として国家的仏事法会に出仕する必要から清浄性が不可欠とされるのであり、清浄なる天皇を頂点とする朝廷（公家社会）における、『延喜式』以来の触穢規定を顕密僧の世界も共有していた。仏教儀礼といえども、「神分」の作法によって神祇が勧請される。つまり神祇祭祀が仏事に組み込まれてある以上、穢れ忌避は当為といえよう。

また『花園天皇宸記』正中二年（一三二五）十二月二五日条も、小稿にとって実に興味深い記事である。花園天皇の近臣である藤原清経が自邸に春日曼荼羅を祀り尊崇していたが、下女に春日神が憑依し「是勧請之事背二神慮一、仍毎事物悪也」と批判されたという。それは清経宅が禅林寺（永観堂）の傍らにあり、同寺裏山の上に墓所が設けられていたため、「寺僧等又有二不浄事一」というのが理由であった。禅林寺は法然門流の寺院であり、遁世の念仏僧が葬送に従事しており、寺域に墓地が存在した。白毫寺ほどではないだろうが、似通った環境である。そのため春日神は穢れを咎めたのであり、穢処への勧請は禁物であった。[31]神は邸宅の他所への移転が不可能ならば、祭祀を止め曼荼羅を錦の袋に納めるよう強硬に指示したため、清経は「天魔之為二障碍一所レ託歟」と春日神の託宣を疑ったほどである。清経は「神の本地は仏であり、仏は穢れを忌まぬはず」と考えていたが、花園天皇は垂迹である神は穢れを忌むものであるとして、本地―垂迹の混同を戒めたため、清経は「頗覚悟、有二信伏之気一」とあるように、終に天皇に説得されてしまったという[32]。

原田正俊氏によれば、南北朝期の顕密僧は、葬儀から一回忌までの間の追善仏事に関わると穢れるとされ、祈禱法会などへ出仕できなかったという[33]。室町幕府奉行人であった諏訪円忠は、足利将軍家の壇所供僧として結番し将軍の現世息災を祈る武家祈禱僧が、追善仏事を兼帯することの是非について、洞院公賢に公家の先規を問う書状を出している。公賢は「御祈禱当番参勤僧修中、先公(足利尊氏)御追善御仏事被レ召二加之一条、可レ有レ憚候歟」と答えており、公家の禁忌を室町幕府も受容している[34]。

ここまで見てきた上は、墓寺に春日神を勧請し神祇法楽を勤修する律院の在り方は、顕密仏教や朝廷(公家社会)の常識を大きく超えていることが納得できよう。『野守鏡』は死穢を意に介さぬことが神祇を弱体化させるとして、禅宗の姿勢を批判し、律院については評価しているが、この禅宗批判は律宗、なかんずく白毫寺の在り方にそのまま該当するものである。それにも拘わらず、死穢を忌まない一切経会は鎮護国家の妨げとなるどころか、次第書に謳われるごとく「天下安穏」「万民快楽」「五穀豊穣」をも齎す儀礼であると、律僧は位置づけていた。先述の文殊菩薩の捉え方にしてもそうだが、穢れを徹底して排除したところに成り立つ顕密寺院儀礼と律院儀礼の異質性が際立つ。

遁世僧は国家的仏事体系と無縁であったため、葬送活動や非人救済といった穢れに触れる活動にも邁進できたと従来、論じられているが、身分的に国家の制度的な触穢規定から自由であるから葬送に従事し得ても、そのことが神祇信仰における穢れのタブーという大原則に抵触することには変わりがない。律僧が神祇信仰に篤いことは、周知の事柄である。ゆえに律僧には、穢れを忌避せず神祇の祭祀・儀礼を可能とする論理が要請されるはずである。

かつて非人救済を例に高取正男氏は、律僧が持戒の清浄性をもって穢れを超越するという説を唱え[35]、また上田さち子氏は戒律を祓えの機能として捉えているが[36]、死穢克服の明確な論理が表出した史料として、松尾剛次氏が紹介した近世編纂の『三宝院旧記』所収の説話がある。伊勢地方で布教した南北朝期の覚乗（晩年に西大寺長老）は、行き倒れの死者の葬儀を行い伊勢内宮に参詣した。そして穢れを咎める天照の化身と対峙し、「清浄の戒に汚穢なし」の論理で神を圧倒している(37)。

実はこれと極めて類似する説話が、今まさに問題としている白毫寺と春日神についても存在しているのである。『伝律図源解集』（貞享元年〈一六八四〉成立）によれば、室町期の戒壇院長老志玉は、白毫寺付近の貧者の葬儀を行い、そのまま春日社に参詣した。穢れに怒り狂う神に対し志玉は怯むことなく、禅宗でも重視される『円覚経』の「衆生本来成仏」思想を説き、春日神を完全に論破している。つまり、「人間は本来的に仏であるのだから穢れなどあろうはずはない」という論理に読み変えているのであり、中世の本覚思想的人間観の応用とも言える(38)。こうした志玉説話の存在に鑑みるとき、白毫寺一切経会は、律僧の職掌たる葬送・死者供養と神祇信仰との対立を調和せしめんとする儀礼であり、死穢を不可避とする律僧の宗教活動を正当化する機制という位置づけが可能となろう(39)。

四　白毫寺と春日山のトポロジー　―中世都市奈良の〈他界〉をめぐって―

1　春日社神官と白毫寺

鎌倉後期から始行された白毫寺の一切経会は、墓寺に春日神他の神祇を降臨させる儀礼であり、覚乗や志玉の説話に見られるような死穢超克の論理があってこそ実修し得るものであろうと思われる。だが『花園天皇宸記』に見るごとく春日神が死穢を激しく忌避するという認識の方が、中世の社会思潮からしてもよほど一般的である。実際に春日社神官は、死穢を避けていた。社家の日記には、「御供奉備次第（中略）大宮社司泰隆・有政・成房・遠忠・祐忠・義経、祐兼・祐継不レ参、死人見故也、恵宗養父死故不レ参[40]」とか、「若宮御供奉備、祐重、役権官祐忠令二勤仕一、於二恵宗一者、依二死人見一不レ参[41]」とある。「死人見」とは如何なる状況を指すか、いささか不明瞭だが、ともかく神官は触穢となると日常の神事に重大な支障をきたすため、神山たる御蓋山と春日社神域内の穢れには極度に敏感であった。穢れが発生した際の祓などの対処法を編年式に記録した、『清祓事』「清祓勘例」などの中世史料も残されている[42]。

白毫寺と春日社神官との関わりは、先述したような葬儀や年忌供養に留まらない。「白毫寺ニ管弦講在レ之、祐親、祐春、祐世供奉、祐賢ツホネニテ聴聞[43]」とあるように遊興の場でもあり、そのついでに亡父母の供養として綾一巻を納めている。一切経会も舞楽を伴った盛儀であり、一条兼良も花見をしたように、白毫寺は墓寺でありながらも風雅な一面があったようである。それにしても神官が庶民の死体遺棄も珍しくない墓寺での遊興に参じることは、問題とならなかったのであろうか。

律僧と春日神の鋭い対峙を描く説話の存在は無視できないが、白毫寺と春日社の死穢をめぐる軋轢・トラブルは、管見の限りでは具体的な事例は検出できていない。穢れ忌避の思潮には抵触するものの、一切経会が春日社から批判されたといった状況も見出せず、むしろ管弦講・葬儀・年忌仏事などを通して両者には密接な関係が窺える。

そこで以下では少し視点を変えて、白毫寺一切経会成立の信仰的背景について考察する。ここまでの分析で一切経会の特殊性は理解されるが、〈死者と春日神〉という関係は、律僧によって初めて成立を見たわけではなく、既に院政期以降の春日信仰の裡に萌すものだったのである。

2 白毫寺墓地の宅春日社と神田

既に一部引用したが『春夜神記』に、以下のようにある。

大明神、自二平岡一移二住南都白毫寺ノ前ノ焼春日ニ一、其後本宮移御ス、弘法大師其ノ後大明神有二勧請一、成二戸陀林ト一給畢、神人得度勝地也、御遷座之後雷火落テ焼レ之、故ニ云二焼春日一、其前ナル田ヲ云二杉町一、大明神榾葉ヲ殖蒔給ヘハ則成レ米ト、故ニ当時モ春日田殖杉跡ヨリノ生出ル白毫寺ノ松葉ヲ取テ種レ之作法有レ之、杉木無レ之故也云々、此杉町稲籾ヲ明年出来マテ置レ之、御榊等枯変之時、臨時之御神楽ニ此米ヲ用ユル故也、

宅春日社の前の田を「杉町」と言い、それは春日（三宮）神が杉の葉を田に植えて稲が生じたからである、という地名起源伝承になっている。中世では松の葉を春日神の呪物として田植えに用いていたようだが、この杉町の神田から収穫された米には重要な役割があった。

神山たる御蓋山の木々が一斉に枯れることを「神木枯槁」といい、春日神が社を捨て天上に去ったことの証として恐れられたが[44]、杉町の米はこの神木枯槁に際して執行される、七日間の臨時神楽に供されたのである。杉町の米は神を地上に呼び戻すための供物であったわけで、これは神木としての松や杉によって神威を附与された霊穀を備え神楽を行うことで、枯木を蘇生させる——即ち神を地上に呼び戻す——呪術と解することができる[45]。ちなみに現在の春日大社の御田植祭でも、「松の苗」を植える神楽がなされている[46]。

『一切経縁起』には、焼（宅）春日は、その礎石が白毫寺の墓地の中に所在するとされていたし、「白毫寺の松の葉」とあることは、宅春日社と白毫寺の浅からざる繋がりを示唆している。誠に重要な意味を持つ米が収穫される聖なる春日の神田は、白毫寺墓地の内部にあったか、或いは隣接して存在したものと考えざるを得まい[47]。実際にこの杉町は、白毫寺参道の宅春日社と能登川に挟まれた区域であるらしい[48]。

宅春日社がいつ頃から存在するか不詳だが、杉町の米を臨時神楽に供することが『中臣祐定記』嘉禎三年（一二三七）の記事に見える。よって平安末期頃までは遡るものかと推定され、春日山の水神であり農耕神である春日若宮の

創立（保延元年〈一一三五〉）や、長寛元年（一一六三）創始とされる春日社御田植祭との関係も考慮される。(49) そして平安末期は、白毫寺が開創されたと考えられる時期にも重なる。律僧らの活動拠点となる以前の白毫寺の実態は不詳だが、『一切経縁起』が語るように、白毫寺創建自体が春日信仰と連動したものであった蓋然性も低くない。『一切経縁起』には礎石のみ残ると記される宅春日社だが、特別な杉町の神田を管理する上でも、やはり現地に社殿を伴って実体的に存在したのであろう。

3 春日地獄と白毫寺

白毫寺の墓域内に春日社摂社の宅春日社が、実在したであろうことを論じたが、さらに中世の春日信仰と〈死〉〈他界〉の問題を掘り下げることで、一切経会の基盤となる心性を見届けたい。

春日信仰の原型は、御蓋山（標高二九四メートル）への信仰に発する。春日社創建以前の「東大寺山堺四至図」（天平勝宝八年〈七五六〉）には、御蓋山への祭祀を行う「神地」が描かれている。この原春日信仰を受け継ぐのは春日大宮（一宮～四宮）ではなく、御蓋山を背にして鎮座する若宮である。だが、御蓋山の背後には春日奥山としての花山（春日山とも言う。四六七メートル）・芳山（五一八メートル）・香山（高山とも言う。四三〇メートル）などが展開し、高円山（四三二メートル）は、その南に連なっている。これらは、平城京の東側を限る山々として東山とも呼ばれる。

春日奥山は、院政期には興福寺・東大寺の堂衆らの回峯行場となっており、両堂衆は中世南都修験の源流である。『今昔物語集』（以下『今昔』）巻十九・十九話には、春日奥山の他界が語られる。「東の奥山」で花摘みの行をする東大寺僧が、山中の不思議な僧房で、死んだ同朋の僧に遭遇する。死僧はそこで日々、一定の時間だが異形の者どもの責め苦を受けており、それは東大寺で信者の布施を貪った罪であった。花摘みの僧は恐れをなして逃げ帰り、以後も修行に励んだという。冥界譚・地獄譚の一種であるが、東の奥山、即ち花山での花（樒）摘みの行は、「千日不断花」といって満行すると堂衆内部での昇進が可能となる。[50] こうした山林修行を背景とする説話であり、花山には「春日山石窟仏」があり、また付近にはその名も正に「地獄谷」が存在し、「聖人窟の石仏」で知られている。春日の石窟は院政期に堂衆の行場となっており、籠りの修行による神秘体験もこうした冥界譚・地獄譚の背景に想定されるが、根底にはやはり春日山の祖霊信仰が存するのだろう。[51]

鎌倉初期の説話集『古事談』巻五に、室生寺（興福寺末寺）の龍王は、初め猿沢池に住むが、采女が入水したため死穢を嫌って香山《こうぜん》に移るも、そこに死人が遺棄されるため、さらに室生に移ったとある。ここにも興福寺系修験の影響が窺えるが、花山の冥界譚や地獄谷と同様に、香山にも〈死〉のイメージが濃厚と言えよう。『中臣祐春記』正応二年（一二八九）正月二七日条にも、「高仙（山）ノ東ノタウケノ辺ニ死人出現、雖レ然御山（御蓋山）ノ内ニ非之間不レ及二沙汰一也」とある。かかる山中が葬送の地であったかは不明だが、実際に死体が遺棄されたようである。[52]

そして香山については、次のような説話もある。『春日権現験記』（以下『験記』）巻一六[53]「璋円事」によれば、解脱房貞慶の弟子で璋円という学僧が「魔道」（同時に「地獄」とも表現されている）に堕ち、春日社に関わる巫女と思われる女人に憑依して霊託したという。春日三宮神の本地仏は地蔵菩薩であり、有縁の罪人は他方の地獄にやらず、春日野の地下に地獄を構えて収容し、毎朝、社殿の内より本地地蔵の姿で出現し救済に向かう。さらに救われた魂のうち興福寺学侶の場合は、特に香山に移り住み、そこで春日神から仏法を教授され問答を行うなど、生前と変わりないと語る。春日山の他界信仰に基づく説話で、救済主が未だ不在である『今昔』説話の発展型であることは明らかである。「春日奥山は風葬の地であり、そのために死霊の住む他界としての山岳信仰がおこった」[54]とか、「璋円僧都が大明神の仰せをうけてこの地獄谷で衆生済度の地蔵供養を行ったり、春日奥山の香山で説教を行っていたことの説明」[55]といった先学の見解も示唆的である。

御蓋山は、こうした「他界」としての春日奥山の霊威を集約する位置にあり、若宮神はその象徴とされる(56)。そうした信仰構造は、春日宮曼荼羅の構図からも明らかであるが、中世の春日社参道には「六道《ろくどう》」の地名があり、ここで「蛇道」(畜生道の意味か)に堕ちた者を春日神が救済する説話がある(『験記』巻六「蛇呑心経事」)(57)。また若宮と大宮の境界には、水谷川の分流が流れ落ちる香炉谷があり(現在は白藤の滝と呼ばれている)、そこは『和州旧跡幽考』(天和元年〈一六八一〉)などでは「地獄谷」と別称される場所であり、かの璋円堕地獄譚がここで説かれている。春日奥山の他界性は、春日社の神域内にも滲入しているのであり、近世でもなおその根強さを見ることができる。

さらに院政期(十二世紀後半)には、春日奥山のみならず奈良の都市内部(特に現在の奈良町区域)にも他界的空間が現出してくる。元興寺極楽坊が念仏往生信仰の拠点となり、地獄の十王信仰を伴った地蔵霊場として知られる十輪院では納骨信仰が形成され、火葬行為もなされたかと推定されている。元興寺＝阿弥陀信仰＝浄土空間／十輪院＝地蔵・十王信仰＝地獄空間、という図式が成り立つようである(58)。

春日奥山の地獄谷は、能登川の源流域であるが、その能登川が平地に出た地点に所在するのが、他ならぬ白毫寺であり、宅春日社であり杉町の神田なのである。この付近が京都の六波羅のごとく「「地獄」(にもっとも近い場所)と認識されていたようである」とのコメントは実に興味深く(59)、『日本霊異記』の記事から、能登川の氾濫源では奈良時代にも葬送が行われた可能性も指摘される(60)。能登川流域は都市奈良の南側の境界であると同時に、生と死の境界であり、「地獄の空間」であった(61)。つまり春日山中の地獄谷への入り口に中世墓地が形成され、墓寺としての白毫寺が建立されたということであり、春日社神域の南端はその地獄的空間に接し(62)、宅春日社・杉町の神田に至ってはその地獄空間の内部に所在したのである(63)。

４　春日地蔵信仰

十輪院がそうであるように、こうした他界・地獄の空間には地蔵菩薩が鎮座する。能登川上流には中世の地蔵石仏が多く、鎌倉時代の通称「首切り地蔵」の他、春日山石窟にも地蔵四体が彫られている。そして何より春日三宮神の本地は地蔵菩薩であり、承安五年（一一七五）の「春日本地仏注進文」に所見する。(64) 堂衆の行場である春日奥山を他界と見る観念と、春日本地地蔵説の成立は決して無関係とは思われない。鎌倉最初期に貞慶は五段の『春日講式』を著し、(65) 第三段の「明二本地利益一者」で、

本地是六道能化之地蔵菩薩、受二付属於忉利之雲一、救二衆生於那落之煙一。依レ為二仏前仏後之中間一、深恃二今世後世之引摂一

と、三宮本地地蔵説に基づき春日神の地獄救済を称揚している。また十輪院付近にある福智院は叡尊再興の縁起をもつが、本尊である地蔵大仏の光背の化仏が法服式地蔵であり、春日本地仏としての意匠が見られると指摘される。(66) この他、中世には律院であった東大寺知足院の地蔵菩薩は、貞慶にまつわる春日本地仏としての説話が知られ、(67) 奈良町の伝香寺（律宗）の地蔵菩薩も春日本地仏として鎌倉時代に造像されている。(68) 貞慶やその法灯に連なる律僧らは春日地蔵信仰を宣布していたのであり、先述のように春日社神官も白毫寺で地蔵供養を行っていたが、春日本地地蔵説も強く彼らの意識の内にあったはずである。

『験記』には、春日神は興福寺の楽人である狛行光（巻六「狛行光事」）、興福寺僧である祈親の母（巻九「祈親持経事」）を、閻魔に命じて地獄から現世に蘇生させた説話が見える。平時より神祇に往生を祈っていたという説話は珍しくないが、地獄に出向いて閻魔を平伏させ、(69) 更には自己のテリトリー内に地獄を設けてしまう神は珍しい。(70)『験記』にお

いて、神が本地仏として顕現するのは三宮の地蔵菩薩に限られ、そこからも春日本地地蔵説の重要性が諒解される。それ以外の春日本地説では、達成されない信仰世界なのである。

『験記』巻十二「恩覚事」に、院政期興福寺の学僧として知られる恩覚が、春日神の託宣を受け、「春日山のほとり、やけ春日」に住したという伝承が見える[71]。この地が既に院政期には中世都市奈良の墓地（地獄的空間）として形成されつつあったとすれば、白毫寺の名が阿弥陀仏の「白毫観」に由来すると見て相違ないことからも、白毫寺は春日信仰に篤い院政期の興福寺僧が、極楽往生を祈るための遁世の場として、まずは存在したのだと言えよう。恩覚の場合は弥勒浄土を欣求したとされているが、『験記』巻七「隆季卿家女房夢事」には、ある女人が「若有二重業障一、御笠大菩薩、慈尊大導師、往二生安楽国一」と書かれた卒塔婆が河原に建っている夢を見ている。春日神と弥勒菩薩による極楽往生信仰がなされたのであり、罪業が重いとされる女人の救済である点も見逃せない[72]。

ゆえに空海によって墓地化した焼春日が、他でもない死者救済の地蔵菩薩を本地仏とする春日三宮神の旧鎮座地であったとする『春夜神記』の〈語り〉は、誠に巧妙なものであることに気づかされる。白毫寺における春日信仰と死者供養の複合的儀礼としての一切経会が成立してくる歴史的過程を、一種の必然として説き示しているのである[73]。こう言い換えても良い。「春日三宮神としての地蔵菩薩が初めて鎮座した霊地が墓地となり、春日神＝地蔵菩薩による死者救済がなされるのだ」と。一切経会はそのことを鮮やかに象る儀礼に他ならない。春日地蔵本地説なくしては白毫寺一切経会は成立せず、また「遺骨」「尸」を白毫寺墓地に留めた死者の救済を誓願するという、特殊な神格の形成も有り得なかったと考える。

おわりに

如上、白毫寺に顕現する春日神の特質を、一切経転読儀礼関係史料を用いて考察した。春日社における春日神は、むろん死穢を忌避するものであり、京都の公家社会の通念も同様であって、顕密寺院では菩薩すら穢れを忌避する場合があった。しかし春日曼陀羅を祀っていた藤原清経が、花園天皇に食い下がったように、本地仏ならば穢れを忌まないとする理解があったことも無視できない。

九条家出身の大乗院門跡教覚が観応二年（一三五一）に記したとされる「歿後仏事条書」に、「一　臨終行儀事　年来奉二所持一春日曼陀羅・阿弥陀三尊○地蔵菩薩可ㇾ奉ㇾ懸ㇾ之、挑灯焼香、閑可被終也」という条項がある(74)。関心を惹かれるのは、死亡と同時に死穢が発生するにも拘わらず、春日曼陀羅が臨終行儀の本尊として用いられるという点である。教覚の葬送が白毫寺の律僧によってなされたものかは不明ながら、細字で追記された「地蔵菩薩」が、いわゆる「春日地蔵来迎図」であると解されていることからも(75)、正に白毫寺一切経会という儀礼が創出したところの、〈死穢の只中に降臨する春日神〉の観念が、ここに働いていることは疑いなかろう。公家出身で顕密寺院の門跡となった人物も、死穢を忌避しない春日神に救済を託したのである。

興福寺僧、特に修験者でもある堂衆によって保持されたであろう春日山他界観という心性は、平安末期に春日本地地蔵説を形成し、神による地獄救済信仰を成立せしめるとともに、中世墓地と白毫寺を生み出した。そして春日地蔵信仰は貞慶やその後嗣たる律僧に担われ、また白毫寺も律院化した。中世都市奈良における死穢の空間＝地獄的空間たる白毫寺に春日神が勧請される一切経会は、春日信仰に内包された他界の心性を先鋭的に表出した儀礼であり、白毫寺の本質に根差す盛儀であった。その意味で一切経会と『験記』に収録されてゆくような春日地蔵説話は、同一の精神史的母体から生じたものと言える。しかしながら、地獄救済が説話として語られるということと、実際に死穢を不可避とする墓寺に神祇を勧請して儀礼を実践することでは、次元が異なるはずであり、一切経会は、律僧の宗教世界においてこそ実現し得た成果であると位置づけたい。

そして、一切経会の経済基盤が先述のように地道な勧進活動に依拠していたとすれば、『一切経縁起』の内容は勧進唱導の場でも語られたに相違ない。つまり〈墓場の救済神〉とは、南都律僧や教覚のような一部の興福寺僧の特殊認識に留まらず、いずれ白毫寺の墓地に眠ることとなるであろう中世奈良の都市民にも、ある程度共有されたものであったように思われるのである。[76]

註

（1）一方で古代において人間に対し外在的であった神が、中世において急速に人間の〈心〉の内に住するという、内在的性格を強めた点も大いに注目に値する。そこには、仏教的唯心論を突き詰めた、いわゆる天台本覚思想などの影響が窺えるが、神の生々しい実体性・現実性が薄らいできたとも言える。その結果、中世神話（中世日本紀）の世界では、天岩戸神話やスサノオの大蛇退治など神々の躍動する古代神話は、「無明法性一如」「煩悩即菩提」「善悪不二」といった仏教教理の比喩《アレゴリー》と化し、人間の〈心〉の領域に還元されてゆく一面が垣間見える。拙稿「中世的天岩戸神話に関する覚書―中世宗教思想史における仏教と神祇についての素描―」（『寺社と民衆』一号、二〇〇五年）を参照。この神観念は、近世の神道説へも強く影響してゆく。

（2）佐藤弘夫『神・仏・王権の中世』（法蔵館、一九九八年）、同『アマテラスの変貌―中世神仏交渉史の視座―』（法蔵館、二〇〇〇年）、同『偽書の精神史―神仏・異界と交感する中世―』（講談社、二〇〇二年）、同『起請文の精神史―中世世界の神と仏―』（講談社、二〇〇六年）などを参照。また説話を素材に垂迹神の機能を論じる新たな研究として、追塩千尋『中世説話の宗教世界』（和泉書院、二〇一三年）がある。

（3）民俗学においては、「穢れの中から神が生まれる」という議論がある。新谷尚紀『ケガレからカミへ』（木耳社、一九八七年）参照。

（4）中世の穢れ観念や触穢思想についての研究は枚挙に遑ないものであるが、最新の研究成果を纏めた概説書として、片岡耕平『穢れと神国の中世』（講談社、二〇一三年）、井原今朝男『史実 中世仏教 第2巻―葬送物忌と寺院金融・神仏抗争の実像―』（興山社、二〇一三年）を挙げるに留める。なお、島津毅「中世の葬送と遺体移送―「平生之儀」を中心として―」（『史学雑誌』一二二編六号、二〇一三年）は、「死穢の恐怖」以上に「葬送の凶事性」に注目しており、興味深い。

（5）小稿は、顕密仏教の「死穢容認説話」と中世律宗教団の「死穢克服説話」という類型化作業を通して中世の穢れと神祇をめぐる問題の整理を試みた、拙稿「神に抗う律僧―死穢克服の思想―」（船田『神仏と儀礼の中世』、法蔵館、二〇一一年）を受けている。また拙稿「中世の神と死者―忘れられた春日信仰の儀礼―」（『アジア遊学』、近刊）は、小稿の縮約版である。併せて御参照を乞う。

（6）堀池春峰「白毫寺の歴史」（『大和古寺大観4　新薬師寺　白毫寺　円城寺』、岩波書店、一九七七年）。

（7）後述するように、院政期にはこの辺りに興福寺僧が遁世している。

（8）西大寺に伝来。前註（6）書籍に所収。

（9）『続々群書類従』三巻所収。

(10) 凝然書状断簡（東大寺図書館蔵）。前註(6)堀池解説参照。

(11) 前註(6)堀池解説文参照。この他、中世の白毫寺については、上田さち子「叡尊と大和の西大寺末寺」（『中世社会の成立と展開』、吉川弘文館、一九七六年）、松尾剛次「中世都市奈良の四境に建つ律寺」（同『中世の都市と非人』、法蔵館、一九九八年）を参照。

(12) 中世の興福寺と律院の関係については、細川涼一『中世の律宗寺院と民衆』（吉川弘文館、一九八七年）、大石雅章『日本中世社会と寺院』（清文堂、二〇〇四年）を参照。

(13) 細川涼一「河内の西大寺末寺と惣墓―西琳寺・教興寺・寛弘寺―」（前註(12)細川著書）参照。

(14) 前註(11)松尾論文参照。

(15) 春日社に関わる真言系神道書。室町初期頃成立か。『神道大系　春日』所収。

(16) 「花洛柳営天魂」については、後註(21)参照。

(17) 「春日＝戒律守護神」については、拙稿「南都戒律復興における受戒儀礼と春日信仰の問題―律僧とシャーマニズムの視点―」（前註(5)拙著）に詳しい。

(18) 「神分」は「神分勧請」とも呼ばれ、神々を召喚すること（神降し）である。一切経会の次第では続く「勧請」において、釈迦如来以下の仏尊が召喚される。

(19) 本質的に宗教儀礼とは、冥なる神仏が、祭式の現場に顕現するという〈共同幻想〉によって成り立つものである。不可視の神仏が影向する儀礼空間のリアリティについては、拙稿「中世宗教儀礼研究の射程―神仏をめぐる思想と表現―」（前註(5)拙著）で、先行研究を受けつつ論じた。

(20) 縁起の端裏書には「中条前伊豆大守常信／同日入之／嘉吉元（一四四一）辛酉三月六日／鹿苑院／奉入候／北山殿／御事候也」（／は改行

とあって、やはり室町幕府との関係を示しているようである。

(21) 前註(11)上田論文参照。なお「征夷大将軍……」は、近世の一切経会では江戸幕府将軍として読み替えられたであろうが、これに関連して『一切経縁起』末尾と、次第書「結願廻向」の「花洛柳営之夭魂」という表現は目を引くものである。鎌倉時代の文書や古記録に見える用例に徴すれば、花洛＝京都（＋朝廷）／柳営＝鎌倉（＋幕府）となる。建武二年はいわゆる建武政権が崩壊する年であるが、この段階では足利尊氏は征夷大将軍ではなく室町幕府も成立していない。よって柳営とは鎌倉幕府を指すはずである。恐らくこれは倒幕時の「元弘の乱」で亡くなった京都・鎌倉の人々を意味する表現だろう。室町幕府が成立すると、建武五年頃から元弘の乱の戦死者を弔う安国寺・利生塔構想が実施され、その中には律院も含まれているが、南都系律院の多くは、かつて鎌倉時代に幕府の安穏を祈る関東祈禱寺に任じられていたこともあり、白毫寺では一切経会に、いち早くこうした鎮魂の意味を持たせたものではないだろうか。

(22) さらに西大寺には、次のような白毫寺ゆかりの次第書も伝来している。

五九函三七号『白毫寺一切経作法』（奥書等なし、近世写本）

表紙・タイトルが欠落しており、一丁表の右肩に「白毫寺経会式」と小字の打付書がある。『奈良市・西大寺所蔵典籍文書の調査研究』は、白毫寺一切経会の次第と解し、右のような目録題を付したものであろうが、実際には一切経会とは別物であり、次のような次第となっている。

1 開眼　2 神分　3 表白　4 諷誦　5 発願　6 四弘　7 小祈願　8 仏名　9 教化　10 勧請（後述する西大寺一切経会の「神分勧請」とほぼ同文）　11 経釈　12 讃嘆　13 廻向

「1 開眼」では、「五輪塔婆一基」を開眼供養するという。「2 神分」では、やはり春日神らを勧請し、「為㆓貴賤霊等皆成仏道㆒」の祈りがなされる。また「金輪聖皇天長地久」「征夷大将軍御武運長久」など、天皇や幕府といった権力の安泰も、ここで祈られる。続く「3 表白」には「今此道場、信心遺弟 営二一乗妙典之頓写一、為二供養讃嘆之法式一、祈二過去慶願大徳御菩提一」とあり、一切経の転読ではなく、法華経を書写・供養する法会であることが分かる。恐らく書写した法華経を五輪塔に納入するのだろう。白毫寺長老かと思われる慶願大徳の菩提が祈られているが、以下の段には不特定多数の死者に向けた供養の詞章が頻出する。「7 小祈願」に「過去尊霊等成等正覚」、「8 仏名」に「過去尊霊等、証二大妙果一」、「9 教化」に「尊魂ハ早ク二転ノ妙果ニ至リ給ヘ」、「10 勧請」に「過去尊霊成正覚」、「13 廻向」に「奉レ資二過去尊霊之菩提一」などとある如く、繰り返し祈願されている。一切経会以外の経供養儀礼としては、『大乗院寺社雑事記』寛正二年(一四六一)五月十五日条・二六日条に、「毎年千部経供養等事」について、経済的援助要請が白毫寺からなされ、尋尊がそれに応えている記事がある。千部経供養とは、法華経千部を多数の僧侶を動員して短期間のうちに書写し供養するものである。明応八年(一四九九)四月五日条・十四日条にも、勧進による千部経会の発願・結願の記事があり、一切経会同様に十日程を要する大規模な儀礼であった。これに先立つ明応六年十一月十五日条によれば、白毫寺は兵火にかかり一山が焼亡し、一切経蔵も焼失している。一切経が失われたことで一切経会は一時途絶したと考えられるが、勧進による法華経書写供養の儀礼は継続されており、一切経や千部法華経など多数作善的な経典信仰に基づく死者供養が、白毫寺の宗教活動の核にあったと言える。「白毫寺経会式」は、法華経書写供養の次第書であるが、内容を検ずるに千部経会とは異なるもののようである。しかし全く無関係とも考えられず、「一乗妙典之頓写」(表白)とあったことからすれば、法華経全八巻を一日で書写供養するという、千部経会の縮小版と評せよう。今仮に「法華経頓写供養会」と呼んでおく。なおこの儀礼の成立期は、「慶願大徳」の詳細が不明なため確定し難いが、千部経会との関連性や、一切経会同様に「征夷大将軍御武運長久」とされる点などから、室町期の儀礼と推定される。

(23) 斉藤利彦「一切経会と芸能―平等院一切経会と舞楽を中心に―」(仏教大学総合研究所編『一切経の歴史的研究』、

仏教大学総合研究所、二〇〇四年）参照。

（24）中世は諸寺社において、一切経会が盛行した時代であるが、研究の蓄積が極めて乏しく、儀礼研究としての更なるアプローチが今後の課題である。そして他寺社の一切経会と白毫寺との比較も必要な手続きであり、取りあえず本寺に当たる西大寺の一切経会については、前註（5）拙稿「中世の神と死者」で略述した。また春日社における一切経の問題は、松村和歌子「春日社興福寺の中世的確立―毎日一切経転読の開始と東西御廊の成立を中心に―」（『立命館文学』六四二号、二〇一一年）を参照。

（25）堀池春峰「二月堂修二会と観音信仰」（『東大寺二月堂　修二会の研究　研究篇』、中央公論美術出版、一九七九年）参照。

（26）既に院政期の『往生伝』にも、阿弥陀仏が穢れを嫌い来迎しなかったという説話が見える。小山聡子「童子信仰の形成」（同『護法童子信仰の研究』、自照社出版、二〇〇三年）を参照。

（27）『西大寺関係史料（一）』所収。

（28）『日本歌学大系4』所収。

（29）鎌倉時代における禅宗の異端的性格については、原田正俊「東福寺の成立と「時代の妖怪」」（『日本の仏教1』、法蔵館、一九九四年）を参照。

（30）大石雅章「葬礼に見る仏教儀礼化の発生と展開」（仏教史学会編『仏教の歴史的・地域的展開』、法蔵館、二〇〇三年）、松尾剛次『鎌倉新仏教の誕生』（講談社、一九九五年）など参照。

（31）『康富記』享徳三年七月十四日条から、平時の墓は穢所であっても「丙穢」という比較的軽微なものであり、墓参は触穢と見做されなかったという見解もあるが、むろん神祇信仰において墓地は禁忌の対象に他なるまい。高田陽介「境

内墓地の経営と触穢思想」(『日本歴史』四五六号、一九八六年)参照。
(32) 花園天皇が、禅宗・律宗と関わりの深いことは良く知られているが、天皇在位中であるから、むろん穢れ観念については、顕密仏教・公家社会の通念に準拠している。
(33) 原田正俊「中世後期の国家と仏教―禅宗の展開を通して―」(『日本史研究』四一五号、一九九七年)、同「中世の禅宗と葬送儀礼」(『前近代の史料遺産プロジェクト国際研究会報告書』、東京大学史料編纂所、二〇〇三年)。なお室町期よりも遡る院政期の事例だが、葬儀そのものではない追善仏事ならば、神祇が勧請されることは顕密寺院でも確認できる。仁和寺の守覚法親王が編纂した『紺表紙小双紙』所収「美福門院御月忌次第」などには神分の段がある。ただし仁和寺は王権を護持する門跡寺院であり、白毫寺のような死穢と隣り合わせの墓寺ではない。仁和寺紺表紙小双紙研究会編『守覚法親王の儀礼世界―仁和寺蔵紺表紙小双紙の研究―本文編2』(勉誠社、一九九五年)参照。
(34) 『園太暦』延文三年(一三五八)八月五日条。
(35) 高取正男他『シンポジウム親鸞』(講談社、一九七三年)を参照。
(36) 上田さち子「祓と宇治―地域と穢・祓・神祇―」(同『修験と念仏』、平凡社、二〇〇五年)を参照。
(37) 前註(30)松尾著書参照。
(38) なお空思想に基づく禅宗における穢れ克服の論理については、前註(33)原田論文参照。
(39) 志玉説話の詳細は前註(5)拙稿「神に抗う律僧」を参照。
(40) 『中臣祐重記』養和二年(一一八二)八月七日条。
(41) 『中臣祐重記』寿永三年(一一八四)十月二一日条。
(42) 松村和歌子「平安、鎌倉期春日社の清祓史料―『永仁四年中臣祐春記』「廻廊諸門清祓勘例」を中心に―」(『国立歴史民俗博物館研究報告』一四二号、二〇〇八年）参照。
(43)『中臣祐賢記』文永十五年（一二七八）閏五月二二日条。
(44)『春日権現験記』巻二十「嘉元神火事」からは、神木枯槁が神の怒りを梃に鎌倉幕府など俗権を恫喝するイデオロギーとしても、有効に機能し得た消息が窺える。
(45) 大東延和「松の呪力―宅春日社に祀る神の原像―(1)(2)(3)」（『五色椿』白毫寺、一九九四年一〇月一日号・一九九五年一月一日号・同年四月一日号）は、短編ながら貴重な考察である。
(46) 松村和歌子「〈春日大社宝物館セミナー報告〉春日山は神の世界」（二〇〇七年）。同氏より報告原稿を頂戴した。
(47) 近世の地誌『南都名所集』〈延宝三年〈一六七五〉〉には、宅春日社について「やしろは此白毫寺のほとりなり」とあり、距離的に極めて近接していることが示されている。
(48) 前註(45)大東論文参照。
(49) 同前。
(50) 現在も二月堂修二会の供華である樒が花山で採取されるという。なお春日山の修験については、山本義孝「二上山・春日山麓の石窟とその周辺」（『山岳修験』一三号、一九九四年）、徳永誓子「修験道当山派と興福寺堂衆」（『日本史研究』四三五号、一九九八年）など参照。
(51) 五来重「山の薬師・海の薬師」（『大法輪』一九七七年七月号）参照。
(52) なお香山（高山）には鳴雷社・高山社がある。高山社には興福寺東金堂衆により石造の船型石である「高山水船」（正和四年〈一三一五〉銘）が奉納され（現存）、祈雨がなされた。また「高山（法華）八講」という祈雨の儀礼もなされており、これらは南都を支配する興福寺の勧農イデオロギーの意味があったものと思しい。謡曲『春日龍神』や、春日若宮神も初め蛇体で出現したとされる水神・農耕神であることに繋がる。また香山は興福寺堂衆が管理したと言われるが、春日社神官が、御蓋山と異なり香山を「沙汰に及ばず」としていることはそれを裏付けるか。

(53)『神道大系　春日』所収。

(54) 前註(51)五来論文参照。

(55) 永島福太郎「寺社の都」(『奈良公園史』、奈良県、一九八三年)参照。

(56) 橋本裕之『春日若宮おん祭と奈良のコスモロジー』(東京外国語大学アジア・アフリカ言語文化研究所、一九八六年)を参照。

(57)「六道」は、近世では「鹿道」の転訛とも言われた。死者の転生先としての「蛇道」については、和歌に詠まれる例もある。平田英夫「西行『聞書集』の地獄歌論—地獄を唱導する聖の歌—」(『和歌的想像力と表現の射程—西行の作歌活動—』、新典社、二〇一三年)を参照。

(58) 佐藤亜聖「考古学からみた中世都市奈良における葬送空間の変遷」(『元興寺文化財研究所創立四〇周年記念論集』、クバプロ、二〇〇七年)を参照。

(59) 山川均「中世奈良町の信仰と埋葬をめぐる位相」(五味文彦・斎木秀雄編『中世都市鎌倉と死の世界』、高志書院、二〇〇二年)を参照。

(60) 和田萃「喪葬令皇都条についての覚書」(『橿原考古学研究所紀要』二四号、一九七四年)。

(61) 前註(58)佐藤論文。なお春日奥山の地獄谷は山中他界としてのそれであり、実際の葬送(風葬)の地であったとは考え難いという。

(62) 中世都市奈良については、安田次郎『中世の奈良』(吉川弘文館、一九九八年)も参照。

（63）神木枯稿の臨時神楽に、かかる地獄空間にある杉町の米を用いるのは、〈死と再生〉という仕組みが作用しているかに思われる。
（64）『神道大系　春日』所収『春日御社御本地并御託宣記』（鎌倉時代編纂）を参照。なお春日地蔵信仰の先行研究としては、山地純「春日地蔵来迎小考」（『金沢文庫研究』三〇八号、二〇〇二年）と、杉﨑貴英「中世の新薬師寺をめぐる信仰と造形―本尊・興福寺・貞慶・春日・香山―」（『博物館学年報』四四号、二〇一三年）を挙げるに留める。
（65）未翻刻史料。興福寺・東大寺などに伝本有り。
（66）瀬谷貴之「春日三宮・法服式地蔵菩薩像について―生身地蔵信仰と解脱房貞慶の周縁―」（『美術史』一五四号、二〇〇三年）及び水野敬三郎「地蔵菩薩坐像」（『国華』一三八四号、二〇一一年）参照。
（67）『知足院縁起』（『東大寺宗性上人史料（中）』三八二頁）。
（68）生駒哲郎「中世における仏像の仏性」（『立正史学』九一号、二〇〇二年）を参照。
（69）ここでは春日神は、地獄の閻魔よりも上位存在であるということになる。
（70）死者を冥途から連れ戻したという説話であれば、春日神以外にも日吉社の悪王子神（『日吉山王利生記』巻四）や賀茂神（『今昔』巻十六・三十六話）さらに、八幡神（『八幡愚童訓』乙本）の例がある。
（71）焼春日は、本来「宅春日」であり、古代豪族大宅氏の領地（大宅郷《おおやけ》）であったことに因むともいう。社殿が焼けて後に墓地化した云々といった伝承は、「空海」の登場からも密教色の強い律宗によって唱導されたものかと推定され、それ以前には遡及しまい。
（72）弥勒は春日二宮神の本地仏とされる場合もあり、法相宗の開祖に擬せられ、貞慶も複数の『弥勒講式』を著している。
（73）宅春日社の祭神は、むろん春日三宮の天児屋根神である。前註（45）大東論文など参照。なお『和州旧跡幽考』には、春日神の他に「法明房忍覚《（恩覚）》をいはひしとなり」とあり、白毫寺周辺に遁世した先駆けである恩覚も祭神として祀られていたようである。

(74) お茶の水図書館成簣堂文庫蔵。前註(64)山地論文参照。

(75) 同前。なお全十箇条があったらしく、「不ㇾ可ㇾ避㆓禁忌㆒事」という項目もある。死穢を忌むなかれということのようであって興味深いが、欠損しており詳細は不明であることが惜しまれる。

(76) なお律僧が常に死穢禁忌から自由であったわけでもないらしい。大覚寺内に所在した西大寺末寺の不壊化身院は大覚寺僧の葬送を担ったが、『聖無動院道我仏事記』(康永二年〈一三四三〉)には、「長老依㆓神事役㆒、不ㇾ可ㇾ参㆓御荼毘所㆒」とあり、神事に際しては死穢を憚っている。高田陽介「中世の火葬場から」(五味文彦編『中世の空間を読む』、吉川弘文館、一九九五年)参照。また鎌倉後期から南北朝期に活躍した泉涌寺派の北京律僧であった無人如導の教団は、下部に斎戒衆を組織しながらも、北野天神信仰との関わりが深かった故か、『視覃雑記』には死穢を忌避するという記述もある。大谷由香「五辻山長福寺と「見蓮上人門徒」について—浄土教団としての泉涌寺末寺の動向—」(多田孝文名誉教授古稀記念論文集『東洋の慈悲と智慧』、山喜房仏書林、二〇一三年)を参照。このように中世の穢れ観念や触穢の実際は、時期的な変動もあって複雑な様相を呈しており、それらを全体的に把握することは容易ではない。小稿は制度やイデオロギーの問題に留まらない中世精神史研究として穢れの問題を、ある特殊な視角から追究したささやかな成果にすぎない。

(付) 小稿脱稿後、横田光雄「徳治二年興福寺金堂の納骨と春日若宮の早歌」(『日本宗教文化史研究』三五号、二〇一四年)に接した。庶民による金堂への納骨という興味深い事例が紹介され、それが死穢を忌避する興福寺の許容するところではなかったことが論じられている。

中近世移行期の村々における領主像
――加賀国石川郡富樫郷を例に――

永井隆之

はじめに

戦国時代に代表される中近世移行期（一六〜一七世紀）の領主は、単なる専制君主ではない。既に藤木久志氏が明らかにしてきたように、この時代の領主は村々に対し、領内の平和維持・紛争の解決・村々の保護などの義務を負う存在であった。(1)このような領主の姿は、領民である当時の人々にどのように認識されていたのか。そのことを、村々で形成された理想の領主像の検討を通して明らかにするのが、本研究の課題である。

この課題に迫る方法としては、中世後期の荘郷鎮守間で行われた身分承認のネットワークに守護も組み込まれていた、という榎原雅治氏の指摘が参考となる。(2)この指摘から村々の成員が祭祀などを通じて、地域の歴史・信仰の具体的文脈の中で、領主像を構築していたことが予想される。本研究ではこのことを踏まえて、加賀国を事例に検討する。

戦国時代の加賀国では、長享二年（一四八八）の一向一揆によって守護の富樫政親が自刃。その後、一揆勢によって富樫一族から守護が推戴されるも、実質は「百姓ノ持チタル国ノヤウ」になったという（『実悟記拾遺』）。「百姓」が政治に参加し、主体的に領主像を構築し得る状況が生まれていた。

守護については、幕府法令などに、廉直にして法を守り、治国安民につとめるべしと定められており、また加賀に限れば、一向一揆に強い影響を及ぼした本願寺宗主の蓮如が、守護は百姓の念仏を保護しなければならない、と述べていることが参考となる。ただし、前者の守護像は一般的な事柄を述べたものに過ぎず、後者も真宗門徒にとっての守護像を述べたものであり、村々の領主像としては不十分である。

そこで、本研究では、守護富樫氏の強い影響下にあったとされる加賀国石川郡富樫郷(現金沢市東南部および野々市町北部)に流布した「藤五物語」を用い、村々で語り伝えられた理想の領主像について検討する。これは一揆の一翼として自治を担い、それ故に地域の歴史・信仰の言説を用いて自ら由緒を作るようになった、中近世移行期の村々が求めた領主像といえる。

一　「藤五物語」の性格と成立年代

「藤五物語」は、全国に分布する芋掘長者譚に類する物語である。この芋掘長者譚は、芋掘りで生計を立てるある貧乏な男が、故あって富豪の娘を嫁にもらい、黄金を掘り当て、長者になったという物語である。主人公の男が怠け者あるいは美男とする話や、はたまた鴻池の先祖であるとする話、また芋掘りの芋のかわりに菜の花、あるいは蕪を用いる話、また妻となる娘を竜宮の乙姫とする話や、黄金のかわりに酒の泉が出てくる話など、様々な種類があることが知られる。(3)

加賀ではこの芋掘長者譚は芋掘藤五郎譚として知られ、これに類する物語がいくつか伝えられている。その代表格が「藤五物語」で、金沢市立玉川図書館近世史料館加越能文庫蔵『松雲公採集遺編類纂』に収められている。この『松雲公採集遺編類纂』は加賀藩五代藩主の前田綱紀（一六四三～一七二四）の集めた諸文献を、幕末の史家森田平次が編纂したものである。「藤五物語」とほぼ同じ粗筋を有する「加賀国石川郡行基山伏見寺縁起」（これも『松雲公採集遺編類纂』所収。ただし主人公の出自を藤原姓とするものの富樫氏との関係を曖昧にしている）には「元和三年」（一六一七）の奥付があるので、これをそのまま信じれば、芋掘藤五郎譚は遅くとも十七世紀初めには成立していたことになる。「藤五物語」の成立も、これと近い時期であろう。

まず、「藤五物語」の全文を紹介しておこう。

①(a)いつのころにかありけん。加賀介藤原の何かしか末なりける人ありけり。おやのまけ国なれはとて、加賀の国石川の郡になんすみける。常にふる里やゆかしかりけむ。その住みける里の名をは、やかて山科の里としも名つけ、さてそのほとりなるをも伏見、住よし、小原とよひ、坂の名をさへ八瀬坂となん名付ける。さるはたゝつれ〴〵を慰むすさひなりけらし。(b)家いとまつしかりけれは、常にみ山に入つゝ、薯蕷をなんほり来て、なりはひとなしける。かゝれはとて世の人、いもほり藤五となん字しける。こころさまいときよくて、世の人にものほとこす事を好み、そのよろこへるを見て、身のたのしみとはなしぬ。ほれるいもをも多くは里人にわかちあたへ、わつかにその残れるをもて、おのか料となしてそ世をへにける。

②爰に大和の国初瀬の里に名を生玉の方信といふ人ありける。此人家富て多くの宝はもてりけれと、子なき事をなん常に歎きたりける。あるとき初瀬寺にこもりて、その事をうれへ申したりける。こころさしのせちなるを仏やあはれとおほしたりけん。ほとなくひとりの女の子をなんまうけたりける。名をは和子としも呼て、かきりなくよろこひゐたしたりしか、人となるにしたかひて、みめかたちいとうつくしかりけれは、見る人こころをいため

さるはなかりき。

③かくて方信は此むすめにあはすへき男をえりもとめしかと、こころにかなへる人なし。ある夜の夢に観音の告給はく、いましか子の夫たらん人は爰より遥に北の方なる加賀の国石川の郡にをれり。名をいもほり藤五とよふとのたまふと見て覚ぬ。方のふそのたふときみさとしをよろこひ、やかて多くの宝ともとりあつめ、ずさともに持せ、おのかめをも具し、かの和子を伴ひて、はる〳〵この国にくたり、こゝかしこと尋ねさまよひつゝ、からうして藤五か家にいたりぬ。方信もとよりおもへるにも似ぬいとあさましき小家にてわつかに雨露をしのくはかりのいほりになんありける。いとあやしみなからすさしていひいるゝに、藤五出あへり。方信その事のよしを語れは、藤五うちきゝていみしう驚きつゝ、そはこと人にてこそあらめ、いかてかとていなみたれと、もとよりまこふへくもあらぬほとけのみをしへなるよしを語り、さま〳〵にいひさとし、(c)さてかの和子をあたへ、多くの宝をもうちおきてそかへりのほりける。

④是よりかの和子常に初瀬の観音のみかたをふところにしつゝ、つまの藤五につかふること、いとまめやかなりけり。(d)藤五もとよりさる宝なとほりつるさかにしあらねば、みなからちかき里人にわかちあたへ、おのれは例のいもをほりてなん過しける。ある日初瀬なる方のふかもとよりこかね一ふくろおくれりしを、藤五例のよろこはす。やかて携へ出しか折ふし、田におりける雁のありけるに、かのこかねをを袋なからになけうてけり。和子その事を聞つゝ、いとあさましとおもひて歎くを、藤五見てうちわらひていへらく、こかねはしかはかりめつらかなるものにあらす、いつもおのかほるいもつるの根にさはなるを、いてとり来て見せ侍らん。さは歎きたまふなとて、つとめてとくより出行つゝ、ほり来れること、あたかもいらかのことくなんありける。そのこかねをすゝきたりし沢の名をは、是より金洗沢となんいひける。かれこの沢に、こかね・しろかねの雲母てふもの常にうか

ふとなんいひつたふる。

⑤(e)またあるとしのしはすの晦日の夜なりけん。ひんかしの方なる山より黄・白・黒の三つの小牛出来て、藤五か家の軒になんたゝすみける。そのあやしさいふはかりなし。つとめていとかしこみつゝも、やり戸おしあくれは、さる物なくて金・銀・鉄の三つの兜なんありける。藤五打見つゝいよゝくしくおもひ、やかて和子とはからひつゝ、かの三つの兜もて仏像を造らせ、さてその里にひとつの寺をいとなみ、里の名なれはとて伏見寺と名つけ、彼ほとけをは本尊とはなしける。かくてその小牛の出来れる山をは、みつこうしの山と名つけぬ。その後藤五和子いとむつましう暮しけるか、時いたりて共にうつし世をなんさりける。かのすめりける里ちかきところにをさめ、藤五・和子か墓なれはとて、世の人ふたこ墳となんよへりけると、(f)富樫の郷人語り伝へけるとなん。

二　藤五の出自

①段の下線部(a)には、藤五の出自と加賀国に住むことになった経緯について記されている。「加賀介藤原の何某が末なりける人ありけり。親の任け国なればとて、加賀の国石川の郡になん住みける。常に故郷やゆかしかりけむ。その住みける里の名をば、やがて山科の里としも名づけ、さてその辺りなるをも、伏見、住吉、小原と呼び、坂の名をさへ八瀬坂となん名付ける」とある。加賀介藤原何某が末の者（藤五）が、親の赴任国であったという縁で、京山科から加賀国石川郡へ下向するが、常に故郷を懐かしみ、居所を山科の里と名づけ、その近辺を伏見・住吉・小原（大原のことか）・八瀬坂（八坂のことか）などと名づけたという。

「藤五物語」において「加賀介藤原何某の末」の者とされるように、藤五は藤原利仁流の富樫加賀介家の末裔であると位置づけられている。ここに現れる「加賀介藤原何某」とは、慶長七年(一六〇二)までの記載を有する金沢市立玉川図書館近世史料館加越能文庫蔵「富樫家譜」に登場する富樫次郎家国(利仁七代子孫。富樫氏初代とされる)、あるいは、享保十三年(一七二八)布市社蔵「社家写」に登場する藤原次郎忠頼(利仁四代子孫)のことであろう。「社家写」によると、彼は「人皇六十六代一条天皇御宇」に「加賀介」として同国に下向し、任期が切れて都に戻る時、民が重任を強く望んだので、勅によって「永任」の加賀介に補せられたという。

傍線部(a)にある、藤五の名づけた山科・伏見・小原・住吉は現在でも確認できる地名である。その他にも富樫や京と関わりを思わせる、新保(富樫新保)や横川などの地名が残る。これらの地名は、富樫氏の根本所領であった富樫郷に含まれる村々の名であった。つまり「藤五物語」は、富樫郷の村々が富樫氏と接点を有することで生まれた、開村由来を伝える物語でもあったことが窺える。

三　藤五の性格

再び「藤五物語」に戻り、①段の傍線部(b)に目を移すと、藤五の「芋掘り」の理由と性格についての記載が続く。「家いと貧しかりければ、常に深山に入りつつ、薯をなん掘り来て、生業となしける。心様いと清くて、世の人に物施すことを好み、その喜べるを見て、身の楽しみとはなしぬ。掘れる芋をも多くは里人に分かち与え、僅かにその残れるを以て、己が料となしてぞ世を経にける」とあり、藤五は貧しかったので、山で芋掘りをしていたが、清廉にして他者への施しを好む人物であったので、掘った芋の多くを里人に分け与え、自らは僅かな芋で満足していたという。

この一節から読み取れることは、藤五の芋掘りが、生業とはあるものの、領民と利を争うものではなく、人々へ施すための行為であったことである。この芋は戦乱と飢饉が続く戦国時代にあっては、貴重な食物であった。芋の話ではないが、文亀元年（一五〇一）三月、家領和泉国日根野荘に下向した前関白九条政基の日記『政基公旅引付』にて、飢饉の際には蕨の粉を盗んだというだけである母子を村人が現行犯で処するという凄惨な出来事が記されている例などから、そのことが窺える。「藤五物語」において、藤五が芋掘りであることは、彼が飢饉において芋を多く入手し、人々に分け与えることができる資質、つまり飢饉から領民を守る領主としての資質があることを示している。

なお、芋を施すという話としては、『今昔物語集』にて藤原利仁が五位を所領のある越前敦賀に連れて行き、食べきれないほどの芋粥を振舞う物語が知られている（巻第二十六「利仁将軍若き時京より敦賀に五位を将て行く語　第十七」）(4)。ここでは芋は、利仁の富貴を象徴するアイテムとして用いられている。利仁末流とする藤五の物語でも、利仁の芋粥説話は十分に意識されているだろう。このことを踏まえると、芋を領民に振舞う藤五の家の貧しさを、文字通りに受け止めるわけにはいかなくなる。彼は、無用の蓄財をしない「心様いと清い」、清貧を貫く領主として貧しかったのである。

この「心様いと清い」領主像から想起されるのは、一条兼良の『樵談治要』におけるそれである。兼良は「諸国の守護」を「他人の所帯を押領し、富に富を重ね、欲に欲をくは」へ、「富貴の家にいたづらに宝をたくはえて人にほどこさぬ」者として批判し、守護たるべき者の「廉直」を求めている。このことから『樵談治要』と「藤五物語」のそれとが、類似の守護像を共有していたことがわかる。この守護像は、当時の一般的な理想の領主観を反映したものであったと考えられるが、「藤五物語」はそれを、戦国期における危機管理を象徴する「芋掘」で説明しようとした点に特色がある。

四　藤五と観音菩薩との関係

②段は話が変わって、藤五の嫁となる娘の出生譚である。大和国初瀬に住む生玉の方信（あるいは万信・「まんのぶ」ともいう）という者は、多くの宝を得た有徳人であったが、唯一子宝に恵まれないことを常に嘆いていた。ある時、長谷寺に籠り、観音菩薩にそのことを憂い祈ると、その切なる様に同情したのか、仏が方信の願いを叶え、娘を授ける。方信はその子を和子と名付け、大いに喜んだ。和子は美しい娘に成長したという。

③段はいよいよ和子が、藤五に嫁ぐ話である。和子を嫁がせるべく、方信は娶わすべき男を求めたが、心に適う人物は現れなかった。だが、ある夜、観音の夢告を賜り、和子の婿となる者が、加賀国石川郡におり、名を芋掘り藤五であることを知る。そこで、方信は多くの宝を従者に持たせ、女房をも供させて、和子を連れて、加賀国に下向する。尋ねさ迷いながらようやく藤五の家に着いたが、その家は「あさましき小家」で雨露を凌げるばかりの粗末な庵であった。方信によばれ、家から現れた藤五は、観音菩薩の夢告の話を聞いて大いに驚いたが、方信の方は藤五の質素な姿を見て、心のうちでは和子を嫁がせたくないと思った。だが、仏の教えに随うべきと自らに言い聞かせ、和子を藤五に嫁がせ、多くの宝をも与えて、大和へ帰ったという。

和子が観音菩薩の申し子であることに、どのような意味があるのだろうか。観音菩薩が子宝を授ける話はいくつか残されているが、ここでは、藤五が和子の真の親である観音菩薩から選ばれた人物であることを指摘しておきたい。

観音菩薩は、変化観音とよばれ、人に化けて女性や貧困者を救済する仏として知られている。『日本霊異記』や『今昔物語集』にある観音菩薩霊験譚にみられる「極めて窮れる女の、千手観音の像を憑み敬ひて、福分を願ひ、以

て大富を得し縁　第四十二」「孤の嬢女の、観音の銅像を憑り敬ひしときに、奇しき表を示して、現報を得し縁　第三十四」（以上『日本霊異記』下巻）、「越前の国の敦賀の女、観音の利益を蒙ぶれる語　第七」「女人、清水の観音に仕りて利益を蒙ぶれる語　第九」（以上『今昔物語集』巻第十六）などがその代表例であろう。これらは観音菩薩が女性に変化し、主人公の窮地を救った物語として知られる。「藤五物語」にて貧しき藤五が富める者になったという点で、貧者を富者にする観音菩薩が物語に登場する必然性があったと考えられる。

ただし、先にも述べたように、藤五は、ただ貧しいのではなく、無用の蓄財をせず、富を人々に配分する故に貧者として描かれていた。したがって、観音菩薩のもたらす富は、藤五の物とならず、彼を経由して、領民たちに分け与えられるということになる。つまり、「藤五物語」において観音菩薩は、領民に富をもたらす藤五の領主としての徳を増さしめる役割を果たしていると考えられる。

そのこととかかわるのが、④段の話である。この段の後半には、藤五が芋を洗う場から金が出るという金洗沢（現石川県金沢市兼六町の金城霊沢とされる）の地名の由来を示す一節が記されているが、その前半には、④段の和子と結婚後、藤五が喜捨する物が芋から宝や黄金に変わり、下線部(d)にあるように、藤五は方信からもらった宝を里人に分け与えたことが記されている。和子という観音菩薩の申し子との婚姻が、藤五の持つ「世の人に物施すことを好み、その喜べるを見て、身の楽しみとはなしぬ」という、領主としての素質を開花させたことがわかる。ちなみに、芋から黄金に変わるという点について付言しておくと、芋を「鋳物」と読み、芋掘を鋳物師と見立てたのは柳田國男氏であった。(5)

次に⑤段の話でも、観音菩薩とのかかわりが指摘できる。下線部(e)には、「師走の晦日の夜なりけん。東の方なる山より、黄・白・黒の三つの子牛出で来て、藤五の家の軒になん佇みける。その妖しさ言ふばかりなし。努めていと畏みつゝも、遣り戸を押し開くれば、さる物なくて金・銀・鉄の三つの兜なんありける。藤五打ち見つつ、いよゝくしく思ひ、やがて和子と計らひつつ、かの三つの兜もて仏像を造らせ」たとある。師走大晦日の夜に、黄色・白・黒の牛三頭が、藤五の家にやってきて、不思議なことに、翌正月元旦には金・銀・鉄の兜に変化していたが、藤五はこれをますます良いことのように思い、和子と計らって、これら兜を鋳直して仏像を造ったという。

この話は、藤五が合戦による武勇よりも仏に帰依し心穏やかに暮らすこと、つまり安穏を選んだことを表している。(6)またそれだけでなく、領主として藤五が領民に対して、武勇よりも安穏を求めるよう促す話にもなっていよう。豊臣秀吉が方広寺の大仏を造立する際に、全国の村から刀を集め仏に鋳直すと宣した、あの「惣無事令」(豊臣平和令)の一環として出された刀狩令を髣髴とさせるエピソードである。ただし方広寺大仏造立は刀狩令の名目であり、実は武装解除による一揆防止策であったことが知られる。(7)この惣無事令とは、「百姓」を「過酷な自力救済の惨禍」から解放する政策であり、(8)それは結局、近世百姓の如く、「百姓」を「天下国家」の政治から忌避させ、個々の定められた生業に専従する「有徳者」(9)に作りかえようとする試みであった。

「藤五物語」に同じような意図があるとしたら、藤五の仏像造立は一向一揆に参加した「百姓」を武装解除させようとする、「惣無事」を求める行為ということになろう。それは、これは「藤五物語」が中世から近世へ、つまり戦乱から泰平の時代への変わり目に作られた物語であることを示していよう。合戦よりも安穏を求める人々の願いが、物語に色濃く反映されていると思われる。

ところで、既に戦国時代には、村の住民に対して、主人を持つ「侍」として「百姓」を蔑むのではなく、「王孫」として「貴人・公家公卿」と対等となるべく、商売などを工夫して有徳の「百姓」となるよう説いた僧侶も登場している。(10)ここで説かれた「有徳百姓」像は、古代中国にて権力から封を受けず自立した「素封」と言われる人々に起源があり、また近世百姓像にもつながるものであった。

「藤五物語」の領主像は、このような理想の「百姓」像と対になるものであったと考えられる。というのは、「天下国家」の政治を忌避する「有徳百姓」が成り立つためには、清貧にして持てる富を民に配る理想の領主に政治を委任することが必要となるからである。

それでは民がかかる領主を信頼するためには、どうすればよいのか。「藤五物語」の⑤段で注目しておきたいのは、藤五が金・銀・鉄の兜を仏像に鋳直す際に、観音菩薩の申し子たる妻の和子と「計らいつつ」決めたとあることである。ここでは、藤五の仏像造立にも観音菩薩の霊力が働いており、藤五の惣無事を求める行為が、観音菩薩の意思を代弁するような、仏の正統性を帯びた行為ととらえられている。このことから、民が領主を信頼するためには、領主の行為を仏神の代行として位置づける必要があったことがわかる。

民が領主を信頼し、天下国家を領主に委ね、自ら有徳を目指すには、領主が仏神の意思に適う行いをしなければならない。これを当然の前提として「藤五物語」は、領主たる藤五の行為を描いているのである。豊臣秀吉の惣無事令も、元禄・正徳期の文治主義も、かかる観点から見直す必要があろう。

まとめと展望

「藤五物語」を通してみた理想の領主像は、清貧を貫き、飢饉に際しても芋を人々に施す者のことであり、さらに観音菩薩の霊力によってその才能を開花させ、黄金や宝を多く手にしても、人々にすべて配ってしまう者のことであった。また、観音菩薩の意思を代弁し、合戦の武勇よりも仏に帰依して得られる安穏を自らだけでなく人々にも求める、社会の惣無事(平和)を創出しようとする者のことであった。

これを一言でまとめるなら、理想の領主とは、民に利を与え、平和をもたらす禁欲の聖者ということになろうか。観音菩薩はこの聖者の力を増幅させ、その行為に正統性を付与する役割を果たしていた。この仏神に付与された正統性は、理想の領主像と対になる、個々の生業に専従する「有徳百姓」を人々が求める際に、領主への信頼を担保する条件ともなっていた。

この理想の領主像は、「藤五物語」⑤段の下線部(f)に「富樫の郷人語り伝へけるとなん」とあり、富樫郷の人々――物語に出てくる山科・伏見・住吉・小原、そして三子牛(みつこうじ)の人々――が語り伝えたものであると記すように、村の開村伝承の中で語られた、村から生まれた領主像であった。

これら村々の内、比較的に古い村が小原であったようで、永正十四年(一五一七)天台毘沙門堂門跡領として「大原新保」が記され(『三千院文書』)、これが小原と隣村の新保(富樫新保)と考えられている。(11) また山科と伏見も、長享二年(一四八八)の富樫氏と一向一揆の攻防を描いた『官地論』に、一揆勢が駐屯した村として知られる。このことから富樫郷の村々は、遅くとも十五世紀後半には成立していたと思われ、「藤五物語」の祖形もこの頃までには遡れるかもしれない。

「民に利を与え、平和をもたらす禁欲の聖者」は理想の領主像というより、現実にはありえない空想のそれのようであるが、日本では古くは『日本書紀』神武天皇紀や仁徳天皇紀などに見られる君主像である。かかる「禁欲の聖者」は、各時代共通して見られる普遍性のある領主像であった。これが村々にまで浸透したことが確実にわかる時期が、中近世移行期であったのである。内藤湖南氏のいう、戦国時代の幕開けたる応仁の乱から近代が始まるとする時代認識が、あらためて想起されよう。(12)

註

(1)　藤木久志『豊臣平和令と戦国社会』(東京大学出版会、一九八五年)。
(2)　榎原雅治『日本中世地域社会の構造』(校倉書房、二〇〇二年)。
(3)　関敬吾『日本昔話大成　本格昔話二』三巻(角川書店、一九七八年)。
(4)　保立道久『物語の中世　神話・説話・民話の歴史学』(東京大学出版会、一九九八年)。
(5)　柳田國男『海南小記』(大岡山書店、一九二五年。後に『柳田國男全集』三巻、筑摩書房、一九九七年、に所収)。
(6)　武勇と安穏については、黒田俊雄「中世における武勇と安穏」(『黒田俊雄著作集』三巻、法蔵館、一九九五年)を参照のこと。
(7)　藤木『豊臣平和令と戦国社会』(前掲)。
(8)　藤木『豊臣平和令と戦国社会』(前掲)。
(9)　深谷克己『近世の国家・社会と天皇』(校倉書房、一九九一年)。
(10)　永井隆之『戦国時代の百姓思想』(東北大学出版会、二〇〇七年)。
(11)　『日本歴史地名大系一七巻　石川県の地名』(平凡社、一九九一年)。
(12)　内藤湖南『日本文化史研究』(弘文堂、一九二四年)。

林羅山の死別体験

本村昌文

はじめに

吁北肉歿、人皆惜焉。其後余与㆓足下㆒之際、時時所㆑遇之人、化㆓列于鬼簿㆒者、得庵花屋素庵、相継物故。其間書生及㆓于門㆒者、如㆓保高春江春碩等㆒、歳歳年年人不㆑同。余尚余喘、如㆓互牛向㆑月。畏㆑寒畏㆑暑、肌膚凍梨、顧㆓其影㆒、則顔憔形枯、似㆓三閭㆒而酔不㆑醒、頭童歯豁如㆓退之㆒。然老且懶。於㆑是復値㆓此喪㆒。龍鍾之袖与㆑露不㆑乾。鶺急之風、同気何求。庶乎憐察焉。[1]

この資料は、寛永十五年（一六三八、羅山五六歳）、林羅山が石川丈山に宛てた書簡の一部である。寛永十五年八月十九日、羅山の弟永喜がこの世を去った。享年五四歳。永喜との死別後に書かれたこの書簡には、「北肉」（藤原惺窩を指す）が死去して以降、「得庵、花屋、素庵」（菅得庵・戸田花屋・角倉素庵、いずれも惺窩の門人）が相次いで亡くなり、そして唐代の詩人劉廷芝の「代悲白頭翁」に見える「年年歳歳花相似、歳歳年年人不㆑同」をふまえつつ、「保高、春江、春碩」（松野保高・渋江春江・稲辺春碩、いずれも羅山の門人）など、自分の門人たちの顔ぶれも次々と変わっていくことが述べられている。さらにそうした体験を経て、いま弟の永喜との死別に直面し、羅山自身が自分の余命がどれくらいであるのかということに畏怖しながら、同時に自らの姿・形に老いを感じ、お互いに苦難を助け合ってきた大切な存在を失った悲しみが吐露されている。

これまで羅山は近世初頭に朱子学を本格的に受容した人物として、また江戸幕府に仕えた人物として注目されてきた。それに呼応して、羅山の研究についても、朱子学理解、神道・兵学・老荘思想の受容、『徒然草』をはじめとする文学作品に対する理解、歴史思想など、いわば学者としての本領に光が当てられてきた。(2)

かかる研究の中で、羅山の内面にアプローチしたものとして、石田一良氏の研究がある。(3) 氏は羅山の文集・詩集を素材として、羅山の精神世界の構造(「従俗の論理」)を明らかにした。また、前田勉氏は石田氏の提唱した「従俗の論理」に注目し、羅山の抱いていた「一廃人」意識を手がかりとして、彼の挫折体験とその意味を明らかにしている。(4) 本稿は、こうした羅山の内面にアプローチする視点を取りつつ、先に引用した老いや死に対する羅山の意識に注目する。

このような問題を設定するのは、筆者が思想家のいわゆる抽象的な老いや死に関する思索のみを検討することで明らかにされる死生観とは、異なる地平を切り開きたいと考えているからである。無論、老いとは何か、死とは何か、また死後人間はどうなるのかという哲学的・宗教的な思索を検討することが、死生観に関する研究に有意義な成果をもたらすことはいうまでもない。しかし、人はいつ、どのように老いや自分の寿命を自覚するのか、それに伴って何を考え、どのような生き方をするようになるのかという点を思想家の意識に即して検討することは、抽象的な老いや死・死後に関する思索の考察を深化させるものではないだろうか。

これまでの研究において、寛永十五年における弟の永喜との死別については、「弟の死は羅山をして「月は暗し武野草露の中、涙痕玉砕けて看れども見へず」と悲嘆の情を抱かせたが、永甫・春斎・守勝がともに儒者として成長したので、羅山の幕府における地位は安定し、林家の前途に不安はない」[5]というように、羅山に「悲嘆の情を抱かせた」と指摘されるものの、同時期における羅山の幕府内での地位の安定・向上に目が向けられてきた。さらに「悲嘆」という点では、寛永六年の息子叔勝との死別の方がより深いものとして捉えられていることから[6]、羅山における永喜との死別の意味には、ほとんど光が当てられてこなかった。羅山に悲しみのみならず、自らの余命と老いへの不安をもたらした永喜との死別体験のもつ意味は、羅山の学者としての側面や、抽象的な老い・死をめぐる羅山の思索を追うだけでは見失われてしまうものでないだろうか。

羅山は親や子ども、知人の死別に際して、哀悼の意を表す詩を数多く作成している。それらを見れば、誰との死別であれ、「悲嘆」の感情が表されている。問題なのは、永喜との死別のときのみ、「悲嘆」だけでなく自らの老いと残された寿命を考え、死を恐れる感情を吐露していることである。このことは、羅山にとって永喜との死別が、特別な意味を持っていたことを物語っている。そうであるならば、この死別をきっかけとして羅山は何を考え、どのように生きていくようになったのかという点を検討することは、抽象的な死や死後に対する考え方だけでなく、具体的な死に対する羅山の感情や、死に至るまでの生き方に対する考え方を含めた、より広い〈死生観〉を明らかにすることにつながっていくのではないだろうか[7]。

以上のような問題意識をもって、本稿は林羅山の死別体験、とくに弟永喜との死別体験に注目しつつ、羅山の〈死生観〉について考察していくことを目的としている。

一

ところで、いま私たちは、人の寿命を何歳くらいだと認識しているのだろうか。

厚生労働省の作成した「平成二十四年簡易生命表の概況」によれば、平均寿命は男性が七九・九四歳、女性が八六・四一歳である。[8] 現代日本では、男性・女性ともに八〇歳くらいまで生きることになる。ちなみに内閣府の調査によれば、[9]「何歳以上の人が「高齢者」「お年寄り」だと思うか」という問いに、「およそ七〇歳以上」四八・七％、「およそ六五歳以上」一八・五％、「およそ七五歳以上」一二・九％、「およそ六〇歳以上」六・八％、「およそ八〇歳以上」六・〇％の回答があり、七〇代以降を「高齢者」「お年寄り」と思うのは六七・六％を占めている。以上の資料によれば、現代日本では、およそ八〇歳頃まで生き、七〇代以降を「高齢者」「お年寄り」と捉えていることがわかる。

また二〇一二年四月に公表された経済産業省による「安心と信頼のある「ライフエンディング・ステージ」の創出に向けた普及啓発に関する研究会報告書」の参考資料によれば、[10]「希望する自分自身の寿命」は八〇代が四九％、七〇代が二四・九％、九〇代が一〇・六％となっている。ちなみに、「(自分の)父親には何歳まで生きて欲しいか」という問いには、八〇代＝三四・九％、九〇代＝三七・二％、一〇〇歳以上＝二三・二％、「(自分の)母親には何歳まで生きて欲しいか」という問いには、八〇代＝三四・一％、九〇代＝四〇・一％、一〇〇歳以上＝二二・六％、「配偶者には何歳まで生きて欲しいか」という問いには、八〇代＝五三・三％、九〇代＝一九・六％、七〇代＝一六・三％である。自分の親には八〇代以上でなるべく長生きして欲しいと思い、自分や配偶者の場合はおよそ平均寿命くらいまでは生きたいという希望を持っていることになろうか。とするならば、八〇代まで生きれば希望通りであり（自分の親の場合はなるべく長生きして欲しいという意識を伴う）、七〇代で亡くなる場合は死を迎えるにはまだ早いという意識をもつのではないかと推測される。

当然のことながら、こうした意識調査でははかれない個人差があろう。しかし、およそ現代日本においては、七〇歳くらいからを老人と認識し、七〇代で亡くなれば死を迎えるにはまだ早いと感じ、八〇代で亡くなれば死を迎える年齢としては相応と考えているといえよう。

翻って江戸期の人々は、老人の年齢、人間の寿命をどのように認識していたのであろうか。乳幼児期の死亡率が高かった当該時期の平均寿命について、たとえば近世後期の飛騨国において、男性二七・八歳、女性二八・六歳との指摘がなされているが(11)、これがそのまま人間の寿命の年齢と意識されていたわけではなかった。これまでの近世史研究の成果によれば、江戸期、とくに寛永年間（一六二四～四四）以降、法令関係の資料では、五〇歳頃から「老人」と一般的に認識されていたといわれている(12)。さらに歴史上の著名人物の享年調査に拠りつつ、「二十歳まで生き延びることのできた者であれば、前近代社会においても平均して六〇・三歳の寿命を保ちえた」との指摘もある(13)。

法令とは異なる資料では、どのような認識が見られるのであろうか。たとえば、十七世紀初頭に書かれた島井宗室の「生中心得身持可致分別事」では、以下のように述べられている。

五十に及候まで、後生ねがひ候事無用候。（中略）先今生にては、今生之外聞うしなはぬ分別第一候。来世之事は、仏祖もしらぬと被仰候。況、凡人之知る事にて無之候。相かまいて後生ざんまい及五十候まで無用たるべき事。(14)

五〇歳になるまで「後生ねがひ」（死後のよりよいありようを希求すること）は必要なく、この世において失態のない生活をおくることが重要であるというのである。先に述べたように、五〇歳頃から「老人」と一般的に認識されていたこととあわせて考えると、「老人」と見なされる年齢になって、死後のことをあれこれ考えるのがよいということになるだろう。

島井宗室の「生中心得身持可致分別事」に見られるような、五〇歳を指標として死後のことに思いを向けるという認識は、上層農民の手になる『河内屋可正旧記』にも記されている。

今生も大事なり、後生も又大事也。いづれをか先にせん。いづれをか後にせん。熟思へば、若き時には無常の心を次にして、家を斉へ身を治めん事を専にし、年五十にも成なば、大形なる事は放下して無常を思ひ、後生善所の勤めをなさん事目出度儀也。是を果報のいみじき人とやいはん。真俗を兼て、此外にねがはしき事はあらじとぞ思はるゝ。(15)

五〇歳以前には「家を斉へ身を治め」ることに専心し、五〇歳に到達したら「後生善所」の勤行に励むことが推奨されている。このように見てくると、当時において五〇歳という年齢は、「老人」と認識される時期であると同時に、死や死後のことについて身支度を開始する指標となっていたようである。(16)

では、人の寿命の尽きる時期は、いつ頃と考えられていたのであろうか。寛永十九年(一六四二)に刊行された『可笑記』には、以下のような記述がある。

此身おろかながらも、三十にあまれる年月を、かぞへミるに、夏の夜の夢よりも、あだにこそ、おぼゆれ、けふより、ながらへて、四十五十を経て、百世に成ぬ共、又、かくのごとくなるべし、いはんや、人ハ、六十に一二をそへて、さだまれる死期とす、(17)

ここでは、傍線部に見られるように、「六十に一二をそへて」、すなわち六〇歳プラス一、二歳が「死期」と捉えられている。今後さらに資料を渉猟する必要があるが、羅山の生きた同時代の資料においては、六〇歳前後を寿命とするものが多い。とするならば、先にみた五〇歳を指標として死の準備を開始し、六〇歳前後で死を迎えるという感覚が、ある程度共有されていたということができるのではなかろうか[18]。

江戸期、とくに十七世紀では、五〇歳頃以降を老人、六〇歳前後を寿命の尽きる時期と捉えている。一方、現代日本では、七〇歳以降を老人、八〇歳以降を寿命の尽きる時期と考えている。平均寿命、疾病構造、さらには生活環境などさまざまな相違があるとはいえ、老人と意識する年齢から一〇年程度で寿命が尽きる時期と捉えるところは、時代を超えて共通している。羅山が弟永喜との死別を経験した五六歳の時に、自らの老いと残された寿命について明確に自覚したのであれば、当時の一般的な認識よりも、老いを自覚する時期はやや遅いといえる[19]。

二

本節では、本稿の冒頭に引用した書簡を執筆した五六歳以前の羅山の死別体験を検討し、彼の意識を辿っていくこととする。

羅山が初めて家族との死別を経験したのは、慶長六年（一六〇一、羅山一九歳）、養母が死去したときである（享年五五歳）。死別に際し、羅山は詩を作っているが、「死別悲哉又悼哉、厚恩思十九年来」[20]というように、一般的にこうしたケースで作られる詩と同様に死別の悲しみが表されている。それに加え、養母が仏教を信奉していたことから、「先妣専念二阿弥陀一。（中略）今余以三先妣平日有二信心一、叙二其少槩一如レ斯。是亦尹彦明写二金剛経一之心邪[21]」と、仏教の教説に従いつつ、養母を見送らねばならないという複雑な心情が記されている。

親や身近な知人の死に際し、羅山がしばしば仏教に基づく儀礼に直面し、自らの理想を屈折させねばならなかったことは、石田一良氏によって指摘されている[22]。家族や身近な人間との死別は、羅山にとって「異端の仏教によって代表される俗なる世界が、抗し難い勢力で取り巻いてい[23]」ることを自覚する機会にほかならなかったのである。

しかし、こうした自らの理想を屈折させざるをえない状況の中で、羅山は石川丈山に宛てた書簡の中で、「且諭以三足下竟日憑レ梧対二黄巻一。於レ是乎知、足下之盛壮、而不レ懈也。亦可レ嘉焉。亦復足三以起二余之廃一[24]」と、丈山が儒学の書に向かい、懈怠なく学んでいることを喜び、それによってふたたび自分を奮い立たせようとしていることを述べている。この書簡が書かれたのは、元和二～八年（一六一六～二二）、羅山三四～四〇歳頃と推定されるが、当該時期に本稿の冒頭で引用した資料に見える門人たち（松野保高・稲辺俊長・渋江春江）と羅山との交流がはじまっている。儒学の学習に励む人々との空間が拡大していく一方で、元和五年には藤原惺窩が死去する。また同年には「如レ余者、与二草木一同朽、与二瓦石一斉棄、天地間一廃人也。円鑿方枘不レ遇二於時一。（中略）又有レ人問レ兵、因二十一家注孫子一、而教授焉。所レ欲レ奉レ告、枉閣レ之[25]」と、教授したい儒学とは異なる兵学を講じなくてはならない現実の前に、「天地間の一廃人」という無用者意識を抱く書簡を松平定綱に送っている[26]。以上の資料をふまえると、羅山は意のままにならない現実に挫折感を味わう一方で、自らと同じく儒を学ぶ者たちが次第に増えていく状況の中で、理想を実現させる可能性を持つ空間の形成に奮起していたと考えられる。こうした羅山の意識に即してみると、本稿冒頭に引用した資料の中で、藤原惺窩の門人たちが次々に他界し、また自分の門下生たちが次々と変わっていく現実は、羅山にとって自らの理想を実現する可能性をもつ空間が失われていくことを意味するであろう。同じく儒を学ぶ「同志」との別離は、私たちが考える以上に羅山に精神的なダメージを与えていたのではないだろうか。

慶長年間～寛永年間に、幾度となく羅山は親・子ども・知人との死別を経験している（表1）。その中でも寛永六年（一六二九、羅山四七歳）は、父信時、長男叔勝が相次いで亡くなった年である。

表１　林羅山の主な死別体験（慶長６年～寛永15年）

	年齢	死　　別　　者	関係資料
慶長６年（1601）	19	養母（55歳）没／追悼詩	詩集41•440
慶長12年（1607）	25	島田利正の母没／追悼詩	詩集39•426
		菅玄同の母没／追悼詩	詩集40•432
慶長14年（1609）	27	継母没／追悼詩	詩集41•442
元和４年（1618）	36	永喜外族・布施氏没／追悼詩	詩集40•433
		那波活所・召使没／追悼詩	詩集40•434
元和５年（1619）	37	藤原惺窩没／追悼詩	詩集40•434
元和６年（1620）	38	小川正俊・父道会没／追悼詩	詩集40•434
元和７年（1621）	39	紹閑没／追悼詩	詩集40•435
		黒川光信・外祖母没／追悼詩	詩集40•435
寛永元年（1624）	42	異母兄弟・甚性（22歳）没／追悼詩	詩集41•445
寛永２年（1625）	43	阿良祐之・兄没／追悼詩	詩集40•435
		後藤光次没／追悼詩	詩集40•435
		真正・父没／追悼詩	詩集40•435
寛永４年（1627）	45	酒井忠利没／追悼詩	詩集39•425
		遠藤宗務没／追悼詩	詩集40•436
寛永５年（1628）	46	渋江春江・母没／追悼詩	詩集40•436
		大久保忠隣没／追悼詩	詩集39•425
		竹中重門没／追悼詩	詩集39•426
		稲葉正成没／追悼詩	詩集39•427
寛永６年（1629）	47	実父・林信時（83歳）没／追悼詩	詩集41•446
		長男・叔勝（17歳）没／追悼詩	詩集41•445～451
		高西夕雲老人没／追悼詩	詩集40•437
寛永７年（1630）	48	叔勝の位牌への詩	詩集41•451
		林永喜・長男没／追悼詩	詩集41•451
寛永８年（1631）	49	実父、長男・叔勝三回忌／詩	詩集41•452
寛永11年（1634）	52	稲葉正服（38歳）没／追悼詩	詩集39•427
寛永12年（1635）	53	実父、叔勝七回忌／詩	詩集41•452
寛永15年（1638）	56	林永喜没／追悼詩	詩集41•453

※『林羅山詩集』により作成

羅山は長男の叔勝に幼少から家を継ぐ者として英才教育を行い、期待をかけていた。そのような長男との死別について、羅山は「父卒子嗣順也。子先父没亦常也。無レ非レ命也。古今無レ所レ逃二于天地之間一。史佚之用二棺衣一乃下殤也。楽天之哭二金鑾一乃三歳児也。我叔勝十七歳為二長殤一、不二亦悲一乎[27]」と、いにしえの例を引きつつ、それが自らの力ではどうにもならない天命であると捉えて悲嘆の情を記している。叔勝の死に際し、羅山は多くの人々から寄せられた哀悼の詩に応じて三〇を超える詩を作成している。しかし、それらの詩や他の書簡をみても、叔勝との死別によって生じる悲嘆について述べられるものの、自らの老いや寿命についての言及は見られない。

父信時との死別において注目されるのは、老いた親へのケアと「孝」の問題である。

親在不二遠遊一。遊必有レ方。説者曰、方謂二方所一也。我兄弟洛人也。親老矣。捨二朝夕之養一、遠遊二東関一、為二不孝一乎。而其所レ期則将レ帰レ郷、以為二親栄一也。親心亦然。故兄弟之在二膝下一、雖レ無二離愁一、親心不レ悦。其在二千里一、雖レ有二離愁一、親心復悦。所レ謂告レ所レ遊、而不レ失二方所一者、奚不孝乎。況遊事不レ為二不義一乎。雖レ然以二顔閔之貧一為レ孝非レ不レ足、以二三牲之養一為レ孝非レ有レ余。其遠遊為レ可乎、為二不可一乎。設使下奉二毛義之檄一読中令伯之表上、則一点孝心、豈不レ泚レ顙[28]。

この資料は、父親との死別に際して作った「哀詩」の一部である。冒頭部分の「親在不二遠遊一。遊必有レ方」の一文は、『論語』里仁篇の「父母在、子不二遠遊一。遊必有レ方」をふまえたものであろう。羅山はこの『論語』の文章にある「方」を「方所」と解釈し、親が存命の間は遠方へは出かけず、遠出をする時には必ず行き先を告げると理解している[29]。この『論語』の一文を自分の境遇に引きつけて、羅山は「孝」について言及していく。京都に住む老いた父親の面倒をみることを放棄し、自分たち兄弟は「東関」、すなわち遠く離れた地で幕府に仕えていることは、まさに「不孝」なことではないかと羅山は自問するのである。しかし、自分の期するところは責務を全うし、郷里に帰って、親の名声をあげることであり、それが親の気持ちと一致していることを根拠として、羅山は自身の行為の妥当性を述べるのである。

自分の果たすべき職責を放棄して老いた親の面倒をみるのか、それとも自分の果たすべき義務を全うすることを老いた親の世話よりも優先させるのか、いったいどちらが「孝」といえるのか。羅山の直面した課題は、現代風にいえば「遠距離介護」「仕事と介護の両立」に関わる問題である。(30) 先に引用した資料中にある「毛義之檄読」「令伯之表」とは、親の名声をあげるために、あえて老いた親を置き去って仕官した毛義（後漢）、祖母の面倒をみるために仕官を断った李密（西晋）のことをふまえた記述である。羅山がどちらの立場に拠りつつ、いかなる見解を有していたのかという点については、以下の資料に端的に示されている。

問云。論語ニ。父母在不二遠遊一。又礼記ニモ。出必告。反必面ト云ヘリ。ソノ上父母ノ起居飲食ヲ朝夕見ルハ。子ノ役ナリ。シカラバ他国ニ赴キ遠方ニ行クハ。不孝トセンカ。答云。然ルニハアラズ。父母ノ膝下ニ居テモ。ウレヘテヨロコバザルコトアリ。百里隔タルトイヘドモ。父母ノ心ヨロコブコトアリ。遠クアソバズト云フハ。子タル者ノ大法ナリ。或ハ奉公シテ遠キニオモムキ。或ハ師匠ヲ尋ネ他国ニ行ク。コレ又必ズアル義ナリ。然レバ家貧ク親老テ。子ツカヘザルハ孝ニアラズト云ヘリ。サレドモツカヘテ禄ヲ得ルハ。親ヲ養ハンガタメナレバ。ヨク義理ヲハカリテ奉公スベシ。己カ身バカリヲサカヤカシテ親ヲワスル、ハ。又孝ニハアラズ。(31)

羅山はまず親元から遠く離れないということは、子としての「大法」であるとする。しかし、「奉公」のため、「師匠」を探すために、遠方に行かねばならない「義」もあるとし、重要なのは選択した道が、親のためになるかどうかをよく見極めることであると結論する。親のためになると判断できるならば、「奉公シテ遠キニオモムキ、或ハ師匠ヲ尋ネ他国ニ行ク」ことも正当化されるのである。

以上のように、父親との死別は羅山にとって悲嘆のみならず、「孝」のあり方について思索を促す契機となっていたことがわかる。親と子の関係、換言すれば子としての生き方をあらためて問う機会となっていた。しかし、そのことを通じて自分の老いや寿命という点について、意識が向けられることはなかったのである。

慶長年間～寛永六年頃における羅山の〈死生観〉を端的に示す述懐が、息子の読耕斎の手になる『羅山林先生行状』に見られる。

七年辛酉、在レ洛養レ痾。一夕喟然曰、寿夭修短者命也。不レ足レ介レ懐。古人有レ云、但恨在レ世時、飲レ酒不レ得レ足。今我説無二無妄之喜一、則講学之不レ得レ足、斯所レ可レ恨也。(32)

この記事は、元和七年（羅山三九歳）の事跡として記されたものである。ここでは、自分の「死」については、寿命は「天命」で定まっているので、あれこれ心配する必要はないと語る羅山の姿が描かれ、「但だ恨むらくは世に在りし時、酒を飲むこと足るを得ざりしを」という一文をふまえ、(33)自分が死に際して残念に思うことは、「講学」が不十分であったことであると述べたと伝えられている。ここで描かれた羅山の姿は、人間の死と生は天命であり、それについてあれこれ考えるよりも、いま自分がなすべきこと（羅山にとっては「講学」）を重視するというものである。このような羅山の姿は、当該時期にみられる彼の仏教批判と死生に関する認識と軌を一にする。(34)

三

それでは、永喜との死別に際し、自らの老いと寿命について思いをめぐらした羅山は、その後、どのようなことを考えるようになったのであろうか。そもそも永喜との死別の悲しみは、生涯を通じて多くの書簡をやりとりした丈山にだけ打ち明けていたものではなかった。以下の資料は、寛永十五年（一六三八）に汪徳夏という人物に宛てた書簡の一部である。

吁今我失二天倫之楽事一、遺二友于之余愛一。（中略）来書謂、勿下以二死威一、而傷中生情上。誠有二其理一。（中略）雖二老将一レ至也、而豈可二自棄一哉。努力為レ善垂レ統為レ可レ継也。成レ之与レ不レ成、我豈敢哉。是以教二授子姪一、提二持鉛槧一、詰二歯落于香山一、訪二頭童於昌黎一、焉知二耄及一、奚論二耋嗟一。(35)

汪徳夏という人物については、『文集』に「大明国辺鄙賤者也。流落来二東武一」(36)と記されている。異国の、そして必ずしも身分的に地位の高い者でない人物にも、羅山は永喜との死別について打ち明け、その悲しみを吐露している。それに対して、汪徳夏は「死別の悲しみによって、生きる者の心を損なってはなりません」と慰めの言葉を返している。ここで注目したいのは、汪徳夏の言葉に対する羅山の反応である。羅山は、自分に老いが迫るものの、そこで自暴自棄になるのではなく、『孟子』梁恵王下にある「君子創レ業垂レ統、為レ可レ継也」をふまえ、力を尽くして、後世に続く端緒を作り、引き継がれるべきことをなすという決意を記すのである。(37)

このような決意として羅山がまず示したのが、「子姪を教授」とあるように、自分と兄弟の子どもたちへ自分の教えを授けるということである。これに関連して注目されるのが、永喜との死別の二年後、寛永十七年に羅山が作成した「示恕靖百問」という資料である。(38)「恕」は林鵞峰、「靖」は林読耕斎のことであり、この資料の内容は息子たちに提示した儒教に関するいわゆるテスト問題である。こうした息子たちへの教育を目的とする資料も、羅山が永喜との死別を経て、自らの老いと寿命を自覚した二年後に作成されていることを考えると、自らの志の継承を意識したものと考える必要があろう。(39)

永喜との死別とそれに伴う老いと寿命の自覚は、羅山に息子たちへの教授という行為のみならず、本来自分の有していた志そのものを、あらためて自覚させる契機になったと考えられる。

余頃年老懶衰堕、歎二韓公之歯落一、感二馮唐之顚雪一、唯有二読書之楽一耳。然以二官命之難レ辞、故自二去歳如月一、預二於諸家系譜編輯之事一。(中略)因レ是唯披二本朝之書一、而抛二中華之籍一、唱二姓氏之分差一、而廃二詩文之品藻一。雖レ非二素志一而官事無レ盬。[40]

この資料は、寛永十九年に書かれた石川丈山宛書簡の一部である。ここで羅山は、自らの老いを韓愈の詩や馮唐のエピソードに重ね合わせ、「読書」の楽しみに没頭したいと思いつつも、「官命」により「諸家系譜編輯」の作業に従事せねばならなくなったことを記している。この作業により、「中華」の書や詩文をなげうち、「本朝」の書に向き合わねばならないという、「素志」(本来自分が有していた志)とは異なる状況にある心情を述べている。

ここで述べられている羅山に下された「官命」とは、『寛永諸家系図伝』の編纂を指す。『寛永諸家系図伝』とは、江戸幕府が最初に編纂した大名・旗本諸家の系図である。幕府の力が全国各地に及ぶことを示す編纂作業の中心的役割を担うことは、羅山の幕府内での地位の高まりを示す側面があろう。この書物の編纂について、鈴木健一氏は「これらの将軍家譜も幕府の命によって成ったものではあるが、そういった公の目的以外に、この時期の(あるいはそれまでずっと)羅山には歴史的な事象や過去の時間の流れ全体を知りたいという願望があって、そのこともこれら事業の達成に反映されていると思う。逆に言うと、過去の出来事を秩序立てて理解し、世界全体を余すところなく摑もうとする羅山の性向を発揮するのに、系図・歴史書の編纂は格好の対象であったろう」[41]と、「羅山の性向」をもっともよく発揮できる仕事であったと指摘している。

確かに『寛永諸家系図伝』の編纂は、羅山のもつ才能を十分に発揮させることのできる仕事であったという側面もあろう。しかし、羅山自身にとっては幕府から重要な仕事を任され、自身の能力を発揮できるというプラスの意味だけを有するものではなく、「素志」とは違う仕事に従事しなければならないというマイナスの面もあわせもっていた。自らの老いと寿命の自覚をした後であれば、羅山にとってこうした仕事は自分の「素志」を再認識させるものであったであろう。

『寛永諸家系図伝』編纂後以降、息子の鵞峰と読耕斎が幕府の仕事に参画していく一方で、羅山はたびたび健康を害し、正保元年（一六四四）に「歯落解」、翌正保二年には「鼻疾賦」「歯落賦」を作成し、病と老いに苦悩する心情を記している。そして正保四年には「以㆓其年齢漸高㆒、故世情稍疎、而朔望之外不㆑召則不㆓肯登㆒」[42]と、老齢を理由に「朔望」以外は登城することが免ぜられるようになった。

以上のように、寛永十五年の永喜との死別体験を経て、羅山は幕府から命ぜられる公務と「素志」とのギャップを感じつつ、老いを自覚し、病に悩まされながら、自らの思いを息子たちに継承させようと努めていた[43]。このような寛永末年〜正保年間に見られる生のあり方と併行して、羅山は死や死後について、朱子学をベースとしつつ考究するようになるのである[44]。

結びにかえて

本稿では、林羅山の死別体験、とくに弟の永喜との死別に際して羅山が抱いた意識に注目し、その前後に見られる羅山の心情にも目を配りつつ、彼の〈死生観〉について検討を加えてきた。死別体験が羅山にもたらしたものは、悲嘆の感情のみならず、①仏教に基づく死の儀礼の根強さ、②親への孝のあり方、③老いの自覚と残された寿命を思って生じる畏怖の感覚、であった。このうち③は、永喜との死別をきっかけに羅山にもたらされた意識である。さらにこの死別体験を契機として、羅山は自らの本来の志とそれを子孫へと継承させていく必要性を自覚するようになったのである。[45]

先行研究において、中世から近世にかけて生じた人々の精神構造の変化として、「彼岸」の世界から現世への転換が指摘されている。中世においては、「彼岸」の理想世界へ到達することが至上の価値であり、いま私たちが生きているこの世は仮の世であり、二次的な価値しか有していなかった。しかし、こうした彼岸世界は、十四世紀半ば頃から縮小しはじめ、しだいにリアリティは失われ、この世での「幸福の実感と生活の充実」が重視されていくようになった。[46]江戸時代はまさしくこのような時代と捉えていくことができるが、このような時代において、いかなる〈死生観〉が展開されたのか。[47]死・死後に関する哲学的・宗教的な見解のみならず、個々人の意識に即しつつ、老いと余命の自覚は何を契機にもたらされるのか、またそれに伴い死を迎えるまでに何を考え、どのように生きていったのかということを明らかにすることを展望しつつ、ひとまず擱筆することとしたい。

註

（1）『林羅山文集』七（ぺりかん社覆刻版・上巻七〇頁、一九七九年）。以下、本稿では『林羅山文集』と『林羅山詩集』はぺりかん社覆刻版を用い、巻数と頁数を記す。なお、国立公文書館内閣文庫所蔵の『羅山林先生文集』を参照し、ぺりかん社覆刻版で誤植と思われるところは改めた。

（2）一九九〇年代半ばまでの羅山の研究史に関しては、矢崎浩之「林羅山研究史小論」（菅原信海編『神仏習合思想の展開』、汲古書院、一九九六年）に詳しい。そこでは、羅山の研究史は伝記、国文学、漢文学、儒学思想、神道、史学思想、その他（キリスト教と本草学）と分類して検討されている。一九九〇年代半ば以降、およそ上述の分類の中で研究がそれぞれ深化するとともに、詳細な伝記研究を通して、羅山の思想的営為の捉え直しも試みられている（鈴木健一『林羅山年譜稿』、ぺりかん社、一九九九年、同『林羅山』、ミネルヴァ書房、二〇一二年）。

（3）石田一良「林羅山の思想」（『日本思想大系二八　藤原惺窩　林羅山』、岩波書店、一九七五年）。

（4）前田勉『近世日本の儒学と兵学』第一章第一節「林羅山の挫折」（ぺりかん社、一九九六年、初出は『東北大学附属図書館研究年報』二二、一九八九年）。

（5）堀勇雄『林羅山』三〇五～三〇六頁（吉川弘文館、一九六四年）。

（6）叔勝との死別については、「叔勝の人と為りやその学問、また臨終の様子、そして羅山がいかに期待し、その死を悲しんだかは、叔勝のために書いた墓碑銘によって察せられる」（宇野茂彦『叢書日本の思想家2　林羅山（附）林鵝峰』九九頁、明徳出版社、一九九二年）、また妻の死についても「妻の死は羅山にとって痛手だったに違いない。この時にひどく落胆したことが、翌年没してしまう大きな一因であったと思う」（鈴木健一『ミネルヴァ日本評伝選　林羅山』一九七頁～一九八頁、ミネルヴァ書房、二〇一二年）という指摘がある。

（7）かつて筆者は林羅山の仏教批判の変遷を検討することを通して、彼の死生観について検討したことがある（拙稿「林羅山の仏教批判―死生観を中心として―」『日本思想史学』三三、二〇〇一年）。拙論では朱子学と羅山の死・死後観について比較検討したが、これはいわば抽象的な死・死後に対する羅山の考え方にアプローチしたものである。本稿は、拙稿の検討をふまえつつも、より具体的に羅山の内面に迫りつつ、〈死生観〉を明らかにすることを試みたい。

（8）厚生労働省「平成二十四年簡易生命表の概況」（http://www.mhlw.go.jp/toukei/saikin/hw/life/life 12/dl/life 12-02.pdf、二〇一四年三月十一日閲覧）。なお厚生労働省が把握している海外の国・地域のデータと比較すると、日本人女性は二〇一一年に一位だった香港を抜き、二〇一〇年以来の一位となり、日本人男性も前年の八位から五位になっている。

（9）内閣府「平成十五年度　年齢・加齢に対する考え方に関する意識調査」（http://www 8.cao.go.jp/kourei/ishiki/h 15_kenkyu/gaiyou.html、二〇一四年三月十一日閲覧）。
（10）経済産業省「安心と信頼のある「ライフエンディング・ステージ」の創出に向けた普及啓発に関する研究報告書」参考資料、二〇一二年四月二十四日ニュースリリース（http://www.meti.go.jp/press/2012/04/20120426006/20120426006.html、二〇一四年三月十一日閲覧）。
（11）須田圭三『飛驒O寺院過去帳の研究』（生仁会須田病院、一九七三年）。
（12）大竹秀男「江戸時代の老人観と老後問題─老人扶養の問題を主として─」（利谷信義・大藤修・清水浩昭編『シリーズ家族史5　老いの比較家族史』、三省堂、一九九〇年）。
（13）新村拓『老いと看取りの社会史』一二頁（法政大学出版局、一九九一年）。
（14）島井宗室「生中心得身持可致分別事」（『日本思想大系五九　近世町人思想』三七八頁、岩波書店、一九七五年）。引用史料中の傍線は筆者による。以下、本稿の引用史料中の傍線も註記しない限り、筆者が付したものである。
（15）『河内屋可正旧記』一五・二七二頁（清文堂出版、一九五五年）。
（16）以上のような老いの身支度に関わる意識と当時の思想界における死・死後をめぐる論争との併行関係については、拙稿「十七世紀日本における「死生観」小考」（『東北大学臨床死生学研究会研究報告』、二〇一〇年）。
（17）『可笑記』巻第一（『仮名草子集成』第十四巻・一四二頁、東京堂出版、一九九三年）。なお、『可笑記』については、「むかしより今にいたりてみざめずしておもしろき物は、御伽婢子、可笑記、意愚智物語なるべし」（『元禄太平記』、元禄十五年〈一七〇二〉）というように、「おもしろき」著作として認識されていた。
（18）時代は下るが、貝原益軒の『養生訓』巻第一（正徳三年〈一七一三〉）には、「人の身は百年を以期とす。上寿は百歳、中寿は八十、下寿は六十なり。六十以上は長生なり。世上の人を見るに、下寿をたもつ人すくなく、五十以下短命なる人多し」というように、「六十以上」が「長生」であり、この年齢まで生きる人は少なく、五〇歳以下で亡くなる短命な人が多いと指摘されている。なお、羅山の三男鵞峰は、「国俗四十以上為㆓老境㆒。故至四十而無恙者、皆賀㆑之」（『鵞峰先生林学士文集』巻第七十九「西風涙露下」『近世儒家文集集成十二　鵞峰林学士文集』下二三〇頁、ぺりかん社、一九九七年）と、「国俗」では四〇歳以降を老人と見なすと指摘している。西川如見も「男子は少陰の数をもつて形を成ゆへに、八歳より気血定まり、（中略）五八四〇歳にて気血満て、四十一歳よりそろそろ血気おとろへ行ゆへに、四十歳を初の老といへり。（中略）女人は少陽の数にて形を成ゆへに、七歳より血気定り、（中略）五七三十五歳にて気血満、それより漸々おとろへ行て、（中略）兎角人は四十已後より陽気衰へ行時分なれば、身の養生の時節也」（『町人嚢』巻四、享保四年〈一七一九〉刊）と、四〇歳を「初の老」と捉えている。以上をふまえると、四〇歳頃から老いのはじまり、五〇歳頃は死を迎える準備をはじめる意味をこめた老人、という認識であったと考えられる。

(19) ちなみに、林鵞峰は寛文八年（一六六八）五一歳のときに執筆した書簡の中で、「歳去歳来、物換時移、天運之常也。人事之変亦然。今日之我、非㆓昔日之我㆒。（中略）昔我身無㆑憂、心有㆑楽。故喜㆑迎㆑年。今我多㆑憂而力漸衰。故感㆓老之至㆒」（『鵞峰先生林学士文集』巻第三十三「簡辻達」『近世儒家文集集成十二　鵞峰林学士文集』上三五二頁、ぺりかん社、一九九七年）と、自らの老いを感じていることを述べている。

(20)『林羅山詩集』四十一・下四四〇頁。

(21)『林羅山詩集』四十一・下四四一頁。

(22) 註(3)前掲論文。

(23) 同前。

(24)『林羅山文集』六・上六〇頁。

(25)「答松平越中守定綱」(『林羅山文集』八・上一〇二頁、元和五年〈一六一九〉、羅山三七歳)。

(26)註(4)前掲書。

(27)『林羅山詩集』四十一・下四四五頁。

(28)『林羅山詩集』四十一・下四四六～四四七頁。

(29)朱熹は「遊必有レ方、如已告云レ之レ東、則不ニ敢更適レ西、欲下親必知ニ己之所レ在而無上レ憂」(『論語集注』)と、東に行くと告げたら、西には決して行かず、親が必ず自分の所在を把握していて心配のないことと解釈している。「方」を「方所」と明確には言及していないが、羅山の解釈は朱熹の見解と共通しているといえる。

(30)近世武家社会では、武士が身内に病人が出た際に、看病するために休暇を取ることが認められていたこと(「看病断」)が、柳谷慶子氏によって指摘されている。氏によれば、「家族に病人が出たさいに、看病のため退勤を願い出るという実態は、正保三年以前からあり、幕府はそうした申請に対応するために、正保三年番士を対象に父母・妻・子が病気の場合は届け出のみの無条件で帰宅することを認め、寛文四年にはさらに、親類が病気の場合についても、他に付き添う近親者がいない場合に帰宅を許可するという方針を定めていた。こうした実態に即して、正徳年間には看病断という名称が生まれていたのである」と、「看病断」の成立過程を明らかにしている(以上、『近世の女性相続と介護』二六四頁、吉川弘文館、二〇〇七年、初出は「近世武家社会の『看病断』について」『日本歴史』五七三、一九九六年)。羅山の身分は僧侶であり、武士身分の者と同列に考えることはできない。しかし、親のそばにいて介護を行うか、自分の職務を優先するのかという羅山の抱いた葛藤は、「看病断」が成立する背景として、武士たちの間にも類似の意識が胚胎していたことを示唆するのではないかと考えられる。

（31）『儒門思問録』巻第一上（『続日本儒林叢書』第二冊、東洋図書刊行会、一九三二年）。なお、『日本儒林叢書』は、日本儒林叢書データベース制作委員会「日本儒林叢書全文データベース」（委員長・桐原健真、事業継続中）により簡便な形で検索・閲覧が可能である。

（32）「羅山林先生行状」（『林羅山詩集』附録巻三）。

（33）ここでふまえられている一文は、陶淵明が死の二ヶ月前に作成した「挽歌詩」の一節である。

有レ生必有レ死　早終非二命促一
昨暮同為レ人　今旦在二鬼録一
魂気散何之　枯形寄二空木一
嬌児索レ父啼　良友撫レ我哭
得失不二復知一　是非安能覚
千秋万歳後　誰知二栄与レ辱
但恨在レ世時　飲レ酒不レ得レ足

（34）註（7）前掲拙稿。

（35）「与汪徳夏」（『林羅山文集』九・上一一二～一一三頁）。

（36）同前・上一一二頁。

（37）現代の看取りの場において、自分の寿命や死を意識したときに、何かを「遺すこと」や「受け継ぐこと」が重要な意味を持つことが明らかにされている（田代志門「受け継がれていく生」岡部健・竹之内裕文編『どう生き　どう死ぬか―現場から考える死生学』第一一章、弓箭書院、二〇〇九年）。現代日本では何かを「遺すこと」や「受け継ぐこと」は、必ずしも子孫に限定された意識ではなく、近世日本との相違があることはいうまでもない。しかし、何かを「遺すこと」「受け継ぐこと」という視点から各時代において死と直面した人々の意識を検討してみることは、日本列島における〈死生観〉の展開を立体的に把握するために必要な作業ではないかと筆者は考えている。その意味では、本稿に即して言えば、羅山の意識のみならず、鵞峰と読耕斎に羅山の死がどのような影響を与えたのかという点を検討していく必要があろう。この点については、今後の課題としたい。

(38) 『林羅山文集』三四・三五。

(39) 鈴木健一氏は、羅山の鵞峰と読耕斎への対応に関わる事績をまとめて、「こうしてみると、二十代から三十代にかけて、二人の息子たちは、父の仕事を手伝いながら、儒学者として成長していったといえるだろう。父の方も老齢に向かって、気力・体力が衰えていく中、自分を補助してくれる人物が必要であったと思われる。そのようにして、林家の伝統が強固に形作られていったのである」(註(2)前掲書『林羅山』一九〇頁)と述べている。鈴木氏の挙げた事績をみると「示恕靖百問」以前には、寛永十一年に鵞峰が家光に拝謁、寛永十二年正月に鵞峰と読耕斎の歳旦詩への羅山の唱和が挙げられているが、本格的な職務への参画はまだ見られない。「示恕靖百問」以降、寛永十八～二十年に『寛永諸家系図伝』・将軍家譜の編纂補助、正保元年から『本朝編年録』も分担起草というように、永喜との死別を経て、「示恕靖百問」を作成した後、鵞峰と読耕斎は次々と羅山に任された幕府の仕事の一翼を担うようになる。

(40) 「示石川丈山」(『林羅山文集』七・上七三頁)。

(41) 註(2)前掲書『林羅山』一五一頁。

(42) 「羅山林先生年譜」(『林羅山詩集』附録巻一)。

(43) 荻生茂博氏は、幕府内における林家の位置づけを検討し、寛永十一～明暦二年(羅山の江戸移住から死去まで)を第一期とし、「自己と同じ職を子供に無事相続させようという信勝のねらいに貫かれ」た「家職」形成期と捉えている（『近代・アジア・陽明学』、ぺりかん社、二〇〇八年、初出は「江戸幕府儒者林家の位置―将軍家と林家―」『米沢史学』九、一九九三年）。本稿で検討したことを加味すると、羅山の永喜との死別体験以後、「家職」形成への意識は強まっていったのではないかと考えられる。

（44）註（7）前掲拙稿。

（45）多くの死別体験の中で、永喜との死別が羅山に老いの自覚と余命への畏怖をもたらしたのは、なぜなのだろうか。もちろん五六歳という年齢で経験した死別ということが、一つの理由になろう。しかし、年齢という点だけでなく、親・子・兄弟という死に逝く者の属性を考える必要もあるのではないだろうか。親に対しては「孝」という価値観で死別に向き合うことが可能であり、いわば自己を支える価値観が明確に存在する。子どもの死に対しては、当時の乳幼児の死亡率の高さをふまえれば、現在の私たちが抱く感覚とは相当な意識のズレがあるのではないかと推測される。その一方で、死亡率の高い乳幼児期を乗り越え、幕府に仕え、苦楽を共にしてきた弟の存在の重さを考える必要があるように思われる。

（46）佐藤弘夫『死者のゆくえ』一七九～一八〇頁（岩田書院、二〇〇八年）。

（47）高橋文博氏は、註（46）前掲書にみられる佐藤氏の見解を共有しつつ、「近世の人びとは現世を生きることと死後の世界とのかかわりをどのように考えたのか」という問題関心から、近世の死生観について検討している（「現世を生きる―近世的死生観の傾向」『岩波講座　日本の思想五　身と心』、岩波書店、二〇一三年）。高橋氏の見解に示唆を受けつつ筆者は「現世を生きる」という点について、個々の思想家の意識に即して、とくに老いの自覚から死を迎えるまでの間にスポットを当てたいと考えている。

勢至菩薩の示現としての法然
――近世浄土宗学僧忍澂・義山による伝記研究をめぐって――

東海林　良昌

はじめに

日本中世において法然は、聖徳太子を除けば、僧侶としては最も伝記の多い祖師であると言われる。特に法然没後鎌倉期から室町期にかけては、様々な書物に法然の伝記が登場する。

行状の一部を紹介したものとしては、『玉葉』『明月記』『三長記』等の日記や、『吾妻鏡』『百錬抄』『愚管抄』等の歴史書、『徒然草』『古今著聞集』『沙石集』『平家物語』『私聚百因縁集』等の文学作品、『黒谷上人御灯録』『拾遺黒谷上人御灯録』『西方指南抄』『徹選択集』『末代念仏授手印』『明義進行集』等の門弟の法語集、『摧邪輪』『摧邪輪荘厳記』『念仏無間地獄鈔』『立正安国論』『浄土法門源流章』等の門流以外の法語集があり、『元亨釈書』『本朝高僧伝』『浄土三国仏祖伝集』等には個別の小伝が収録されている。

また独立した伝記としては、『醍醐本法然上人伝記』（以下『醍醐本』）一巻、『源空上人私日記』一巻（親鸞『西方指南抄』所収、以下『私日記』）、『本朝祖師伝記絵詞』（以下『四巻伝』）四巻、『法然上人伝』（『増上寺本』）二巻（残欠）、『法然上人絵』（『弘願本』）四巻（残欠）、『法然上人伝法絵』（『高田専修寺本』『高田本』）一巻、『法然上人伝法絵流通』一巻（残欠)、『知恩伝』二巻、『拾遺古徳伝絵詞』(『古徳伝』)九巻、『法然上人伝絵詞』(『林阿本』)九巻、『法然上人伝記』(『九巻伝』)九巻、『法然上人行状絵図』(『勅修御伝』『勅伝』、以下『四十八巻伝』)四八巻、『法然上人行状絵図翼賛』(以下『翼賛』)、『黒谷源空上人伝』(『十六門記』)、『法然上人伝』(『十巻伝』)、『正源明義集』九巻等、一六種以上にも及ぶ。

これまで中世法然伝については、法然伝の成立に関する研究を中心に進められてきた。一五種を超える法然の伝記の中で、田村圓澄氏は『私日記』を最初期の伝記であると捉え、『醍醐本』をその影響下にあるとしていたが、三田全信氏は『醍醐本』の成立が先であるとするなど、現在までその研究動向は常に注目を集めている。

このように法然伝研究は、中世に編纂された諸伝成立の先後関係や、史実としての法然を明らかにすることを目的に進展してきた。(1) これら中世法然伝研究の進展に比べ、近世法然伝研究は、忍澂と義山の法然伝研究について、義山『翼賛』が取り上げられ、実証的な学風が近代仏教史学の素地を作ったとして評価されている程度で、それほど多いと言えないのが現状である。(2)

そこで本稿では、江戸中期浄土宗の代表的学僧である忍澂と義山の開祖法然伝研究について取り上げる。

忍澂(一六四五―一七一一)と義山(一六四七―一七一七)は、共に江戸中期浄土宗の学僧である。忍澂は京都鹿ケ谷法然院を創建し、律の生活を送りながら講学に勤しみ、明本大蔵経の対校録の作成を志すなど多くの業績を残し、義山は京都華頂山麓入信院に住み、中国浄土教祖師や法然の典籍の校訂作業を行った。今回、忍澂と義山の業績の中で注目したいのが、法然伝研究である。

元禄一〇年(一六九七)、東山天皇は法然に対し「円光」という大師号を加諡する。この大師号とは、高徳で且つ国家の師表として尊敬される高僧に対して天皇が贈る称号で、嘉号・徽号(嘉・徽はどちらも「よい」の意)とも呼ばれ、死後贈られる場合は、諡号という。この後、法然に対する大師号は、正徳元年(一七一一)中御門天皇よりの「東漸」

以降五〇年ごとの遠忌に加謚されつづけることとなる。(3)

この大師号の加謚についてはいくつかの研究があり、伊藤唯真氏は、「円光大師」加謚は、同門の先輩後輩であった知恩院秀道と増上寺了也が連絡を取り合い、幕府の実力者柳沢吉保の斡旋を得たこと、当初「慧光大師」に内定していたが、将軍綱吉の生母桂昌院の法号と同じなので不適当とされ「円光」となったとし、「円光」加謚の経緯を明らかにしている。(4)

また伊藤真昭氏は、「円光」が何故この時期に贈られたのかについて、元禄七年、増上寺了也を大僧正に任官させた徳川綱吉に対して、知恩院秀道が大師号を望むようになったのは、同三年に江戸大塚新義真言宗豊山派護持院隆光による覚鑁の興教大師号宣下がきっかけとなったと推察している。さらに何故、法然だけ複数回贈られているのかについては、大師号では法然だけ複数加謚であるが、国師号では先例があるという。それは、妙心寺開山和尚慧玄（延文五年〈一三六〇〉寂）が、宝永三年（一七〇六）三五〇年忌で、三回目の国師号を贈られていることである。その先例を受け、法然が同八年に迎えた五〇〇回忌に「東漸」が贈られ、勅会が行われ、勅額も贈られた。(5)

忍澂や義山が活躍した時代は、法然に対して大師号「円光」が贈られた後で、「東漸」を贈られる前にあたる。

両者はこの宝永八年の「東漸」大師号が加謚された、法然五〇〇年忌に関連し、法然伝や法然伝研究を行っている。忍澂は『円光大師御伝縁起』『円光大師御伝目録』、義山は『元祖円光大師行状画図翼賛』『贈円光大師号絵詞』をそれぞれ著している。また忍澂は、法然没後約一〇〇年後の室町期に編まれた舜昌『四十八巻伝』についての研究を行い、同書が後伏見上皇の勅修によるとの認定を行った。(6)

それ以降『四十八巻伝』は、大正六年（一九一七）に醍醐三宝院で古本の一つ『醍醐本』が発見され、実証的な近代歴史学による批判的分析が加わるまでは、中世に成立した法然伝群の正伝としての地位を揺るぎないものとしたのであった。これまで義山の法然伝研究については、実証的な校訂作業が識者の注目を集め論じられてきたが、『四十八巻伝』が勅修と認定されたことの意味について、また江戸時代の法然像に影響を与えていると思われる勢至菩薩示現説に関して、議論の余地があると思われる。本稿では両者の法然伝研究が、宗祖像の形成に与えた影響について明らかにしていきたい(7)。

一　忍澂の法然伝研究――「勅修の中に、殊に勝れてかたじけなき物」――

忍澂は『勅修吉水円光大師御伝目録』で、『四十八巻伝』全四八巻二三七段（実際には二三五段）それぞれに題名をつけ、読者のために利便性を高め、伝記中の出来事の呼称に影響を与えているが(8)、それとともに注目されるのが『勅修吉水円光大師御伝縁起』である。同書は『四十八巻伝』の編纂について、明らかにした書物である。そこでは、

爰に後伏見上皇、本より大師の徳行を御信仰ましましけるが、叡慮もかたじけなく、かかる事をや思召されけん。上人の道跡より、弘教の門弟、帰依の君臣等の行状に至るまで、ただ吉水門人のおのおの記し置る旧記をかんがへて、事の同じ事をはぶき、跡の異なるをひろひ、数編の伝記を総修して、一部の実録となし、万代の亀鑑にそなへまうすべき旨、舜昌法印に仰下さる(9)

と、この『四十八巻伝』が、法然への信仰がある後伏見上皇が天台僧の舜昌に命じて編纂されたことを指摘している。さらに、

行状の詞は、上皇まづ宸翰を染めさせ賜へば、後二条帝、伏見法皇も共に御随喜ましまして同じく宸翰を染させたまへり。又能書の人々、青蓮院尊円法親王、三条太政大臣実重公、姉小路庶流二位済氏卿、世尊寺従三位行尹

卿、従四位定成卿に勅て、をのをの伝文を書しめ給へり[10]

と、後伏見上皇が宸翰を染め、さらに後二条帝・伏見法皇も加わり、さらに当時の能書家の貴族たちが、仕上げたとしている。忍澂は八名の詞書きの執筆者を挙げているが、実際には絵師一八名、詞書き執筆者一七名の共同制作であったことを指摘している[11]。

忍澂は、天皇と『四十八巻伝』との関係の深さを重視し、

伏見院御落飾の後は、上皇世の政を知しめして、ことに御いとまましまさざりける。此れしも、なを衆生利益のために重写の御沙汰まで思召入させ賜ひけん。御宿善の程よもおぼろけの事には侍らじ

と、後伏見院が、多くの者が見られるようにと『四十八巻伝』の写本を作らせ、奈良の当麻寺奥院に蔵させたことを挙げ、次のように続ける。

されば いにしへより今の世まで御伝の利益の世に盛なるを思へば、みな上皇の御賜なり。かたじけなきには侍らずや。これぞげにかの王身をもつて得度すべきものには、王身を現じて、為に説法すとなんいへる、普門示現の御跡なるべし

と、後伏見上皇重写の沙汰等について、王として得度する者は、観音菩薩の示現と経説とともに顕彰している。この法皇や上皇と『四十八巻伝』との関係を、忍澂は室町時代のみならず、江戸時代についても言及しており、伏見院・後伏見上皇が知恩院八世の如一に浄土宗の教えを講じさせるなどの帰依があり、その後、それぞれの代で『四十八巻伝』を叡覧した。寛文七年（一六六七）には、後水尾法皇が補修を行った。天皇と法然との深いつながりを強調している[12]。

では、忍澂は何故『四十八巻伝』を勅修としたのか。

御宸翰の御本は、巻の内には題号なし。ただ表紙の上に法然上人行状絵図と題せられたり。今勅修吉水大師御伝を標題し侍る事は、古より相伝へて、勅修の御伝と称したる上、今あらたに円光大師の徽号をくり給りてしゅへなり(13)

知恩院所蔵の『四十八巻伝』には題号は無く、ここで「勅修吉水大師御伝」と標題するのは、それが知恩院の寺伝であったからであり、「円光」大師号を贈られたからだとする。この忍澂の行った勅修の認定は、知恩院の寺伝に基づいていたことが分かり、このことから、数多くある中世法然伝群の中から、『四十八巻伝』が特別視されていくようになる。

さらに忍澂は、勅修の意義の大きさについて触れている。それは中国における禅宗の規程集である『百丈清規』を例として挙げ、当初これは私的な書として世に出されたものであるが、その後、世の通記としては勅許が必要であるということから勅許を蒙り、『勅修百丈清規』としたという。それに比べこの『四十八巻伝』は、

此御伝の総修は、初め勅詔より事をこりて、また勅裁に及び、終に勅筆に事成てければ、勅修の中に、殊に勝れてかたじけなき物なるをや(14)

と、忍澂は、『四十八巻伝』は質・量に加え、作成を命じたこと、編纂したこと、その本文をしたためたこと、という勅詔・勅裁・勅筆という特に勝れた「勅修」であるからこそ、他の伝記には見られない特別の価値があるとしたのである。

この忍澂における法然伝研究では、『四十八巻伝』と天皇との関係を述べて、勅修であるからこその価値を指摘しているることにその特色を見るのである。また、天皇を観音菩薩の示現としていることにも注目したい。観音菩薩は、浄土宗の本尊である阿弥陀仏と、もう一尊の脇士である勢至菩薩とともに祀られる、阿弥陀三尊の一尊であるという

ことである。法然の教えを世に広める王の行為が、観音の示現であるとしていることを指摘しておきたい。

二　義山の法然伝研究――「又なき宗門の光輝にして、利生の方便なるべし」――

義山は『翼賛』を著した。この『翼賛』について義山は、次のように記している。

其の草稿に就いて、載刪載補し乃て類を分けて以て五と為す。事義と曰ひ、地理と曰ひ、寺院と曰ひ、人物と曰ひ、書目と曰ふなり。其の事義を全伝に繫ぐるは、読者を覧するに易からしめんと欲すればなり。其の予の四品は集めて巻尾に附す。五品の都て名題して翼賛と曰ふ(15)

義山は、本書において『四十八巻伝』中の事義・地理・寺院・人物・書目について、逐語的に各巻ごとに注釈を加えている。『翼賛』は『四十八巻伝』の注釈書でもあり、辞典の体裁をも有している。

義山は師の聞証から、『四十八巻伝』の情報を得ていた。義山は、『翼賛』の執筆を当初任せていた弟子の円智を引き連れて、聞証のもとへ赴いたことが語られ(16)、『四十八巻伝』が舜昌によって編纂され、後伏見上皇の勅によって、伏見・後伏見・後二条の三帝が宸翰を染め、尊円法親王が華毫を挺し、さらに能書の貴族がそれを補佐し、絵は土佐派の絵師が描いた(17)という情報を得ている。

江戸時代の浄土宗は、一宗の行政を司る江戸の増上寺と、朝廷との窓口となる京都にある総本山知恩院との間で役割の分担がなされる一方、僧侶の養成は関東十八檀林でなされるという構造から、東西が緊張関係を維持していたが、義山は、この質・量ともに他に例を見ない『四十八巻伝』を知恩院が有しているからこそ、法然の生涯が滅後四〇〇年以上に亘って輝きを以て伝えられている(18)と、総本山としての知恩院の浄土宗内における特別の価値を示している。

さらに現在出回っている『四十八巻伝』の本文は誤字や欠字が多いため、知恩院所蔵の物と校訂作業を行い、文義の注釈と事実の確認を行うことを命じられたという。[19] この事業には、忍澂も白銀一〇〇両を喜捨したとある。[20]

このように『翼賛』は、聞証からの『四十八巻伝』成立に関する情報提供と、義山・円智に対する注釈書作成の特命、さらに忍澂からの助成により展開された事業であることが分かる。

また義山は『贈円光大師絵詞』を著し、法然の円光大師号加謚前夜について述べているが、ここでは法然没後四八〇年以上経過したのにもかかわらず大師号を加謚されないことについての、宗内関係者の遺憾を記述し、『四十八巻伝』に説かれる法然の高倉天皇への授戒についてふれ、現在の浄土宗が徳川家の護持の下、二世の安楽とともに天皇の世の久しくあることを願う集団であると規定している。それ故、法然滅後未だ嘉号を贈られていない状況を遺憾としている。そして法然は『四十八巻伝』に説かれるように、高倉天皇の授戒や如法経供養の先達を行った事跡があるが、時が下って今は忘れられてしまったとし、この時に大師号が贈られれば、またとない宗門の光輝、利益衆生の方便となるということから、宝永八年(一七一一)「円光大師号」が贈られたとする。

ここで注目したいのが、世俗社会における、「東照神君の護りおほいなる御めぐみの末」とする徳川家康と、「睦月中の八日に九重の雲の上より花の頂の法の筵まで勅たれて、円光大師の号をたまはりたれば、道俗男女の相喜ぶことかぎりなし」とする天皇についての認識であり、[21] 当時の浄土宗教団が、東照神君の護持の中で天皇より大師号を加謚されることへの期待を述べているのである。

このような意識の中で、義山は、『四十八巻伝』の詳細な校訂注釈作業を行った。その意図するところは、後進への利便性(布教教化)の確保と、来るべき法然上人五〇〇年忌に向けて、宗内で企図されていた次の大師号加謚に向けた動きと軌を一にしており、忍澂も志を共有していた。

円光大師号を贈られて以後、法然滅後五〇〇年に向け、忍澂と義山は、知恩院の寺伝等に基づき『四十八巻伝』を勅修と位置づけることにより、次の嘉号の加諡を望んでいた。『四十八巻伝』が、勅詔・勅裁・勅筆という「勅修」の中でも殊に勝れたものとして、中世に作成された法然諸伝中最も重要な伝記と価値づけられることに、どのような意味があったのか。

その理由に二点ある。まず第一点は、『四十八巻伝』は後伏見上皇の勅修という、天皇と深い関わりのある書物であり、それを主たる理由として大師号が贈られたことは、浄土宗が当時の徳川幕府、そして天皇の庇護を蒙っていることを示していることになる。そして次なる大師号加諡こそ、世俗における宗門の地位の向上と民衆教化の契機となるのだという主張の根拠となるのである。そして第二点は、総本山知恩院の宗内寺院首位であることの宣揚である。前述のように当時は一宗の総録所（行政機関）は増上寺（東京都港区）、僧侶の養成機関は関東十八檀林と、宗の機能は関東に比重が置かれていた。その中で、大師号については、申請は増上寺を通じて幕府に対して行われるが、贈られるのは京都の知恩院である。何故、知恩院なのか。それは、天皇と関わりの深い『四十八巻伝』を所蔵しているからであり、だからこそ知恩院は宗内寺院首位の総本山であるという主張がそこから読み取れるのである。このように、江戸期以降の浄土宗における東西勢力の分化が祖師顕彰にも影響を与えていることが分かる。それに伴い、『四十八巻伝』の中でも高倉天皇への授戒など、天皇との繋がりが注目されるようになったと思われる。

三　日本において弥陀の願意を明かした勢至菩薩としての法然

勢至菩薩は、智恵をその特性として有している菩薩である。法然の幼名は勢至丸で、勢至菩薩の化身であるということは、『私日記』など初期の法然伝にも見られる事柄である。『四十八巻伝』では、この法然勢至化身説を第八巻のほとんどに充てているほどである。例えば、法然が弟子の勝法房に肖像画を描いてもらいその自讃に『観無量寿経』中の「我が本因地は念仏心を以て無生忍に入り、今此界に念仏の人を摂し浄土に帰せん」という、勢至菩薩の文を記した話(22)、また別時念仏を行っている時に、勢至菩薩が現れたという話(23)、直聖房の夢に現れた僧が、法然が勢至菩薩の化現であると伝えた話(24)、さらに公胤の夢の中に現れ、自らが勢至菩薩の化身であることを述べた話(25)、九条兼実の邸宅で、勢至菩薩の象徴である宝瓶を頭に備えた法然が目撃された話(26)、などである。

このような勢至菩薩と法然との関係の他に、法然は選択本願念仏の思想形成を行う上で決定的な影響を受けた唐の善導を阿弥陀仏の化身として捉えていることが知られているが(27)、このことにも注意しながら、義山における法然勢至菩薩化身説の位置づけについて検討する。義山は『翼賛』の中で、

慈雲ノ往生伝択映ノ修証、用欽ノ白蓮記、並ニ志磐ノ仏祖統記等、ミナ善導ハ弥陀ノ化身ナリト云(28)

と、善導は阿弥陀仏の化身であり、

諸家ノ伝記多クハ大師ハ勢至ノ応現ナリト云ヘリ、古今著聞ニ源空上人ハ直人ニハオハセサリケリ、勢至菩薩ノ化身トモ申ス其証明也(29)

とし、さらに法然が勢至菩薩の応現であると註している。

また義山は『四十八巻伝』の民部卿範光が病床に伏している時、夢に法然が現れ、私は唐土では善導であったのであり、この世で三度衆生を導いてきたと述べた(30)ということについて、

善導大師ハ弥陀ノ化身ナリト云コト第一巻序ノ中ニ注シヌ、今マタ元祖ハ善導ニテオハセシトアレバ亦弥陀ノ化身ニテマシマスナルベシ、古今著聞ニ源空上人ハ直人ニハオハセサリキ弥陀如来ノ化身トモ申ストアリ(31)

として、善導が弥陀の化身であることに触れたことについて述べ、またここで法然が弥陀の化身であるということについて、『古今著聞集』の出典を註しているが、この法然が阿弥陀の化身であり、善導の生まれ変わりであるという説は少なく、善導が弥陀の化身であり、法然が勢至菩薩の化身であるという説が多く見られる。

この法然勢至菩薩化身説は江戸時代においても注目されており、義山や忍澂に先んじて、知恩院門主であった秀道は円光大師加謚を記念して元禄一〇年（一六九七）に著した『円光大師略伝』の中で、勢至菩薩の化身である奇瑞を挙げながら、

師暗に本地の密因を洩らすこと機に随いて同じからず。但し勢至の応迹たること其の証尤も多し(32)。

と、法然が勢至菩薩の応迹であるとしているが、これはそもそも大師号加謚にあたり勅された文書にも見られる捉え方である。例えば、法然に初めて加謚された「円光大師」に関する文書には、

浄土之開宗源空上人　先究聖道之教　后闢浄土之宗諳弥陀誓願　於胸次感善導之提撕　於定中覩宝樹照妙　境内証益明歩金蓮現霊光密　因忽露即是肉身之如来也　何疑勢至之権跡(33)

また、次に加謚された「東漸大師」に関する文書にも、

勅円光大師者　勢至権跡慧日熙熙高耀台嶽之上　宗風穆穆始開浄土之源(34)

と、ここでも法然は勢至菩薩の権跡と記されている。ここにはどのような意味があるのか。ここで注目したいのが、義山の法然勢至菩薩化身説に対する見解である。

義山は、浄土宗第三祖良忠門下の了恵の集録した、法然の法語集『和語灯録』の講義を行っている。その講義録である『和語灯録日講私記』における義山の見解で注目すべきは、了恵の『和語灯録』の序文についてである。まず、了恵の文を挙げる。

聖徳太子二仏の御意にしたかはせ給ひて。七日弥陀の名号を称して。（中略）慈覚慈恵等の聖人。みな極楽をねがひてさり給ひき。恵心僧都は楞厳の月の前に往生の要文をあつめ。永観律師は禅林の花の下に念仏の十因を詠して。をのをの浄土の教行をひろめ給ひしかとも。往生の化道いまたさかりならさりしに。中比黒谷の上人勢至菩薩の化身として。はじめて弥陀の願意をあきらめ。もはら称名の行をすすめ給ひしかは。勧化一天にあまねく。利生万人にをよふ。(35)

このように了恵は、我が国の念仏流通を聖徳太子・円仁（慈覚）・良源（慈恵）・源信（恵心）・永観・法然（黒谷の上人）の順で表し、法然が勢至菩薩の化身として、初めて阿弥陀仏の本願を明らかにして、専修念仏を勧めて万人を利したとしている。

このような了恵の日本における念仏流通史について、義山は次のように注釈を加えている。

先つ釈迦は本願に報ひて出世なされて三部経を説き顕し玉ふ、然るに此の三部経を弘むる祖師自他の人師あるとき天台浄影等の師は色色と釈し玉へとも弥陀本願の意に叶はす、此の故に阿弥陀如来極楽に在て此を嘆き玉ひ大唐に出現して善導大師と示現し玉ひて本願の正意三部経の正意を顕し玉ふ也、又日本にも空也恵心永観等の祖師種種に釈し玉へとも是も正意に叶はす、此の故に勢至菩薩日本に示現して願意を顕し玉ふ也(36)

ここで義山は、釈迦が阿弥陀仏の本願に報いるために浄土三部経を説き、天台大師智顗や慧遠が釈したけれども意に叶わず、阿弥陀仏が唐の善導となって示現したのだという。さらに日本においても、空也・源信・永観等の祖師がいたが、やはり阿弥陀仏の正意に叶わず、勢至菩薩が法然として示現したとしている。勢至菩薩の示現としての法然であるから、阿弥陀仏の本願の正意を顕すことができたとする。すなわち了恵の日本における念仏流通史をさらに進めて、印度→中国→日本、釈迦→阿弥陀仏→勢至菩薩、釈迦→善導→法然という、三国・三仏・三師という展開をもって、念仏流通を捉えている。

このことから義山においては、法然が勢至菩薩の示現であるからこそ、教えの正統性が保証され、また礼拝の対象となるのである。

おわりに

これまで近世における法然像の形成を明らかにするために、忍澂と義山の法然伝研究を対象として考察を試みた。忍澂と義山は、明本大蔵経の対校録の作成や、浄土教祖師の典籍の校訂作業を行った当時を代表する学僧であった。両者は互いの交流を有しながら、法然滅後五〇〇年に向けた記念事業として、法然伝研究に取り組んだと思われる。その中の大きな業績としては、『四十八巻伝』の権威化を果たしたことで、すなわち『四十八巻伝』が質・量に加え、「勅修」の認定を行ったことである。それは勅修の伝記が著された祖師であるからこそ大師号を贈られたためであり、大師号が贈られたということは、徳川幕府、天皇の庇護があるからである、という発想を生み、そして「円光」の次の大師号加諡が、宗門の地位向上と民衆教化に不可欠であるとの主張に至るのである。また、この主張の背景には、『四十八巻伝』が所蔵されている知恩院こそ、浄土宗全寺院の首位の総本山であるという、江戸時代浄土宗の東西勢力の分掌構造があると思われる。

円光大師号を贈られて以後、法然滅後五〇〇年に向け、忍澂と義山は、知恩院の寺伝等に基づき『四十八巻伝』を勅修と位置づけることにより、宗門の地位の向上と民衆教化の意味合いを持った大師号加諡の動きと軌を一にしていたと思われる。

さらに注目されるのが、大師号を加諡された文書の内容に登場する、勢至菩薩の権迹としての法然の位置づけである。特に義山は、印度→中国→日本、釈迦→阿弥陀仏→勢至菩薩、釈迦→善導→法然という、三国・三仏・三師という展開をもって念仏流通を捉えた。そして、特に日本では法然が勢至菩薩の示現として、阿弥陀仏の正意を伝えたと位置づけることによって、法然の教えの正統性を保証し、礼拝の対象としての法然を喚起させ、近世における法然像の形成に影響を与えたと思われるのである。

現在、浄土宗総本山知恩院で最も大きな伽藍は、御影堂と呼ばれ、法然の像を中心に安置している。御影堂の西には阿弥陀堂、東には勢至堂と御廟があり、多くの参拝者が法然に礼拝する。それは宗派の祖であることに対してなのか、尊敬すべき歴史上の偉人としてなのか。それを確かめることはできないが、少なくとも義山にとっては、日本に阿弥陀仏の正意を伝えた勢至菩薩の示現としての法然であったに違いない。

註

（1）田村圓澄『法然上人伝の研究』（法蔵館、一九五六年）、井川定慶編『法然上人伝の成立史的研究』（臨川書店、一九六一年。対照・研究・影印の三編からなる、中世法然伝に関する総合研究）、三田全信『成立史的　法然上人伝の研究』（光念寺出版部、一九六四年）、中井真孝『法然伝と浄土宗史の研究』（思文閣出版、一九九四年）、同『法然上人絵伝の研究』（思文閣出版、二〇一三年）。

（2）平祐史「近世における法然伝研究の動向―『円光大師行状絵図翼賛』編纂者の学風」（『佛教大学研究紀要』三八、一九六〇年）。これは、義山の学風に関する研究で『翼賛』に現れた訓古的考証や考証学的学風を儒者との交渉を混じえて類推している。平氏は、師である聞証や忍澂の学風との影響関係を想定し、近代合理主義に基づく仏教史学の方法の祖と位置づけた。

（3）法然はその時々の天皇から、様々な号を加諡されている。例えば、後鳥羽天皇贈「慧光菩薩」（元暦四年〈一一八七〉）、四条天皇加諡「華頂尊者」（嘉禎三年〈一二三七〉）、後嵯峨天皇加諡「通明国師」（寛元二年〈一二四四〉）、後花園天皇加諡「天下上人無極道心者」（永享一二年〈一四四〇〉頃）、後奈良天皇加諡「光照大士」（天文八年〈一五三九〉）である。江戸時代に入ると大師号の加諡が始まり、東山天皇加諡「円光大師」（法然滅後四八六年：元禄一〇年〈一六九七〉）、中御門天皇加諡「東漸大師」（同五〇〇年：宝永八年〈一七一一〉）、桃園天皇加諡「慧成大師」（同五五〇年：宝暦一一年〈一七六一〉）、光格天皇加諡「弘覚大師」（同六〇〇年：文化八年〈一八一一〉）、孝明天皇加諡「慈教大師」（同六五〇年：文久元年〈一八六一〉）、明治天皇加諡「明照大師」（同七〇〇年：明治四四年〈一九一一〉）、昭和天皇加諡「和順大師」（同七五〇年：昭和三六年〈一九六一〉）、今上天皇加諡「法爾大師」（同八〇〇年：平成二三年〈二〇一一〉）と、現在まで八つの大師号がある。

（4）伊藤唯真「円光大師の贈号―知恩院と増上寺了也・柳沢吉保」（『日本仏教史学』一一、一九七六年）。

（5）伊藤真昭「贈円光大師号の裏側」（浄土宗総合学術大会大会発表、二〇一一年）。

（6）宝永八年の「東漸大師」号加諡をめぐって、多くの書物が編纂されている。例えば、負笈子『元亨釈書源空上人別伝私註』一巻（万治元年〈一六五八〉）、武藤西察『黒谷法然上人一代記』一〇冊（寛文六年〈一六六六〉）、寂誉知足『祖師行状』一巻（天和二年〈一六八二〉）、行誉『法然上人御難記』三巻（元禄元年〈一六八八〉）、行誉『法然上人秘伝遠流記』二巻（元禄二年）、白誉秀道『円光大師略伝』一巻（元禄一〇年）、白誉秀道『円光大師略伝註解』一巻（元禄一〇年）、真阿珂然『円光大師別伝』三巻（元禄一〇年）、古磵畫『円光大師伝』六冊（元禄一三年）、義山『円光大師行状絵図翼賛』六〇巻（宝永元年〈一七〇四〉）、『法然上人利生記』二巻（宝永元年）、義山・素中『円光大師御伝随聞記』、義山・素中

『円光大師御伝聞記』（宝永頃）、義山『御伝翼賛随聞記』一〇巻（宝永三年）、忍澂『贈円光大師号絵詞』（宝永八年）、義山『円光大師行状翼賛遺事』一巻（享保一四年〔一七二九〕）、等がある。

（7）これまで筆者は、宗祖像の変遷をテーマに近代から近世末まで遡り研究を行った。拙稿「明治期における法然上人像の変容―植村正久「黒谷の上人」をめぐって」（『教化研究』二〇、浄土宗総合研究所、二〇〇九年）、同「明治期の法然上人像―諸伝記における採話傾向をめぐって」（『教化研究』二一、二〇一〇年）、同「近代における法然像―七〇〇年御忌をめぐって」（『法然仏教とその可能性』、佛教大学総合研究所、二〇一二年）、同「近世末の法然伝―法洲説・法道編『吉水大師御伝撮要講説』を中心に」（浄土宗総合学術大会発表、二〇一三年）。

（8）例えば、「第一巻　序　父母仏神に祈て上人を懐妊し給ふ事　御誕生の時白幡天より降る事　小児の時勢至丸と号する事　父時国定明が為に夜討にあへる事　時国最後の遺言の事」（忍澂『勅修吉水円光大師御伝目録』〔『浄土宗全書』一六〕）のように、『四十八巻伝』の事柄ごとに初めて章題を施した。

（9）忍澂『勅修吉水円光大師御伝縁起』（『浄土宗全書』一六）。

（10）同前。

（11）小松茂美「『法然上人絵伝』―「十年あまりの春秋をへて」完成」（『法然上人絵伝』下「解説」『続日本の絵巻』3、中央公論社、一九九〇年）

（12）「抑法皇も上皇も、年比吉水第八世の如一国師を御師範に召れて、浄土の三経五部一集の要義を学ばせ給ひしより、西方の御願ふかく、我大師の法恩を感化し思しけるによりて、かくまでは叡慮にかけさせ賜ひけるとぞ。しかしより以来、御代ごとに吉水御伝を叡覧ましまます事にはなりぬ。ちかくは寛文七年の秋。後水尾法皇、大師の行状にいみじき事など仰出されければ、我門主尊光法親王御伝の盛事をいとねんごろに言上せさせ給ふ。法皇も兼ねてきこしめしをよばせ給ふなりとて叡覧あるべきよし仰下さる。やがてたてまつり給ひけるに、久しく御前にとどめられて、御愛敬浅からず。今更に大師の徳行の高く、古代書画の精しき事など叡感ましまして、これ誠に希代の名物なり。殊に数百年の星霜ををくり、応仁の兵火をものがれて、四十八巻具足して、今の世まで伝わりけるも、又奇なり。よろしく秘重して宗門万代の規模にそなふべしと仰下されける。法皇初て、御伝を叡覧ありしより、先代の帝のいとねんごろなりける護法の叡慮に、御心感ぜさせ給ひて、今又あらたに四十八巻の絵詞を調られて（中略）やんごとなき護法の叡志は、また後の世の模範なるべしと、かたじけなくぞ侍るめる」（忍澂『勅修吉水円光大師御伝縁起』『浄土宗全書』一六）。

（13）忍澂『勅修吉水円光大師御伝縁起』（『浄土宗全書』一六）。

（14）「かの唐の百丈清規は天下禅刹の通規なり。しかるに此書久しく世に行はれてし後、損益のあやまりおほく侍りければ、元朝の徳輝禅師これをなげきて校正添削せばやと思はれしかども、私の刪修は天下の諸刹に通用しがたき事をやはばかりけん。殊に朝廷に奏聞して、勅許をかうふり、刪定すでにをはりしかば、やがて勅修百丈清規と題せられける。異国のためしも思ひ出られて侍り。いはんや此御伝の総修は、初め勅詔より事をこりて、また勅裁に及び、終に勅筆に事成てければ、勅修の中に、殊に勝れてかたじけなき物なるをや。かれは諸寺の通用をはかりて勅修の字をそへ、これは万人の信敬を思ひて勅修の字をくはふ。其おもむきはやや異なれども、護法の叡功は、はやく同じかりけり。からやまといにしへも今もかくばかり国王大臣の外護の力のとぼしからざるを思ふに付て、今さら霊山の昔の付属の験しあるに感じ、なを弥陀一教利物偏増の末代までも、此御伝を見侍らん人々、俗諦の敬ひより、真諦の信をおこして、解脱の門にいりねかしと、思ひ侍るにぞ。古今の美号に任て勅修吉水円光大師御伝とは標題し侍るものならし」（同前）。

（15）義山『法然上人行状絵図翼賛』（『浄土宗全書』一六）。

（16）「予智（円智）を引きて、共に先師（聞証）を洛の浄教に訪ふ。師欣然として談話す。開祖の事に及び、師云く四十八軸の全伝は、吉水大師一化の顚末にして、山門の法印舜昌の編る所也」(同前)。

(17)「後伏見上皇の勅を承りて、これを奏進す。天覧殷重叡信殊に深し。乃つて菅清の諸儒及び命世の才臣に詔して、これを添えこれを删り、斐然として章を為し、是に於いて伏見後伏見後二条の三帝親しく宸翰を染め、法親王尊円勅に依りて華毫を挺す。亦一時の縉紳転法輪太政大臣実重等に命じて、繕写全備せり。其の絵図は則ち絵司土佐某の勅に依りて筆す。即ち御題を賜りて、法然上人行状絵図と曰ふ」(同前)。

(18)「今現に知恩の蔵に在り。実に是れ浄家の美玉、末葉の氷鑑也。始め降誕より終り示寂に至るまで、自利利他の蹟数百歳の後昭昭たるは、斯の全伝の在すこと有れば也」(同前)。

(19)「然るに此の伝已に世に梓行すと雖も、魚魯字誤り絵図亦欠けたり。これを知恩の伝に参訂し、又附するに絵図を以つてし、且つ文義を註釈し、事実を考覈して、以て来裔に便せよ」(同前)。

(20)「獅谷の澄(忍澂)上人白銀百両を喜捨して、興基と為す」(同前)。

(21)「東照神君の護りおほいなる御めぐみの末はやいと近き所も法要を□□僧官を進めさせたまひて、□き事おほかり。さればたかきも賤しきも吉水の流れをくみ遠きも近きも大谷の秋風になびきて、此宗に入ものは、おのづから二世の安楽なる事を悦び、此れ時にあへるものは、猶君が代の久しからんことをねがへり。しかあれども宗祖法然上人の示寂より、以来(このかた)あまたの年を重て四百八十余回いまだ大師の嘉号を賜らねど、是なん我宗の遺憾なりける。彼の御在世のむかしは隠遁の御徳として、官寺富貴の花の袂と□峯の浮る雲にいとひ、円戒授受の法の衣を玉泉の清き流に□とひたす専修の法門のみを旨としたまひしに、心閑に田□(げ)のこえ、をのづから雲井にきこえて、高倉天皇紫宸に請じて勅修ありて、御受戒ましましき。法皇はこよなき御帰依のあまり御如法経を修したまひたることに勅して先達になん定めさせ給ひたれば、うやうやしき玉座に対したる三井山門の官僧達のみにぞ座し給ひたり、道俗のやんごとなき、いみじきしるしかくなん侍りしよし、今におひては、世くだり人おろかにして、漸く道政の逸群なりしをも忘れ、高尚の清風をし□□□のも希也。此時にあたりて大師の栄号を賜らましかば、名について実を尋ぬれば意おのづから在世の高徳をあふぎ人によりて□□□輩はますます遺教の教の□益を感じ、又なき宗門の光輝にして、利生の方便なるべしと睦月中の八日に九重の雲の上より花の頂の法の筵まで勅たれて、円光大師の号をたまはりたれば、道俗男女の相喜ぶことかぎりなし」（義山『贈円光大師絵詞』〈宝永八年〉、東北大学狩野文庫蔵本）。

(22)　法然は、この『観無量寿経』の経文を「又不作観能念仏号者此菩薩摂之令生浄土得無生忍故経曰、我本因地以念仏心入無生忍今於此界摂念仏人帰於浄土十二普観者先来意者上来極楽依正二報身土」（『観経釈』『浄土宗全書』九）と、勢至菩薩円通の門としても解釈を行っている。「上人の弟子勝法房は。絵をかく仁なりけるが。上人の真影を。画たてまつりて。其銘を所望しけるに。上人これを見給て。鏡二面を。左右の手にもち。水鏡を。まへにをかれて。頂の前後を見合られ。たがふところは。胡粉をぬりて。なをしつけられてのち。これこそ似たれとて。勝法房にたまはせけり。銘の事は。返答にをよばれざりけるを。勝法房。後日に又参て申出たりければ。上人の御まへに侍ける紙に。我本因地以念仏心　入無生忍今於此界　摂念仏人　帰於浄土十二月十一日　源　空勝法御房とかきて。授られければ。是を彼真影に押て帰敬しけり。これは首楞厳経の勢至の円通の文なり。上人は勢至の応現たりと云ふ事。世挙てこれを称す。しかるに。おほくの文の中に。勢至の御詞を。自賛に用られ侍る。まことに奇特の事なり」（『四十八巻伝』六）。

(23)　「三七日巳時阿弥陀如来観音勢至顕現上人俄五体投地礼西方流歓喜涙高声念仏化仏菩薩現眼前如星列或人閉目見開目不無灯暗夜披見聖教御口放光唐善導和尚者口現化仏此上人口出光明末代念仏祖師誰敢背之哉上人行道時或人夢見勢至菩薩行道夢覚驚奉見即上人行道也如是見三度又灯消無火道場明如炬灯遥久燃火是又不思議光明也首楞厳経勢至章云我本因地以念仏心入無生忍今於此界摂念仏人帰於浄土云云此文可思合也」（聖覚『大原談義聞書鈔』『浄土宗全書』一四）。

(24) 聖覚『大原談義聞書鈔』(一四巻七六八―七六九)「又直聖房云、僧上人御弟子一向専念行修有時熊野山参ケルニ、上人配流セラレ給由聞急下向シケルニ、俄重病受下向叶ハザリケレハ慇権現祈申彼僧夢臨終已近付下向不可然示給ケレハ、僧法然上人御事アマリニヲホツカナク思候へハ早下向仕候承度候申ケレハ、彼上人勢至菩薩化現不審スヘカラスト重示仰ラルルト、見夢サメテ其後程不経臨終正念往生遂ケルトナン」。

(25)「上人入滅の後　五箇年を送りて　建保四年丙子四月二十六日の夜公胤僧正の夢に　上人のたまはく　往生之業中一日六時到　一心不乱心　功験最第一　六時称名者　往生必決定　雑善不決定　専修定善業　源空為孝養　公胤能説法感喜不可尽　臨終先来迎　源空本地身　大勢至菩薩　衆生為化故　来此界度度」(『九巻伝』〔『法然上人伝全集』〕)。

(26)「元久二年　乙丑　四月一日に。上人月輪殿にして念仏讃嘆の後。退出し給ふ時。禅定殿下庭上に走降て。五体を地に投じて。上人を礼拝し。良久ありて起させ給て。上人の頭の上に。金光顕現して光映徹し。中に一の宝瓶ありつると仰せられて。御涙にむせび給ふ。爾時始て。上人は勢至菩薩の化身なりと知れり。愚禿。此篇を記するに身毛為竪て双眼に涙を浮ぶ。憑しきかな。喜しきかな。濁世の我等衆生を導んが為に。極楽の聖衆。仮に凡夫を示し。念仏の行を弘給ふ。仰で本地を訪れば極楽世界の聖衆なり。往生浄土の勧念仏に憑あり。俯して垂迹を訪へば三昧発得の祖師なり。専修念仏の教往生に疑なし。本迹異なりといへども。化導是一なり。念仏の衆生を摂して。浄国に生ぜしむ。後世を恐ん輩は。誰か此師に帰せざらん。極楽を望の類は何ぞ上人の釈を信ぜざらん」(聖覚『十六門記』〔『法然上人伝全集』〕)。

(27)「善導は又凡夫にあらず阿弥陀仏の化身也。阿弥陀仏のわが本願をひろめて。衆生を往生せさせむ料にか善導とは申候也」(了恵『和語灯録』〔『浄土宗全書』九〕)。

(28)『翼賛』(『浄土宗全書』一六)。

(29) 同前。

(30)『四十八巻伝』一二（『法然上人伝全集』）。「源空上人は一向専修の人なり。たゞ人にはおはさざりけり。弥陀如来の化身とも申。勢至等の垂迹とも申すとぞ」（『古今著聞集』〔『日本古典文学大系』〕）。

(31)義山『翼賛』一六巻二一八・四四〇「凡伝善導者十二家アリ、未言姓氏遵式ノ西方略伝用欽ノ白蓮記等ミナ弥陀ノ化身ト云、但少康ノ瑞応伝ニハ姓朱泗州人也トイヘリ」（『浄土宗全書』一六）。

(32)『法然上人伝全集』。

(33)「東山院之勅疏　勅王法与仏法比等内外貴典章朝家同釈家定律都鄙仰興盛浄土之開宗源空上人先究聖道之教后闢浄土之宗諳弥陀誓願於胸次感善導之提撕於定中覩宝樹照妙境内証益明歩金蓮現霊光密因忽露即是肉身之如来也何疑勢至之権跡三朝之帝師徳重于当時四海之良導行応于末代皇化広布率土法要永伝普天特謚号円光大師元禄十丁丑年正月十八日　勅使　伏原少納言」（関通『一枚起請文梗概聞書』〔『浄土宗全書』九〕）。

(34)「中御門院之勅疏勅円光大師者勢至権跡慧日熙熙高耀台嶽之上宗風穆穆始開浄土之源念仏三昧深示群聖之薀誓書一紙固結四衆之心非師之泛慈航誰離苦海毎人能乗宝筏自済迷川遺教邈爾既歴五百之星霜功徳浩然爰徧六十州郡仍重寵章加謚東漸号　宝永八辛卯年正月十八日　勅使　平松少納言公晃　書」（関通『一枚起請文梗概聞書』〔『浄土宗全書』九〕）。

(35)了恵『和語灯録』（『浄土宗全書』九）。

(36)義山・素中『和語灯録日講私記』（『浄土宗全書』九）。

近世士道論と「死」

中嶋　英介

はじめに

近世、特に一八世紀の奉公武士は、奇妙な立場に立たされていた。結果的とはいえ戦のない世に生まれた彼らは、城内にて己の勤めを果たすことが是とされる一方、武芸の奨励や戦場を想定した上での「死」の覚悟を持つよう指南され、御家に仕える役人と戦闘員との二面性を持たされた。支配者層に立つ「武士」の学問奨励はリアリティをもって受け入れられる可能性を秘めていたものの、後者の「死」の覚悟に至っては必ずしもそうではなく、時に「擬装する演技」(1)もしくは「死と隣り合わせの戦場の気分」(2)とも評される。しかしながら、その内実は未解明な点が多い。その背景は武士道論上の「死」が、あくまでも『葉隠』から導き出された考察で止まっている実情による。

近世武士道論は、戦国的威風を残す「伝統的」武士道論と、官僚武士への教訓として生まれた「儒教的」士道論に分かれたとされ、「武士道論」の典型的教訓書として『葉隠』が、そして士道論書には『山鹿語類』巻二一(士道篇)がそれぞれ提示された。(3)伝統的武士道と儒教的士道を対立軸として扱った枠組みの形成自体は鮮やかであり、それは現在もある程度の説得力を持って語られることが多い。ただしこの対立軸には、いくつかの課題が残されている。その一つが、両者において対象とされた武士層の違いである。

『葉隠』の口述者山本常朝は鍋島藩の中では譜代家臣の中野一門にあたり、常朝自身は中堅に位置する武士層であった。一方、『山鹿語類』巻二一（士道篇）の教訓は、あくまでも政治的主体性を持ち得る「大丈夫」に対して垂れた教訓であって、そもそも主君に仕える奉公人を主眼に置いたわけではない。また、主君と奉公人の関係で言えば、素行自身が生涯にわたって仕えた御家・主君は存在しない以上、『葉隠』における武士道論の教訓と異なるのはある種当然のことでもある。ただし、素行は全て「大丈夫」向けの教訓のみ垂れたわけではなく、巻二一に限らず様々な場面で、別の階層に対する教訓を述べていた。『山鹿語類』巻一三〜一五（臣道篇一〜三）はその名の示すとおり御家の家臣への教訓であり、死に行く武士は数多く紹介された。さらに兵学書『武教全書』・口述書『武教小学』では、『山鹿語類』にて想定された武士層とは異なる兵卒等にも目が向けられている。これらの教訓に「儒教的士道論」とは一線を画した教えが散見される以上、素行の士道論＝儒教的士道論と位置づけ、『葉隠』上の武士道論との対立軸で捉えること自体、慎重にせねばならない[4]。では士道・武士道論を、いかなる立場から捉え直せばよいか。その手法の一つとして考えられるのが、両者の間で取り上げられた武士層の溝をなるべく狭め、かつそこから導き出される共通概念を見出すことだろう。

『葉隠』は、対象とした武士層を主君に仕える奉公人と予め規定しているため、設定の変更自体不可能だが、複数の武士層を想定した素行及び素行以降の士道論の場合、階層の違いを捉えつつ『葉隠』における奉公人の立場に合わせ検討することは可能である。本稿では従来の武士道論研究において、さして考慮されてこなかった武士層に焦点を当てつつ、素行及び素行以降における「死」の捉え方を検討した上で、両者における名誉意識を考察したい。以下、一節では『山鹿語類』士道篇・臣道篇にて引用された『清正記』の分析を通して、両者にて重視された「死」への姿勢を取り上げ、二節では奉公人向けの教訓書から導かれた「死」について検討する。三節では『武教全書』における「死」のあり方と、後世の註釈書から、素行以降に解釈された小身の武士と「死」との関連を考察することで、周囲の目線を多分に気にした「死」と『葉隠』上の武士談との関わりを明らかにする。

一　『山鹿語類』士道篇と臣道篇

山鹿素行の士道論から「死」を考察する前に、対立軸に位置するとされる『葉隠』の一節を紹介しよう。

一、武士道と云は、死ぬ事と見付たり。二つ〳〵の場にて、早く死方に片付ばかり也。別に子細なし。胸すわつて進む也。図に当らず犬死などいふ事は、上方風の打上たる武道なるべし。二つ〳〵の場にて、図に当るやうにする事は不及事也。我人、生る方がすき也。多分すきの方に理が付べし。若図に迦れて生たらば、腰ぬけ也。此境危き也。図に迦れて死たらば、気違にて恥には不成。是が武道の丈夫也。毎朝毎夕、改めては死々、常住死身に成て居る時は、武道に自由を得、一生落度なく家職を仕課すべき也。

（『葉隠』聞書一―二）

『葉隠』における死の扱いについては、様々な角度から解釈が施されているものの、死の決意を刻む姿勢と「武士道」を同一視していた点については論を俟たない。生死の選択が迫られた際、死ぬ方へ目を向け、「常住死身」の姿勢で生き、毎日改めて死ねば、一生落ち度なく過ごせるという。人は「生る方が好き」なものだが、奉公人としては選択の余地なく死に向かう思いが「伝統的武士道」として評された。

一方、対立軸に置かれる山鹿素行の士道論に、そうした「死」への思いがなかったわけではない。『山鹿語類』巻二一（士道篇）上の項目に則って武士談を紹介した士談篇（巻二二～三二）の中には、死にゆく武将を紹介した数多くの武士談が見られる上に、兵学書『武教全書』『武教小学』にも、「死」の姿勢は散見される。今それらを逐一紹介する余裕はないが、本稿では武士層の視点から素行を皮切りに、一八世紀の士道論と「死」を見ていくことにしよう。素行は『山鹿語類』巻二一（士談篇）にて『清正記』[5]「清正家中へ被申出七ヶ条」の一部を引用し、自らの教訓を以下のように繋げる。

師曰、加藤清政《ママ》、家中の大身小身によらず、侍ども可覚悟の条目を出す。其詞に云、奉公の道油断すべからず、朝辰の刻に起て兵法をつかい、食を喰、弓を射、鉄炮を打、馬を可乗、武士の嗜能ものには別而可与加増、乱舞一円停止たり、太刀をとれば人を切んと思ふ、然る上は、万事は一心のをき所より生ずるもの也、武芸の外、乱舞稽古之輩、可切腹也、武士の家に生れては太刀を取て死する道本意也、常々武士道吟味せざればいさぎよき死は仕にくきもの也、よく〳〵心を武に究むること肝要也、としるせり。最武の職分をたゞすと可云なり。

（『山鹿語類』二一―四四三[6]　は、『清正記』の引用箇所）

ここでは食事・武芸といった日用における「奉公の道」を実践すべく、武芸以外のむやみな乱舞をすることなく常々「武士道」の吟味をするよう説かれている。日用道徳を重んじた武士教訓には目新しさはないが、注目すべきは素行が『山鹿語類』巻一五（臣談篇）にて同じく『清正記』の最終部を取り上げつつ、別の箇所を引用した点である。□の箇所は、士談篇には見られない『清正記』の引用である。

師曰、加藤清正、家中へ命ぜる書をみけるに、学文之事可入精、兵書をよみ忠孝を心がけんこと専要也、詩聯句歌をよむ事停止たり、心に香車風流なる手よはきことを存ずれば、いかにも女のやうになるものなり、武士の家に生れては太刀を取て死する道本意也、常々武士道の吟味をせざればいさぎよき死は仕にくきもの也、能々心を武にきざむこと肝要也、と云へることを末に記せり、

（『山鹿語類』二一―一〇二）

文道に泥むと弱弱しい心に陥る故、詩や連歌への嗜みを禁止し、兵書を読み主君への忠孝を心掛けるよう説く。「文」の効用をあげずに「武」を優位に置いた背景を、この資料のみで検討するのは困難だが、農工商の上に立つ「大丈夫」としての「士」を対象とした士道篇と違い、家臣への教訓を示す臣道篇は、必要以上の文への偏りを警戒したのかもしれない。事実、士談篇は『清正記』の引用後、その姿勢を「最武の職分をたゞすと可云」と評するにとどめるが、臣談篇はこの後で木曾義仲の話題も交えつつ、清正評価とともに「武」への重視を強調する。

清正幼若より武義に長じて文道を不詳を以て、其云所不全といへども、武門の教戒にをいては、尤其実を得と云べき也、我奉公の上にをいて厚くすべき所を了簡して、常にいましめ守らずんば、其の期に望で全く其道の忠をつくしがたかるべければ、奉公仕官の輩、可戒守こと也。

（『山鹿語類』二一―一〇三）

素行は加藤清正を文道に優れないとはいえ、武義の実を得た「武士」として紹介する。ここでは「文」への視線や「文武両道」といった発想はなく、文道への評価は必ずしも高くない。素行は清正を全面的に評価するわけではないが、その姿勢に対し「奉公仕官の輩、可戒守」というとおり、この教訓を「大丈夫」ではなく、主君に仕える奉公人に向けて説いたことがわかる。同じ『清正記』の箇条を引用する際も、素行は「士」と「臣」とで区別を設け、階層によって教訓の内容を編集していたのである。

ただし、その一方で「士談」篇・「臣談」篇の区別なく採用されている箇所があることも、忘れてはならない。それが史料中傍線部箇所における、「死」に対する姿勢である。「武士の家に生れては太刀を取て死する道本意也、常々武士道の吟味をせざればいさぎよき死は仕にくきもの也、能々心を武にきざむこと肝要也」――武士の家に生まれた以上、刀を取って死にゆく道こそが本来の姿である。だからこそ常々武士道の吟味をし、潔く死ぬために、心に武を刻むことが必要であるという。士談・臣道篇の両方ともこの教訓を採用し、別段武士階層によって意図的な編集がなされているわけではない。

当該箇所は「大丈夫」「家臣」両者に共通する教訓ともいえ、「死」に対する姿勢は両者共通の見解を素行は有し、かつ重視していたことにもなる。それは大局的な見方からすれば「死と隣り合わせの気分」という規定に収まるかもしれない。しかし現実的に「気分」の例を紹介した武士談が氾濫し、かかる姿勢がよしとされたのは事実である以上、統一的な捉え方をするのは慎重でなければならないし、「死」がいかに解釈されたかは丹念に探らねばなるまい。士道論者素行も、日用道徳を説く立場からどれだけ「儒教的」とされる士道論を説いたとしても、「死」のあり方に取り組まねばならない立場にいたことは否定できない。であれば「隣り合わせの気分」を探る作業は、当時の思想家がいかに「武士」の「死」と向き合ったのかを見る上で必要だろう。次節では主君に仕える武士層に求められた「死」を議論の軸として、『葉隠』にて想定された奉公人層に合わせ、かつ時代も近づけるべく、素行より後の時代に著された教訓書を手がかりに士道論上の「死」を検討する。

二　士道論から見た「死」――教訓書の側面から――

前節では、素行の引用した教訓が必ずしも「儒教的士道論」のみの枠組みにあてはまらず、各武士層に共通する「死」への教訓が提示された事実を確認した。『葉隠』は言うまでもないが、素行も「死」に対する言及を行っていた以上、純然たる死を追う『葉隠』と士道論の「死」を完全なる対立としてみなすわけにはいかず、士道論の教訓から「死」はいかに解釈されたのかを精査せねばならない。今節では常朝の時代に合わせるべく、一八世紀に成立した教訓書を取り上げ、「死」とその後の話について検討する。以下は近世中期の兵学者近松茂矩（一六九七～一七七八）による『匹夫訓』（東北大学附属図書館狩野文庫蔵。原片仮名。享保四〈一七一九〉年成立）からの一節である。

死後古よりよき武士もその死後に至りては、家督争論し、或は断絶し、或は衰廃す、又妻子流浪し、或は妻妾財宝を争い取る、かゝる見苦しき事多し、これ背死後なれは是非なしといへとも、是以て生前の不覚悟故なり、生ある者、死は定れる事にして唯今も知れさる事なれは、常々我死後の様子を遺言遺書しをくへし、左あれは死後の騒動あるへからす、壮年の人なりとも如此すへし、病死の外に横難の死あれは今死すへきも計られす、此身にて百年も長生せんと心得あやまるより（を―中嶋註）こり、死後の恥しめを蒙るなり、慎むへし、

右八つの覚悟全きときは、生前死後ともに名を恥しめる事あるべからず、

数々の誉を手に入れた「武士」も死後に家督争いが生じ、断絶・衰退することが多い。これはいずれも長命でいられるという油断と生前の不覚悟によるものであるから、生前に遺書を用意し、生前生後をとおしてその名に恥じない死に方が理想視されている。ここで言われる「死」への意識は「死後の恥しめを蒙」らない上での一手段といえ、自らの御家の名誉を踏まえたものである。それは『葉隠』に見えるような、主君との情誼的一体感を持つ一武士の死ではなく、己の死後に影響を及ぼすであろう周囲の存在をも踏まえた、用意周到な「死」の準備である。こうした御家の存続を踏まえ、恥を避ける上での「死」の覚悟は、当時の武士教訓書に散見される。以下は如山堂定戢子『武士としては』の一節である。

いか様の事にて、いづくいづかたにて思ひよらず死する事も有べし。朝夕此心をうしなはずに、われ死たらば跡のことはケ様にと書付をも常にしておき、跡にてつかへぬやうに取おさめおくべし。常に死ぬる覚悟ならば、ついへなる諸道具、用にたゝぬ器物はもたぬやうにたしなみて、おのづから勝手向なんぎする程にもひつぱくしまじや。とかく死をわすれず、下帯に気を付て、むさからぬ様に心をつけべきもの也。人の見ぬ所知らぬ所をきれ

いにいさぎよく、常にたしなむ事。神道にもかなふべし也。(7)

人はいつどこで思いもよらず「死」に遭遇するかもしれないので、後の難儀がないように、朝夕限らず意識するよう説かれている。「死」への覚悟を持てば余計な諸物も持たず、家計が逼迫することもない。だからこそ身のまわりには器物を置かずに、他者が見ないところでも嗜みを忘れない姿勢が指示される。ここも『匹夫訓』と同様、書付を用意し、後々に差し支えがないよう己の死後が想定されており、「死」とは「武士」個人の終焉を意味しない。

いつ死ぬかわからぬから覚悟を持てとする教えは、素行の兵学上の弟子大道寺友山（一六三九～一七三〇）による『武道初心集』（享保期成立）の第一項に「武士たらむものハ正月元日の朝雑煮の餅を祝とて箸を取り初るより、其年の大晦日の夕へに至るまで、日々夜々死を常に心にあつるを以、本意の第一とは仕るにて候」と言われているところだが、その背景には『匹夫訓』同様、いつまでも長生きができるという油断の心を禁じる文脈から説かれている。(8)

其子細を申に惣而人間の命をハ、夕部の露あしたの霜になぞらえ、随分はかなきものに致し置候。中にも殊更あやうきは武士の身命にて候を、人々おのれ心ましにいつまでも長生を仕了簡なるに依て、主君へも末永き御奉公、親々への孝養も末久敷儀なりと存るから、事をこりて主君へも不奉公を仕り、親々への孝行も疎略にハ罷成にて候。

（『武道初心集』第一項）

人間の命ははかないものであるにもかかわらず、いつまでも長命でいられると思っていては、奉公も孝行もできない。だからこそ「死」の覚悟を常に持ちさえすれば万事の災難を逃れ、より長い主君への奉公が可能になるという。覚悟を持つことで油断なく過ごせるという逆説的な「死」は「演技」とも言えようが、『匹夫訓』『武士としては』いずれにも見え、その先には己の身分と御家の安定を見据えた姿勢であることは間違いない。ここでも『匹夫訓』『武士としては』と同様、己の死後を多分に意識した教訓が見られ、自身が臨終する際の心得が以下のように述べられている。

未だ物の言る内に番頭・支配頭などを招請いたして対面の上、年来上の御厚恩に預り罷在儀なれば、如何様にも一度は御用にも相立ち候様にと常々相心懸罷り在り候処に、如此重病に至り、色々養生仕り見候得共、本服難仕次第に罷成候。上の御用にも相立ち不申して病死仕る段、近頃残念に存候へども、其段は不及是非候。只今迄の御厚恩難有仕合に奉存候。弥相果て候に於ては、御家老中迄被仰上被下候様にと主君への御礼を申述、其上にて私用の儀も有之ば申達し候様尤なり。（『武道初心集』一五項）

身分の軽い奉公人であっても、話せるうちに上役と対面の上、挨拶を行い、臨終を迎える際には主君への御礼を述べるよう指南される。かかる挨拶は日頃の勤めの場にて対面する上役のみならず、一家や朋友・傍輩に対しても行われなければならなかった。

其儀済したる上にて、一家・一類又は入魂の朋友抔へも最後の暇乞いを畳の上にて病死を致すとあるは、武士の本意に非ず。然りといへ共、当時治世の儀なれば、其段に於ては不及是非所也。其方共儀は年若き儀なれば、我等が志をうけ継、若し自然の儀も有之に於ては、是非上の御用にも可相立とある覚悟を以て、常に忠節忠功の志を励まし、御奉公の道に油断あるまじき者也。我等末期にいたり如此申置く処の遺言に違ひ、もし不忠不義の仕形在之に於ては、草葉の陰に於ても勘当と心得べし抔と、急度遺言を仕り置くと有は真の武士の正義なり。（『武道初心集』一五項）

末期を迎えるにあたって家族を呼び寄せ、主君に万一のことがあれば、己の志を継いで奉公するよう説いている。友山も『匹夫訓』同様、死後自らの御家に対し忠を尽くすべく遺言の用意について触れ、その範囲を「入魂の朋友」にまで広げたところからも、周囲に配慮した「死」が提唱されていることがわかるだろう。一方、己の病気に対する覚悟もないまま亡くなる者に対しては批判の対象でしかなく、そうした者は「悉く皆犬猫の病死も同然の様にて、人間一生一度の臨終の致し損じを仕るとあるも、此書の始に中断がごとく、常に死を心にあつる事を不仕、」（同前）と、良き臨終にいたらないとし、第一項の「死を心にあつる」姿勢が改めて提唱される。

『匹夫訓』『武士としては』『武道初心集』の三書における「死」の捉え方について見ると、これらの教訓に共通するものは自らが「死」を迎えた後の段取りが意識的に提示されている点と、対象となる武士層である。前述したように『葉隠』上の武士道論の中で想定される「武士」は領主層ではなく、領主に仕える奉公人層に向けられるものであった。これは『山鹿語類』士道篇上の「大丈夫」とは次元が異なり、むしろ三つの書から想定された武士層の方が『葉隠』における奉公人に近い。

・此三冊幼稚なる門生の為に著す、因て俗語を用て記す、（『匹夫訓』序）

・仕官の身は常々旅たちに心を付て、急事の時、手をつかぬ様に諸道具の心配り、荷物の片付所、縁者親類は申に及ばず、他人也共、出合べき筋の人に疎略せず、人は人がたすくものなれば心を付べし、（『武士としては』[9]）

・友山物語に、先年認置たる武道初心集は大将たる人えハ云に不及、武恩之下に生、其器に備りたる士に見せ《ママ》べき為にあらず。農人或は下□《虫喰》より初而士に取立られ、又は士に成度志のもの、士になりて仕官に至る者に是を見せなハ、其人之志をみがく種と可成に付、記置たるもの由也。依之友山趣意をここに記す。
（久留米市立図書館樺島文庫蔵『武道初心集』序）

『匹夫訓』では門弟の幼童、『武士としては』は仕官武士に、さらに『武道初心集』に至っては下級武士のみならず「武士」志願者に対する教訓書として成立した事情がうかがえる。彼ら小身の士にとっての士道論は、主君との関係はもちろんのこと、傍輩や御家、名跡との繋がりが意識された教訓ともなり、それらとの関係を断ち切ることのできない「死」のあり方が同時に問われていた。いつ死ぬかわからないのだから絶え間なく覚悟せよ、という三書に共通する後先を考えた死後のあり方は、後々の恥に繋がらないための「死」であり、恥辱を受けたままの「死」だけは奉公人にとって、避けなければならなかった。

これらの教訓書から紡ぎ出される、どこか巧妙な「死」は『葉隠』に表される一心不乱な死とは別物である以上、いわゆる伝統的武士道とは一線を画す。しかし、これを「士道」というカテゴリーに置くとすれば「儒教的士道論」とはやはり異なり、『山鹿語類』巻二一のみでは捉えきれない実情もあるだろう。そうした「儒教的」という用語では片付かない御家の後先を考える奉公人への教訓こそが、むしろ一般的な理念として広まっていたともいえよう。こうした奉公人を素行の士道論から検討すべく、次節では『武教全書』上で規定された「武士」の区別を皮切りに、素行の士道論をより奉公人の立場に近づけて、「死」と恥辱の関係を検討する。

三　小身の侍と「死」

『武教全書』〈明暦二〈一六五六〉年成立〉は、山鹿流兵学の教科書として成立時から晩年に至るまで、素行の講義に用いられた兵学書である。[10]その内容は多くがいくさの戦法で占められるが、「武士」個人の作法についても記されており、素行の士道論を知る上で示唆に富む。[11]ここで素行は「武士」を三つに分け、それぞれの働きに違いを持たせている。

一、主将士三段の高名不覚其意得有へき事

主は心を正し民を撫、国を治、家を斉へ天下を安泰にして世に乱道の臣なからしむる、是高名也、国に乱臣出来、下安堵せす、主又匹夫の勇を好むは不覚也、将は義を重んし、上を敬ひ、我預りの侍足軽諸役人を能下知して忠ある如くするを高名と云う、我功を立んことを願ひ小利を貪て大利を失を不覚と云、士は法を守り義を正し武芸を勤め常に不怠して功を諸人にすぐれんことを思ふ、是高名也、分を越て事を願ひ、人の是非を云、我分を守らさるは不覚也、

（『武教全書』撰功）

地域を統治し、乱道に陥る家臣をなくす領主層の「主」、そして主君を敬い、臣下の侍・足軽を下知して忠ある行為を振る舞う「将」、さらには武芸に怠らず義を正す「士」に分け、それぞれの身分にあった高名・不覚が取り上げられている。「士」は、『山鹿語類』巻二一で表現される「士」とは一線を画す「武士」であって、むしろ一兵卒に近い。この一兵卒の教訓を『武教全書』から紐解いていくと、そこには「侍用武功」の大項目があり、中項目にて「小身の士心懸る武士可存心得の事」「小身の侍武功の事」「小身の侍武具心得の事」「小身の侍陣中へ所持可仕道具心得の事」「小身の士馬同馬具軍馬の事」「小身の士軍礼品々」「小身の士軍詞之事」と続き、小身の侍に対する教訓も少なくない。この中で中項目の「小身の侍武功の事」では「儒教的士道論」者の素行にそぐわぬ「死」を常々思う姿勢が説かれている。紙幅の都合上、「小身の侍武功の事」全てを紹介できないが、全体像が見えるようその一部をあげる。

小身の侍武功の事

一、武者修行の事

一、死を常に心にあつる事

一、勝負の気を常に心に置事　付養勇事

一、証拠の取様・同証拠に立様の事

（下略）

「主」「将」には右のような教訓は見られないが、小身の侍の場合「死」を常に意識した教訓は存在する。ただし小身の侍に対する武功については項目のみの提示にとどまり、解説が施されているわけではない。項目ごとの解説は口頭で行われたものと想像できるが、いずれにせよ我々の手で素行による解説をこれ以上確認できない。そこで後年著された『武教全書』の註釈書から、件の主張が後世いかに解釈されたかを見てみよう。

一、死を常に心にあつること（『武教全書』）
戦場に趣《ママ》ときは云にたらす、士は常に門を出るより敵に向ふと思ひ、死を常に心にあて、唯今死たりとも、跡にて恥かしき事なきやうに万端仕残すへからす、仕残す事あれは、後の笑を恥かしく思て、名を惜むかゆへに死を惜むの心ある也、

（西河小左衛門〔生没年不詳〕『全書諭義』、玉川大学図書館蔵。原片仮名。享保一五〈一七三〇〉年奥書）

思い残しがあると「死」を惜しむ心が生じるため、後々の恥にならぬよう、門を出る時から「死」を常に心にあてた勤めが提唱されている。「後の笑」を避けるところよりはじまる心の持ちようについては、『武教全書』の註釈書にてほぼ共通した認識となっており、その例は枚挙に遑がない。例えば津軽藩で広まった註釈書『武教全書略弁』には、以下の記述が見える。

一、死を常に《ママ》
今日有て明日なきは武士の命なり、故に常によくせんさくして死すへきときを外さす死すへし、又死を常に忘れさるときは、事にて動せす、譬死するとも死後のそしりを受くるときは死せさるに劣れり、依て諸道具並、常に懐中へ入置、品迄もいさゝかもみたれ構敷、事のなきやうに心かくへし、

（『武教全書略弁』、弘前市立図書館蔵。原片仮名。著者・成立年代不詳）

「武士」の命を明日なきものとし「死」を常に踏まえ、時合いを外さずに死ぬよう説かれる。ここでも中心となる議論は、死後の誇りを受けないための「死」であって、「死」そのものではない。明日なき命のために、心残りのないよう身の回りの物事を調える背景には『全書諭義』同様、死後、周囲による誇りを避ける上での動きが大きく影響していたともいえよう。やや時代は下るが、幕末の兵学者窪田清音（一七九一～一八六七）による『武教全書詳解』（国立国会図書館蔵、文久二〈一八六二〉年）には、頃合いを見計らった「死」とともに、死後を強く意識した覚悟が問われている。

一、死を常に心にあつること

凡そ士たる者は君命に依て、何時如何様成不時の変に逢べき事も計り難く、又私し事にも変に逢事あり、然るに死を心に当て不置ときは、変に臨んで如何ともすること不能、仰天するの外不可有故に、其時の覚悟を兼て、決心して不時の変に品能応ずべきことを工夫し、心に忘る不可事肝要也、然りと雖とも、死を妄りにするは血気無謀也、死を軽んずるは勇士の可辱思事也、戦場に於ても席上に於ても、自然に死を遁れざる時節あり、其時には必ず見事に可死事を常に決定して死後に至て恥辱なき様に、兼て心に掛べきこと也、死を常に決心するときは、残心有ことなし、己れが生る内の過ちは無憚改むべけれども、死後のことは改むべき様なし、然れば死後に過ちを不残汚名を受ざる覚悟を以て、常に死を決断すべし、是士たる者の専要の心掛也、

（『武教全書詳解』巻一〇）

日頃より「死」の覚悟を持つ指南、そして「死」を軽んずることなく後世の恥辱を受けない「死」の糾明が優先されている。『全書諭義』『武教全書略弁』『武教全書詳解』それぞれの繋がりは検討の余地を残すが、ともに死後の恥を避けるための「死」を提唱した点は明らかだろう。三書とも素行の主張から大きくずれることはなく、特に『武教

全書詳解』にて言われる、妄りに死にゆく行為を「血気無謀也」と戒めた点は、『山鹿語類』上で「死」を軽んじる姿勢への批判と通じている。

こうした素行及び素行以降の時代において主張された「死」は、『葉隠』上の死とは一線を画す。常朝が「忠の不忠の、義の不義の、当介の不当介など、理非邪正の当りに心の付がいや也。無理無体に奉公に好き、無二無三に主人を大切におもへば、夫にて澄こと也。是は能御被官なり」（『葉隠』聞書一―一九五）と喝破したように、義不義や忠不忠といった穿鑿は「上方風の打上たる死」に過ぎず、後世への評判を見据えた打算は、純然として死に向かう姿勢と別次元ではあるだろう。ただし、そうした「武士道と云は、死ぬ事と見付たり」の死は『葉隠』全体から見れば、必ずしも一貫した主張とはならない。それはあくまでも『葉隠』巻一・二を中心にした世界観であって、巻三以降の武士談はこれまで検討した士道論における名誉観念との間に大差がない可能性も残されている。その一例が、以下の武士談である。

一、相馬殿系図をチケンマロカシと云。日本一の系図也。一とせ屋敷不斗焼亡のとき、相馬どの御申候は、「家居も器財も追付作りて出来るものなれば不残焼ても不惜候。唯当家第一の重宝の系図を不取出事残念也」と御申候。何供仕候侍のうち一人、「拙者罷出、取出可申」由申候。相馬どの始、傍輩共も、「最早家に不残火懸り候えば、何として可取出哉」と笑ひ申候。此人兼て不弁の人にて、差て用にも不立候え共、首尾有之人にて候故、傍に勤居申候。此者申候は、「日比は不調法者にて、御用に不相立候へども、いつぞ一命を御用に可立と覚悟仕罷在候。此節にて可有」と火の中に飛いり申候。さて、火鎮り候てより、「右の者、死骸成とも見出候様。不便の事に候」と御申候故、方々探し候処に、居の間の庭に焼死罷在候。引立候えば、腹より血流れ申候。腹のうちに系図は入置、少も損じ不申候よし。

（『葉隠』聞書一〇―六七）

相馬家の系図は日本一として知られていたが、ある日、屋敷が火事にあった。主君が当家随一の系図が焼失するのは無念の至りとして悔やんでいたところ、某侍が屋敷の中に飛び込んだ。この侍はかねてから役立たずの者として評判が悪かったが、不調法の者と自覚していた侍が御用に立つのはこのときと決心して、傍輩が笑う中、火事場に飛び込み、系図を守ろうとした。翌日、屋敷の瓦礫の中から侍の亡骸とともに、その腹の中には系図が残されていた。某侍は自らの腹を斬って、己の腹の中に収めることで系図を守ったという。

普段より役立たずであった奉公人が、主君に役立つ時はここぞと決意し、火の海に飛び込んで己の命と引き替えに家宝の系図を腹の中に収めて守る——内容の真否はどうあれ、傍輩からの蔑みを受けた武士が死の時期を決意して家宝の系図を守り、名誉を手に入れたというエピソードは、「死ぬ事と見付けたり」を標榜する山本常朝の主張と確かに合致する話である。(12) しかし見方をかえてみると、これは『葉隠』と対立するはずの士道論上の教訓にも相通じる話ともいえないか。傍輩より受けた冷たい視線、いつか役立つと期待されていた奉公人、そして自己の命を賭して家宝を守る行為、結果手に入れた死後の評判・名誉。これは「死」の契機を見計らう『武教全書詳解』での教えや、傍輩の目線や死後の名誉を多分に気にした「死」の姿勢と、決して反するわけではない。

己の役割を見据えて名誉のために命をなげうち、傍輩の誇りを無きものとするという展開は、武士道論・士道論の区別では片付けられない両者に共通する名誉意識である。かかる武士談がほとんど顧みられず単に「死」への意識に終始してしまうと、それは武士道・士道の対立ともなるのだろうが、後世の名誉を手に入れるという武士談の範疇で言えば、士道・武士道の間に大差はない。それを殊更「対立」の図式に組み込むことなく、両者に共通する名誉意識の検討を含めてはじめて近世武士道論の議論も可能となるのではないか。

本稿で取り上げた「武士道」と「死」の関連は今や手垢の付いたテーマにも見えるが、改めてそれを基軸に置いたとき、武士道論・士道論との間には共通意識を以て受け入れられた恥の概念が見える。「武士」にとって「死」と名誉意識とは、たとえ「演技」だとしても繋がりを持ち、名誉ある「死」を為しえた「武士」は後世語り継がれ、奉公人にとって一定の説得力を有していた。これを士道・武士道の図式から検討すると、研究者の手による分別作業が生まれ、武士談に備わる本来の価値を失いかねない。かかる図式のみならず、様々な武士道論が混在する中で何を取り上げるか、議論の基軸を見出しつつ考察の幅を広げねばなるまい。

おわりに

いくさが結果的に生じなかった一八世紀の「武士」が受け入れた「死」とは、己の死後の世界を踏まえた「死」である。それは「後の笑」や屈辱を避けるための「死」であり、亡くなった後で、自身がいかに語られるかが重視されていた。こうした背景からか、他分野との学際的考察が行われる際、死後の世界観が新たに構築できるわけでもない「武士」の「死」は異質なものとして捉えられがちであったのだが、死後の安心でいえば、他分野の死生観と共通する。

例えば近世の往生伝における死生観を見るとき、そこに現れるのは、死後の安心である。ある者が死を迎えるとき、周囲の者によって念仏がひたすら唱えられることで、安寧なる世界へと導かれ、死後の安心が約束される。出家信者であろうが在家であろうが、死に際には、傍に寄り添う介在者が存在するという(13)。一方、教訓書上にて理想視される「武士」は、「死」を押しつけられる存在である。彼らには周囲の目線や世間はあっても、それは決して寄り添う者ではない。しかし後世に誉を残せる確約があれば「武士」にとってそれは安心を意味し、そのための創意工夫が武士教訓の一部ともなっていた。奉公武士には御家や周囲の動向を踏まえた「死」が奨励され、それは結果として死後の安心を与えていたのである。そうした教訓書上の「死」を「演技」と規定すること自体は可能ではあるが、真剣な演技の中には、自らのイエ、さらには仕える御家に対する名誉意識が芽生えていた。そうした名誉意識から見れば、士道論と『葉隠』の武士談との間に大差はなかった。

ただし、いずれにせよ『葉隠』巻一・二自体は同時代に広まった教訓書と比べ、異質であることに変わりはない。この巻一・二で言われる、純粋なる死は本稿で取り上げた士道論から見出せない以上、区別せねばならないが、『葉隠』の名誉意識から見れば共通項もあるため、『葉隠』を田代陣基による編集が施された事実を踏まえた再検討も必要である。[14] 士道・武士道の対立図式自体は重要な分析ではあるが、「死」を軸として検討すると、枠に当てはまらない武士道論も見えた。近世士道論上の「死」のあり方を明らかにすべく、『葉隠』の捉え直しをはじめ、教訓書のさらなる精査を今後の課題として稿を終える。

註

（1）渡辺浩『日本政治思想史［十七〜十九世紀］』（東京大学出版会、二〇一〇年）。
（2）中田喜万「武士と学問と官僚制」（苅部直・黒住真・佐藤弘夫ほか編『日本思想史講座3　近世』、ぺりかん社、二〇一二年）。
（3）相良亨著作集三『武士の倫理　近世から近代へ』（ぺりかん社、一九九三年）。
（4）なお、筆者はかかる図式を否定するわけではない。荻生徂徠による武士道批判、また、斎藤拙堂『士道要論』における情誼的一体感を是とする武士道論批判等、戦国期の威風を残した伝統的武士道論への異議がある以上、従来の武士道に変わる「士道」論は確かに存在していたからである（佐伯真一「「武士道」研究の現在―歴史的語彙と概念をめぐって」『武士と騎士―日欧比較中近世史の研究』、思文閣出版、二〇一〇年）。本稿では「儒教的」という位置づけにこだわることなく、奉公人に求められていた士道論と「死」のあり方について、教訓書から検討する。

（5）『清正記』は古橋又玄『新板清正記』（寛文三〈一六六三〉年版、全四巻）、及び『新板清正記』の誤謬を正す目的で成立した『続撰清正記』（著者不詳、寛文四〈一六六四〉年版、全七巻）が存在する。『続撰清正記』はこの条目を後で批判しているため、素行は寛文三年版を引用したと思われる。なお、本稿では内閣文庫所蔵『新版清正記』を参照した。

（6）引用資料中の『山鹿語類』は『山鹿語類』（国書刊行会、一九一〇～一一年）を用い、巻数・頁数を示した。

（7）小澤富夫編『武士としては』（雄山閣、二〇〇九年）三九頁。

（8）『武道初心集』は友山原著とされる原本系統と、約一世紀後を経て松代藩内で発行された松代版（天保五〈一八三四〉年版）が存在する。原本系が五六条本である一方、松代版は四四条にまで改編され、時に友山的個性が削除されたとする指摘もあるが（『日本思想史辞典』、ぺりかん社、二〇〇一年）、第一項における「死を常に心にあつるを以て」という教訓に至っては、ほぼ原文のままで残されている。常日頃から「死」を意識せよとする教えは、原本成立から約一世紀を経て当時の為政者側によって改訂されたとはいえ、変わらず取り入れられていたのである。

（9）前掲『武士としては』一四一頁。

（10）『山鹿素行略年譜』（『山鹿素行全集思想篇』一巻、岩波書店、一九四二年）。

（11）谷口眞子氏は『武教全書』の内容を概観した上で、「その視点は、軍隊を掌握する総大将・総司令官としての立場から書かれており、想定している対象は大名クラスと考えられる」（同「武士道と士道―山鹿素行の武士道論をめぐって―」『早稲田大学大学院文学研究科紀要』第四分冊　日本史学　東洋史学　西洋史学　考古学　文化人類学　日本語日本文化　アジア地域文化学五八、二〇一三年）とし、『武教全書』を上級武士に向けた兵学書と規定した。事実『武教全書』を紐解くと、その内容の多くは「大名クラス」を対象としているが、角度を変えれば「大名クラス」の立場から見た、小身の侍への扱いを説いた教訓も少なくない。本稿では大名に仕える奉公人への教訓として「小身の侍武功の事」を取り上げ、『武教全書』における死のあり方について考察する。

（12）西村道一氏は、この武士談を紹介して「二つ〳〵の場」（火事現場）にて「早く死方に片付ばかり也」「何の益にも立ぬ者が、件の時、一人当千と成事は、兼てより一命を捨、主人と一味同心して居る故也」（『葉隠』聞書一―九）という『葉隠』上の主張との繋がりを示し、某侍の行為をいつかは主君の役に立とうと思い詰めた情念の表れと分析する。詳しくは「葉隠と死」（『日本倫理思想史研究』、ぺりかん社、一九八三年。のち同『日本人の知―知ることと死ぬこと』、ぺりかん社、二〇〇一年、四部所収）参照。

（13）村上麻祐子「理想的な介護と看取りについて考える―近世日本の「往生伝」を素材として―」（『二〇一三年度　日本学術振興会　二国間交流事業　オープンパートナーシップ・セミナー　介護と看取りの現場に根ざす新たな思想史・文化史研究の構築　研究報告書』、二〇一四年）。

（14）相良亨「葉隠の世界」（日本思想大系二六『三河物語　葉隠』、岩波書店、一九七四年）。

白虎隊の死と古典世界

末永　恵子

はじめに

〽頃は戊辰の中の秋　二十三日の朝まだき
戸の口原の戦いに　やむなく引き上げ滝沢の
飯盛山によじ登り　刀を杖に見下ろせば
炎の中に鶴ケ城　はやこれまでと十九人
いさぎよく　血潮に染みしもみじ葉の
赤き心を偲ぶれば　袖に露散る白虎隊(1)

これは、白虎隊を歌った民謡「会津大津絵」である。周知のように白虎隊の悲話は、戊辰戦争に出陣した会津藩の少年武士たちが、西軍の攻撃を受けて彷徨し、一八六八年（慶応四）八月二十三日、孤立無援の中で集団自殺に至ったというものである。これが、新聞・小説・教科書・絵画・映画・詩歌・民謡・歌謡等に取り上げられ、会津の白虎隊は全国的に有名になった。そして、白虎隊の物語は、「袖に露散る白虎隊」とあるように、哀惜の涙を誘いつつ受け継がれてきた。

はじめに、この「白虎隊」の用語について説明する。会津藩は、一八六八年(慶応四)三月に軍制改革に着手し、年齢別・身分別の隊編成を行った。隊は、年齢によって朱雀隊(十八~三十五歳)、玄武隊(五十歳以上)、青龍隊(三十六~四十九歳)、白虎隊(十六、七歳)と分けられ、さらに身分に応じてそれぞれ士中隊・寄合組隊・足軽隊と区別されていて、それをさらに、一番隊・二番隊に細分化している隊もあった。本来、士中隊・寄合組隊・足軽隊も白虎隊なのである。しかし今日、白虎隊といえば、白虎隊士中二番隊の中の「自刃した」とされる十九人を指す場合が多い。本稿でも、この意味で白虎隊を使用している。

白虎隊の事件は、広く世に知られている。だが、事件自体は歴史上の事実ではあるものの、実は、歴史研究者が提供できる史実はあまり多くはない。

この事件が知られるようになったのは、白虎隊の一員であった飯沼貞吉(のちに貞雄と改名)の証言によるところが大きい。彼は仲間同様に自殺を試みるも、のちに蘇生し、白虎隊の最期について語ったのである。しかし、その証言は、彼自身が極限状態にあった時の記憶であり、思い込みや誤認の可能性もないわけではない。また、証言を裏付ける資料も、豊富にあるわけではない。

前出の「会津大津絵」には、「はやこれまでと十九人」とあるように、少年十九人が、飯盛山で一緒に自刃したかのように歌われている。実際、現在の飯盛山には、十九人の隊士の墓が一列に並んでいる。(2)

しかし、冨田国衛が指摘するように、当時遺体を収容して埋葬した吉田伊惣治の証言を載せた『辰のまぼろし』(柴五三郎著、会津若松市立会津図書館蔵)によれば、確実に自刃したと識別される者は、飯盛山上で六人、その他の場所で三人の計九人であり、他の十人は戦死だった可能性がある。(3) また、兄の遺体捜索を行った河原勝治の証言をもとに、「二ヶ所で十四、五の屍あるを見たと話あり、然らば二十士同一の場所に於て団座して自刃したでなく、死所は二ヶ所以上で、今白虎隊自刃の所とするは、五六人集合して自刃せる所である」と指摘した著書もある(4)。白虎隊の慰霊や顕彰は、このような歴史考証に依拠して行われにくかった面もあったのであろう。結果として会津を訪れる観光客は、十九人の少年がそろって飯盛山の同じ場所において自刃したという、印象的な物語を受け入れることになるのである。

このような、白虎隊の死因や死亡地点に関する歴史考証の成果と、実際の表象とのずれが端的に示すように、白虎隊の物語は、史実からの乖離や潤色を伴っている。当然のことながら亡くなった白虎隊員は黙して語らず、死亡の経緯やその心理など不明な点が多い故に、かえって物語化は行われやすかった。

本稿は、このような白虎隊の物語化に注目し、中でもその死の描かれ方の構造を抽出したいと考える。白虎隊の物語化については、後藤康二が、白虎隊についての刊行物に見られる表現構成の変化について論じながら、白虎隊の、藩主に対する忠誠心が、時代とともに天皇や国家に対する枠の中で扱われてゆくことを明らかにしている(5)。また、前掲の冨田国衛は、史実との乖離や歪曲の問題を具体的に指摘し、批判的に考察している(6)。田中悟は、白虎隊は神話化されたとし、その神話化の過程を、会津という地域のアイデンティティとの関わりから追究している(7)。

本稿は、これら先行研究が追究していた忠誠心の対象の変化や、史実からの乖離や、会津地域と白虎隊のといった問題を考える前提として、何故これほど白虎隊に関する文芸作品や芸能が生み出されたのか、言い換えれば、なぜ人々は白虎隊に引きつけられたのか、という点に焦点を絞って考察したい。

明治政府の樹立期における白虎隊の事件が、その後、国家による戦争動員のプロパガンダに都合よく利用された側面は確かにあるものの、そのようなイデオロギーの要素の他にも注目すべき点があるように思う。それは、白虎隊の死が社会にどのように受け止められたか、という点である。

白虎隊のエピソードの要点は、ほとんど自刃に尽くされている。彼らは、戦争において華々しい活躍をし、戦果をあげたわけではない。彼らが注目されるのは、集団での自刃という行為があったからである。(8) この少年たちの自刃がどのように受け止められたのかを、芸能や文芸作品を分析し、その描かれ方の構造を抽出したい。

一　悲劇の敗者への哀惜

1　源義経像の投影

〽会津磐梯山は宝の山よ
　笹に黄金が　なりさがる
〽忠義一途の　あの稚児桜
散りて　その名も白虎隊
〽会津盆地の　緑の夏よ
　風もほがらに　鶴ヶ城

これは、「小原庄助さん　なんで身上つぶした」という囃子詞で知られる民謡「会津磐梯山」の冒頭である。二節目に白虎隊の事績が折り込まれているが、これは元唄に最初からあったわけではない。

「会津磐梯山」は、『会津若松市史』二一(民俗編①)によれば、明治初年頃に越後の五ヶ浜から会津に入った「五ヶ浜甚句」に由来するという。会津地方にひろまったこの唄は、盆踊唄や会津甚句ともいわれた。それを全国区の唄にしたのは、人気歌手の小唄勝太郎である。小唄は、一九三三年（昭和八）に東山温泉に泊まり、この盆踊唄を覚えて帰り、翌年に「端唄　会津磐梯山」というタイトルで、ビクターからレコードを出した。歌詞の一節目「会津磐梯山は……」は、会津のかけ唄「玄如節」から転用したもので、二節目の「忠義一途の　あの稚児桜……」、三節目の「会津盆地の……」という歌詞は、当時ビクターの専属作詞家だった長田幹彦による創作だったという(9)。この「端唄　会津磐梯山」がヒットしたため、会津にいわば逆輸入されて再構成された（歌詞が百番を超えて創作されていった）のが、民謡「会津磐梯山」である。

その二節目に注目したい。「稚児桜」とは、白虎隊の少年たちを指しているが、なぜ彼らが「稚児桜」に喩えられているのだろうか。「稚児桜」の用例を遡ってみると、箏曲「稚児桜」（一九一二年〈大正元〉、菊武祥庭大検校作曲）に鞍馬寺の稚児であった牛若丸（後の源義経）を描く歌詞がある。

くらまの寺の稚児桜
咲けや四海にかをるまで
昼はどくきよ《読経》をつとむれど
暮るれば習ふ大刀つるぎ
思ふ源氏の再興を
天満宮に祈らんと
よごとに渡る五条橋(10)

「くらまの寺の稚児桜」は、桜の花のように美しい少年牛若丸を指していた。引用の部分は、五条の橋の上で牛若丸と弁慶が出会う場面の冒頭である。すなわち、弁慶は牛若丸を薙刀で襲ったものの、牛若丸に薙刀を打ち落とされ、そこから牛若丸への忠誠を誓う。

つまり、「会津磐梯山」の歌詞にある「稚児桜」は、義経に白虎隊を重ねているのである。このことを踏まえると、義経の美しさ、強さとともに悲劇的な最期をも想起されるようになる。白虎隊の物語が構成される際に、義経の物語が援用されているのである。

ここで、義経について概説しておきたい。周知のように、義経は平家追討の戦いにおいて活躍したが、兄である源頼朝の許可を得ることなく後白河法皇より左衛門少尉、検非違使に任じられたことから、頼朝の反感を買うことになる。さらに頼朝が義経のもとに奉行として派遣した梶原景時が、義経は傲慢な振る舞いをしたと讒訴したことで、頼朝の心証は一層悪化した。頼朝の怒りを知った義経は起請文を書いて弁明したが、かえって怒りを増幅させてしまう。ついに義経は、頼朝によって追討の対象とされる身となる。藤原秀衡を頼って奥州へ逃亡したが、秀衡の没後、頼朝の圧力に屈した秀衡の子泰衡によって自刃に追いやられた。

義経については、『平治物語』『平家物語』『源平盛衰記』『義経記』をはじめとする文芸・平曲・幸若舞・謡曲・浄瑠璃・歌舞伎などの芸能、また近世庶民の読み物として普及していた草双紙を通じてそのイメージが流布され、人々の中に「判官びいき」と呼ばれる心情を伴って定着していた。そのイメージは義経の実像をある程度反映していたのかもしれないが、実際の容貌や性格や経歴とは別に逸話が作られていった。

その作られた義経像の特徴として、和歌森太郎は「無邪気な負けん気」「機敏果敢で、ずるさがない」といった人柄をあげている。[11] ひとことで言えば、ひたむきで潔い性格と言えよう。また、『義経記』は、義経を眉目秀麗な女性的容貌の持ち主として描いているが、そのような義経像は、『義経記』の記述によって成立し、後世のイメージを支配したという。[12] 歌舞伎の中の義経は、優男《やさおとこ》（二枚目）の役である。また、能においては、少年時代のみならず成人後の義経までも、子方によって演じられているという。[13]「美少年」「忠義一途」「悲愴な自刃」といった白虎隊像は、このような作られた義経像と類似するのではなかろうか。

さらに、和歌森は、義経がいっそう深く人々の人気を得たのは、頼朝に追放され流離の旅に出て亡びる「あわれむべき義経像」があった故という。すなわち、「本来大きな功績があり、栄位を保つはずの人物だったのに、落魄させられたのはなんと哀れなことか」という同情や哀惜の念において、義経は人をひきつけた。そして、悲劇の末路をたどった義経に対する同情と哀惜の心情を表現する、「判官びいき」という言葉も生まれてくる。[14]

そして、義経に対する思いの裏面には、頼朝に対する反感や憎悪が存在しているという。[15]同様に、上横手雅敬は、義経がいじめられたことこそ判官びいき成立の根源であり、梶原景時の讒訴や義経追討を命じた頼朝という悪玉を不可欠の前提としている、と述べている。[16]

このような「判官びいき」についての指摘は、白虎隊の物語を考察する際も大いに参考になる。白虎隊への哀惜は、罪なくして「朝敵」「賊軍」の汚名を着せられ、西軍の圧倒的な武力のもとに滅亡させられた会津藩への同情、裏を返せば薩長政府への反感があったのではないか。直接的に政権を批判することができにくいため、白虎隊への哀惜は、義経像のイメージに沿っていたとも考えられる。そして、敗者白虎隊への同情は、圧倒的な権力を握るに至った勝者への反感・憎悪の裏返しによって生じたのではないか。つまり、白虎隊の物語の構成において、ひたむきで潔く美しい義経像が想起されるのは、滅びゆく敗者にそのような属性を付与して哀惜してきた人々の心性によるのではないだろうか。

2 平敦盛像の投影

次の島田磐也作詞・古賀政男作曲の歌謡曲「白虎隊」（一九三七年〈昭和十二〉）は、かつては、藤山一郎・霧島昇・美空ひばり、現在は石川さゆりや氷川きよし等の演歌歌手によって歌われ、人口に膾炙されている。

一、戦雲晦く陽は落ちて
　孤城に月の影悲し
　誰が吹く笛か識らねども
　今宵名残の白虎隊

二、紅顔可憐の少年が
　死をもて守るこの堡塞
　滝沢村の血の雨に
　濡らす白刃も白虎隊

（詩吟）
　南鶴ケ城を望めば砲煙あがる
　痛哭涙を飲んで且彷徨す
　宗社亡びぬ　我が事おわる
　十有九士腹を屠って斃る

三、飯盛山の　山頂に
　秋吹く風は　寒けれど

忠烈今も　香に残す
花も会津の　白虎隊
花も会津の　白虎隊

一節目の前半は、孤立無援の鶴ケ城が、落日後の月下にたっている情景を描いている。これは、王維の詩「韋評事を送る」(17)にある「愁見孤城落日辺(愁へて見ん　孤城落日の辺)」を踏まえたものであろう。一節目の後半は、白虎隊死亡の前夜、誰が吹いているのかわからないが、月下の「孤城」から笛の音が聞こえてくる、という詩情を湛えた描写となっている。

そして、城から聞こえてくる笛の音は、二節目の「紅顔可憐の少年」と結びつけられる。戦場に聞こえる笛の音と美少年、これは、『平家物語』の有名な「敦盛最期」(18)の段を想起させる。

周知のように敦盛は平清盛の弟平経盛の子で、いわゆる栄華を極めた平家の公達のひとりである。笛の名手でもあり、祖父平忠盛が鳥羽院より賜った笛を譲り受ける。彼は一ノ谷の戦いに参加するが、源氏側の奇襲を受け、平氏側が劣勢になると、騎馬で海上の船に逃げようとした。敵将を探していた熊谷直実はそれを見て、次のように呼びかける。「あれは大将軍とこそ見まいらせ候へ。まさなうも敵に後ろを見せさせたまふものかな。返させたまへ」と。敦盛は、そのように招かれると素直に戻ってくるが、すぐに直実によって馬から落とされ、組み伏せられてしまう。直実が首を斬ろうと甲を上げると、わが子の年齢とおぼしき十六、七歳くらいの「容顔まことに美麗」な少年を目の当たりにして、殺害を躊躇する。直実は敦盛を助けようと名を尋ねるが、敦盛は「お前のためには良い敵だ、名乗らずとも首を取って人に尋ねよ。すみやかに首を取れ」と答え、直実は涙ながらに敦盛の首を切った。首を包もうとして鎧直垂をといてみると、錦の袋に入った笛を腰にさしていた。直実は、「あないとほし、この暁、城の内にて、管弦したまひつるは、この人々にておはしけり」と、早朝に城の中から聞こえてきた管弦の音の奏者のひとりが敦盛だったことに気づく。そして、「現在、味方に東国の軍勢が何万騎かいるだろうが、戦陣に笛を持ってきている人は、よもやあるまい。身分の高い人はやはり優雅なことよ」と感心する。源氏の大将軍九郎義経に見せたところ、これを見る人々で、涙を流さない者はなかった。後から聞くところによると、修理大夫経盛の子息で敦盛、生年十七歳であった。

以上のように美しく優雅な少年敦盛は、戦において屈強な大人の東国武士である直実に太刀打ちできず、殺されてしまう。しかし、彼は、「敵に後ろ見せて逃げるのか」と問われれば、とって返すような無垢な素直さと武士としての高い矜持の持ち主であった。さらに、組み伏せられれば、助命を望まず死に赴く潔さを備えていた。敦盛の首実検の場では、その場に居合わせた人が皆涙を流して哀惜した。無垢な少年が人生の黎明期に命を落とすことの不条理さを、敵味方という立場を超えて痛感したのであろう。『平家物語』では、敦盛を討ったことが直実の発心につながったとしている。

そのような心情は、恐らく平曲の聞き手や『平家物語』の読者にも共有されたのだろう。この「敦盛最期」は、再構成や潤色を経ながら『源平盛衰記』、世阿弥の謡曲『敦盛』、幸若舞『敦盛』、古浄瑠璃『小敦盛』、浄瑠璃・歌舞伎『一谷嫩軍記』、筑前琵琶「敦盛」というように無数の作品を生み出すまでに発展した。また、広島県庄原市は、正月の門付け芸だった「敦盛さん」を市指定民謡にしている。[19] このことは、伝統的な生活の中に、いかに敦盛の伝承が受け継がれていたかを示していよう。

近代になっても、敦盛の伝承は受け継がれている。一九〇六年(明治三十九)、大和田建樹作詞・田村虎蔵作曲の唱歌「青葉の笛」は、現在も人口に膾炙されている。

　一の谷の　軍破れ　討たれし平家の　公達あわれ
　暁寒き　須磨の嵐に　聞こえしはこれか　青葉の笛

哀感のこもった曲に、紅顔の美少年の悲劇、平家滅亡の無常が表現されている。このような作品を通じて、純粋無垢な少年の悲劇的な死に対する同情が、白虎隊の死を位置づける土壌としてすでにあったと言えよう。

源氏方の圧倒的な武力によって討たれた敦盛は、高貴な家柄の出身で、『平家物語』では十七歳、『源平盛衰記』では十六歳だったとされる。他方、政府軍の巨大な軍事力の前に途方に暮れ、自刃した白虎隊の武士は、会津藩では比較的高位の家格の出身であり、十六歳、七歳の少年であった。島田磐也作詞の「白虎隊」が示す白虎隊への哀惜の情は、悲劇の敦盛像に想を得た語りとなっていると言える。

しかし、島田磐也作詞の「白虎隊」は、敦盛伝承に沿った詩情を演出するため、史実とは異なる場面設定をおこなっている。まず、白虎隊が死亡する前夜（八月二十二日）の月についてである。会津での戦闘を詳細に記録した平石弁蔵著『会津戊辰戦争』によれば、この日の会津は、「夕陽既に没すれども朝来の雨未だ止まず、満天墨を流せるが如き[20]」天候であり、月は出ていなかった。第二に同書は、その日の状況を「八月二十二日石筵口の敗報若松に達す、会津の壮者は出でて四境に在り、残る者多くは吏胥及老幼婦女子のみにして籠城の準備未だ成らず、是に於て上下大に驚き急使を馳せ、仙台各方面の守備兵をして昼夜兼行戸ノ口に転じて西軍に当らしめ[21]」のように描く。この日、主戦力たる壮年者の部隊は四方に出撃しており、城下に残っていたのは下級役人と「老幼婦女子」がほとんどであった。人々は、西軍がすでに近くに迫っているという情報に接すると、驚き動転した。各地における東軍の苦戦や敗戦の報は、城に達していたものの、このように早く西軍が城下に迫るとは、想定外だったらしい。にわかに籠城を開始したのが、この八月二十二日なのである。そのような中、音曲の演奏が可能であるとは考えにくく、鶴ケ城は笛の音が響く静寂とはほど遠かったはずである。

歌詞について、虚構であると指摘するのは、無粋の至りかもしれない。しかし、白虎隊についての物語は、義経や敦盛の伝承を下敷きに、哀惜の情を醸す虚構を伴いながら作られていったのである。悲劇の主人公義経や敦盛は、美少年で潔く優美で、すがすがしい生き方をした高貴な人物として描かれた。本来なら栄位を保った人生を送れたはずなのに、抗しがたい力によって滅ぼされてしまった、その不条理が嘆かわしい、そのような同情心は、作られた義経像や敦盛像となってすでに前近代の人々に定着していた。白虎隊の事績をどのように受け止めるかという際に、このような心性は、親和性を発揮したと言えるのではないだろうか。

二　いにしえの忠臣像に倣って

1　文天祥像の投影

民謡「会津磐梯山」や歌謡曲「白虎隊」には、ひたむきで潔く高貴な美少年たちが悲劇の運命をたどったことに対する哀惜の念が込められていた。このような感情は、「忠」という道徳的評価から発したものでは必ずしもない。[22]後年、白虎隊は、「会津魂」「大和魂」「日本精神」と結びつけられて論じられるようになるが、当初は、忠臣という点に重点を置いて評価がなされた形跡がないのである。

白虎隊について最も早く伝えた刊行物は、一八六九年(明治二)の『官許新聞　天理可楽怖』第三号とされる。そこでは、「かかる幼弱の身として決心の潔きを見れば、成長の後は英材となるべきものありつらんに、惜しきことなりと人々云へりとぞ」[23]と、「人々」の感慨をごく短い記述にしていた。すなわち、「年若い身で潔い自刃をとげたことから見て、仮に成長した暁にはすばらしい人物になるはずの者もあっただろうに、惜しいことである」という、少年たちの早すぎる死への哀惜を示すのみである。

この『官許新聞　天理可楽怖』は、生き残った飯沼貞吉の証言をもとに、少年たちの最期の様子を次のように報じている。

敵は既に疾く進て城際に迫りて、烟炎空を蔽ひ、誰一人来り援くるものも見へざれば、迚も叶はじと各心に決定し、此上は敵の手に係らんも口惜と、互いに相談し、暫其の場を遁れ、城陰の見ゆる所を択び、各遥拝して死に就たり。(24)

少年たちは、鶴ケ城を遥拝してその後死亡したと述べられている。

この臨終の場面について、『官許新聞　天理可楽怖』以降で最も早い時期に白虎隊に言及していると言われる、小笠原勝修纂述『続国史略』後編（巻之五、一八七五年〈明治八〉刊行）を見てみよう。

力の支えざるを知り、飯盛山に登り、城外火起るを望み見て、以て城已に陥ると為す。乃ち城に向ひ再拝して曰く、「臣の事畢る」と。各々耦刺して死す。（原漢文）(25)

『続国史略』後編は、一見すると『官許新聞　天理可楽怖』よりも事実を簡略化して淡々と述べているように思えるが、傍線部を比較してみると、実は敢えて書き加えた部分が二点あることがわかる。一点目は、少年たちに「臣の事畢る」という言葉を言わせていること。二点目は、「耦刺して死す」と少年たちはお互いに刺し違えて死んだとしていることである。

まず、一点目の「臣の事畢る」について見ていく。「臣の事畢る」（「吾が事畢る」とする文献もある）という末期の言葉を述べて死ぬスタイルはこれ以降、さまざまな作品に引き継がれてゆく。

例えば、会津中学の漢文教師の佐原盛純の漢詩「白虎隊」では、「南瞰鶴城烟颺。痛哭呑涙且彷徨。宗社已亡吾事畢」[26]となっている。この作品は、一八八四年(明治十七)、白虎隊の十七回忌の戊辰祭に当たって作られ、琵琶の弾奏に用いられたり、「白虎隊剣舞」で吟誦されたりしている。前出の島田磐也作詞の歌謡曲「白虎隊」の詩吟の部分にある「宗社亡びぬ　我が事おわる」という歌詞は、佐原の詩の引用である。

また、『小学生徒演説』掲載の「白虎隊の勇気」(一八九一年〈明治二十四〉)には、「若松城の方を拝み、『私共の仕事は最早これまででございます』と述べまして、皆々腹を切り喉をつきさして死にました」[27]とあり、小学生向けに平易な記述になっている。

『会津戊辰戦史』(一九三三年〈昭和八〉)には、「城に向ひ跪いて拝して曰く、『臣等か事畢る』と。或は腹を屠り或は耦刺して死す」[28]とあり、『続国史略』後編をほぼ踏襲していることがわかる。

実は、この「我が事(臣が事)畢る」という発語と、忠節の対象への「再拝」は、文天祥(一二三六～八三)がかつて刑に臨んで行った行為であった(「天祥臨刑、殊従容謂吏卒曰、吾事畢矣、南向再拝死」『靖献遺言』五)。彼は、南宋の宰相を歴任した政治家で、高名な詩人でもあった。元軍の侵攻によって滅亡へと向かう南宋の臣下として兵を挙げて戦ったが、破れて囚われの身となった。そして、大都(北京)に送られ幽閉されること三年。この間、皇帝フビライは文天祥の人物を惜しんで、元に仕えるよう繰りかえし説得を続けたが、彼は二君にまみえることを潔しとせず、拒みつづけ、遂に処刑された。[29]浅見絅斎の『靖献遺言』は、文天祥を忠臣の鑑として高く評価している。

大帝国元の侵攻によって滅んだ南宋と、圧倒的な西軍の軍事力を前に滅んだ会津藩は、重ね合わされ、南宋滅亡後も節を曲げなかった文天祥と、会津藩滅亡と同時に自刃した白虎隊は、二重映しとなったのではなかろうか。白虎隊は中華世界の忠臣文天祥を下敷きに語られ、忠節の臣として描かれるようになる。

このよう古典世界の忠臣を引き合いに出して白虎隊に重ねる路線は、エスカレートするように思われる。村井弦斎・福良竹亭著『絵入通俗　西郷隆盛詳伝』は、白虎隊の個々人の行動を詳述し、次のように、まるで少年たちの最期の場面を目の当たりにしたかのように描いた。

十六人遥かに城を拝て最後の用意をなす、（中略）篠田儀三郎とて十七歳の美少年、声も朗に文天祥が正気の歌を吟ず、負傷に悩み息も半ば苦し気なりし石田和助とて十六歳の少年は篠田の吟声を聞いて完爾として笑ひ、我も最後の吟声を為さんとて「人生古より誰か死無からん、丹心を留取して汗青を照らさん」と文天祥が零丁洋の詩を吟じ了り、我は手疵の苦しき故お先へ御免を蒙ると両肌を脱いで刀を腹に突き立て見事に引廻して前に伏したり、之を見て篠田儀三郎も人に遅れじと杖にせる刀を逆手に執り自ら喉を貫いて死せり。(30)

ここで篠田儀三郎が吟じたのが、まさに文天祥が獄中で詠んだ「正気歌」であった。この詩は、「この世界には正気が存在する。そのため、太平の時代には正しい政治が行われ、困難な時代には節義の士が輩出し歴史に名を残す。これらの歴史事象は、正気のもたらした結果であり、永遠に残る。獄中に繋がれた私だが、先人たちの道が私の顔を照らしてくれる」という趣旨である。生死を超えた永遠の「正気」の存在と、節義に生きた先人の事績を自分の心の拠り所として、悲惨な境遇に耐えようとする心情が描かれている。

石田和助の吟じたのは、文天祥の「過零丁洋（零丁洋を過ぐ）」という詩である。元軍にとらえられて護送されていた文天祥は、元軍の将張弘範から、宋軍の将張世傑に投降を勧める手紙を書くように再三要請される。しかし、それをきっぱりと拒否し、張弘範に対して代わりに書いて与えた詩が、これである。(31)最期の二句「人生自古誰無死、留取丹心照汗青（人間、昔よりだれか死なないものなどあろうか。どうせ死ぬこの身なら、この忠誠の赤心を留め残し、史上に輝かしたいものである）」は、特に忠節の気概を示すものとして有名である。

浅見絅斎著『靖献遺言』には、文天祥の評伝とともに「正気歌」が掲載されている。そして、「正気歌」は、幕末の志士たちに愛唱され、藤田東湖は「和文天祥正気歌」を作り、吉田松陰は「正気歌」を作っている。白虎隊は、死に臨んで文天祥さながらの言動を行ったり、文天祥の詩を朗読したりする。文天祥の忠節の行為が白虎隊の事績に注入されることによって、いにしえの忠臣像を投影した白虎隊像が成立する。白虎隊についての把握は、古典世界の忠臣像を通してなされていった。

2　楠一族像の投影

二点目は「耦刺して死す」についてである。白虎隊で唯一生き残った飯沼は、後年のインタビューにおいても「或る者は腹を切った、又或る者は喉を突いた」（『河北新報』一九一〇年〈明治四十三〉七月二日）と語り、耦刺つまりお互いに差し違えて死んだとは述べていない。「耦刺」は、『続国史略』後編の創作であると考えざるをえないのである。しかし、この創作は後の作品に影響を及ぼす。

先に見た『絵入通俗　西郷隆盛詳伝』も、「耦刺」をさらに発展させ、詳述している。

> 林八十治と云へる十六歳の少年は、同年なる永瀬雄治と親友の交りありしが、死なば諸共と約束せし事を思ひ、差し違へて死なんと林は刀を執つて永瀬の胸に擬し、永瀬は林の喉に刀を当て、双方より一時に声かけて差し違えたり。[32]

親友の少年同士は、なぜ差し違えて死ぬことにされたのか。これも、いにしえの忠臣の所作に倣った演出だったのではないか。歴史上「耦刺」で有名なのは、南朝側の武将楠正成と正季の兄弟であり、正成のふたりの子、正行と正時であった。彼らは、強大な北朝軍の攻撃により絶望的な状況下で、差し違えて自刃した敗者であった。しかし、正成をはじめ楠一族は、江戸時代になると水戸学において忠臣として見直され、幕末には志士の崇敬の的となる。特に正成と正季の臨終の場面は印象的であり、それを描いた『太平記』の次の部分は、広く社会に流布していた。

　正成坐上ニ居ツツ、舎弟ノ正季ニ向テ、「抑最期ノ一念ニ依テ、善悪ノ生ヲ引トイヘリ。九界ノ間ニ何カ御辺ノ願ナル。」ト問ケレバ、正季カラカラト打笑テ、「七生マデ只同ジ人間ニ生レテ、朝敵ヲ滅サバヤトコソ存候ヘ。」ト申ケレバ、正成ヨニ嬉シゲナル気色ニテ、「罪業深キ悪念ナレ共我モ加様ニ思フ也。イザサラバ同ク生ヲ替テ此本懐ヲ達セン。」ト契テ、兄弟共ニ差違テ、同枕ニ臥ニケリ。（『太平記』巻十六「正成兄弟討死事」）(33)

正成・正季兄弟は、「七度までも人間に生まれ替わって朝敵を滅ぼす」という執念のこもった誓いを交わし、お互い差し違えるという方法で自刃する。この場面をもとに、吉田松陰は「七生説」（『丙辰幽室文稿』）を書き、次のように述べた。

　余聞、「贈正三位楠公死也、顧其弟正季曰、死而為何、曰、願生七生人間、以滅国賊、公欣然曰、先獲吾心、耦刺死、噫、是有深見于理気之際也歟。(34)

「耦刺」は、兄弟の絆の強さを示し、かつ、忠誠心の深さを示す、ある意味で劇的な死に方といえよう。共に死に、共に転生する、そのことを想起させる死に方なのである。白虎隊の死を演出する際に用いられたのは、このような忠臣楠一族の討死のスタイルであった。

　幕末からアジア太平洋戦争の敗戦まで、日本において文天祥と楠正成は、忠臣の中でも特に高く評価された人物であった。これら忠臣のエピソードから一部分が抽出され、白虎隊の潤色に使用されることで、忠臣・白虎隊の把握は観念的に容易になる。白虎隊は、先行する忠臣にあやかった形で潤色を施されていったのである。

おわりに

白虎隊の事件について、少年たちは、鶴ヶ城の周辺で起こった火災を落城と誤認して集団自殺した、という叙述を仮に採用するならば、惜しむべき命を無駄にした犬死にということになる。しかし、戦死以上に鮮烈な自刃という最期は、後世の者にとって印象深く、その死を犬死にと片付けて忘れ去る選択をさせなかった。

ただ、人生の暁に命を絶つ少年たちの肖像を描くにあたっては、基本となる情報があまりにも少ない。しかし、文芸や芸能の分野では、史実を超えて好みの造形をすることができたし、逆に自由な造形をなすには正確な史実は制約でもあった。造形する際には、社会に周知されていた義経像や敦盛像を白虎隊に取り入れることで、悲劇の敗者として白虎隊は、哀惜の念をもって受容されていった。また、忠臣としての白虎隊も、文天祥像や楠一族像の一部を借用することで、人々の認知の枠をはめ、崇敬の対象としての位置を築く土台をなしたと言えるのではないだろうか。[35]

白虎隊は、「大和魂」「日本精神」「会津魂」等のイデオロギーの宣揚に利用されるようになるが、その土壌には、以上のような古典世界からの投影を受けとめて作られた白虎隊像があったのである。

註

（1）『会津若松市史』二一民俗編①（会津若松市、一九九九年）三九頁。

（2）なお飯盛山には、白虎隊十九士の墓の脇に各地で戦死した他の三十一人の白虎隊士のほか、同時期に戦死した六十二人にのぼる少年の武士が祀られている。

（3）冨田国衛『会津戊辰戦争　戸ノ口原の戦い　日向内記と白虎隊の真相』（おもはん社、二〇〇八年）二七六～二七七頁。

（4）山川健次郎「会津白虎隊」（会津弔霊義会編『補修会津白虎隊十九士伝』、会津弔霊義会、一九二六年）四頁。

（5）後藤康二「白虎隊テクストについての覚書1」（『会津大学文化研究センター』八号、二〇〇二年）、同「白虎隊テクストについての覚書2」（『会津大学文化研究センター』九号、二〇〇三年）。

（6）冨田国衛『会津戊辰戦争　戸ノ口原の戦い　日向内記と白虎隊の真相』（おもはん社、二〇〇八年）。

（7）田中悟『会津という神話』（ミネルヴァ書房、二〇一〇年）。

（8）おびただしい数の「白虎隊自刃図」が、複数の画家によって描かれたのは、自刃が白虎隊を表現するモチーフとして画家を引きつけたからであろう。

（9）『会津若松市史』二二民俗編①（会津若松市、一九九九年）三八～四〇頁。

（10）小野信龍『私立大阪女子音楽学校琴曲類集』（一九一六年）三九頁。

（11）和歌森太郎『判官びいきと日本人』（木耳社、一九九一年）八～一一頁。

（12）和歌森太郎『判官びいきと日本人』（木耳社、一九九一年）三九～四〇頁。

（13）池田弥三郎『日本芸能伝承論』（中央公論社、一九七九年）三〇六頁。

（14）その後、「判官びいき」は、義経に対する同情を超えて、弱い立場に置かれている者に対して同情を寄せる心理を示す言葉となった。

（15）和歌森太郎『判官びいきと日本人』（木耳社、一九九一年）一三頁。

（16）上横手雅敬『源義経―源平内乱と英雄の実像―』（平凡社ライブラリー、二〇〇四年）二〇二頁。

（17）『唐詩選』第七巻　七言絶句。

(18)『新日本古典文学大系四五　平家物語下』巻第九「敦盛最期」(岩波書店、一九九三年)一七四～一七七頁。
(19)岩下均「民俗芸能『敦盛さん』の一考察」(『目白大学　人文学研究』九号、二〇一三年)四～五頁。
(20)平石弁蔵『会津戊辰戦争』(兵林館、一九一七年)一六九頁。
(21)平石弁蔵『会津戊辰戦争』(兵林館、一九一七年)一六八頁。
(22)会津藩士の息子で戊辰戦争当時十歳であった柴五郎は、白虎隊について、「子供ながらもよく出来た、可愛そうに、といった様な風で、いわば当然のことながら良くやったと云う位に止り、今日のように嘆賞絶賛する風もなかったのを記憶している」と述懐しているという(冨田国衛『会津戊辰戦争　戸ノ口原の戦い　日向内記と白虎隊の真相』、おもはん社、二〇〇八年、三八頁)。
(23)『官許新聞　天理可楽怖』第三号(一八六九年四月)所収。なお、引用は、飯盛正日『白虎隊精神秘話』(山主飯盛本店、一九八一年〔二〇〇三年改定第六版〕)五三～五四頁に掲載された原文に拠る。
(24)飯盛正日『白虎隊精神秘話』(山主飯盛本店、一九八一年〔二〇〇三年改定第六版〕)五三頁。
(25)『続国史略』後編巻之五(柏悦堂、一八七五年)三八丁表。
(26)現在、飯盛山にはこの詩碑が建っている。佐原は何度か詩の改訂を行っているが、自ら修訂した最後の作が上記のものである。
(27)松本仁吉(謙堂)『小学生徒演説』「白虎隊の勇気」(積善館、一八九一年)六頁。
(28)会津戊辰戦史編纂会編『会津戊辰戦史』(会津戊辰戦史編纂会、一九三三年)五二二頁。
(29)榎本秋村『世界偉人の最期』(実業之日本社、一九一三年)二三六～二四〇頁。
(30)村井弦斎・福良竹亭『絵入通俗　西郷隆盛詳伝』(春陽堂、一九〇三年)六五頁。

(31) 国府犀東『文天祥』（政教社、一八九七年）一四〇頁。
(32) 村井弦斎・福良竹亭『絵入通俗　西郷隆盛詳伝』（春陽堂、一九〇三年）六五～六六頁。
(33) 後藤丹治・釜田喜三郎校注『日本古典文学大系三五　太平記』二（岩波書店、一九六一年）一五九頁。
(34) 山口県教育会『吉田松陰全集』第三巻（岩波書店、一九三四～三五年）二四頁。なお、「七生」について松陰は、気は滅びても理は生き続けるという理気説によって解釈している。
(35) 白虎隊は、多数の忠臣の中でも当時最高の忠臣とされた忠臣像から造形されたと思われる。民謡「会津磐梯山」の歌詞には「四七士に　負けないものは　会津錦の白虎隊」と唄われる。また、佐原盛純の漢詩「白虎隊」の末尾は「忠烈赫々如前日。自今不説田客賢」とある。「白虎隊の忠烈は、昨日のことのように明らかである。したがって、今からは主君田横に殉じた部下の賢さについては言うまい」。これは、もと斉王の田横（?～紀元前二〇二年）の部下五〇〇人が、田横の死亡を知って殉死する故実を踏まえたものである。このような、いにしえの忠臣と比較し、白虎隊をより高く評価する。

席次を争う神と人

――近代における津軽顕彰を例に――

鈴木啓孝

はじめに

人は死ぬと神になる――古来存在した宗教的心性に基づいて、日本列島では、死んだ人間を神として祀る営みがさまざまなかたちで繰り返されてきた[1]。ある時、それは無念の死を強いられた人物の怒りと恨みを鎮めるためになされた。またある時は、優れた業績をあげた人物を褒め称えるためのものだった。みずからの意思で神となることを望み、崇められるようになった人物もいた。この列島における、人を神として祀る営みの発生にあたっては、祀られる側である神々の意思が介在したケースも数多い。だが、その営みが後代にまで持続し、「伝統」となるにあたっては、祀る側である人々の都合の方こそ重要であった[2]。本稿が扱うのは、そうした人神信仰の近代における展開である。

近代における人神信仰の中心には、現人神として国民の上に君臨し、国家統合を実現した天皇が位置する。そして、この中心に連なるかたちで、各地域には、当該地域の形成に功績のあった人物を神に祀り、それによって地域秩序の安定をはかろうとする動きがあった。近代国家の形成過程におけるこうした地域の動向について、政治と宗教の相関という着眼からの先駆的研究をなした羽賀祥二氏は、米沢と金沢という地方都市を例に、旧領主（上杉氏・前田氏）一族とその祖先神を奉じた祭祀は、戊辰戦争と西南戦争の戦死者の霊魂を祀る営みと連動していたと指摘する[3]。この時新たに創建された神社と紀念碑という祭祀のための施設を通じ、地域の現場では、「過去と現在の著しく功績を挙げた郷土の人物たちが、新しい秩序の構築に際して動員されていった[4]」のである。また、高木博志氏は、前出の金沢のほか、弘前・仙台・京都のケースを加え、城趾を活用した都市公園の整備[5]とそうした公園を会場とした開市紀念祭や旧藩主紀念祭といった、都市祭典が担った役割について論じている[6]。地方都市における歴史を媒介としたこれらひとつながりの行事は、かつての武士層に限らない商工業者を含む市民たちが地域おこしに積極的に参加してゆくための通路となり[7]、地域社会を舞台とした「天皇のもとでの「臣民」の創出[8]」に作用したのである。

社会思想史学の方法によるこうした研究の蓄積が進むなか、矢野敬一氏は民俗学の見地から、近代における死者の慰霊と追悼、そして顕彰にまつわる問題を考察した[9]。矢野氏は、新潟県村上地方をフィールドとした調査に基づいて、地域から出征し戦死した軍人たちを慰霊・追悼・顕彰するシステムが構築された一方で、旧藩時代の領主や戦国武将を顕彰するための祭礼が創始されていたことに注目する。そして、さまざまな試行錯誤をはらみながらもそれらの行事が連動し、マスメディアの喧伝を通して地域共有のものとなることで、「郷土というローカルな次元での共同性がナショナルな共同性へと、矛盾することなく接合している様相[10]」を捉えた。

国家対地域、政治対宗教の対立軸に配慮した、以上の研究が積み重ねられたことで、近代日本における国家統合過程の解明は著しく進展したといえよう。ところで、これら一連の研究が描き出したのは、国家による地域の包摂、あるいは地域が国家へと回収されてゆく、不断かつ不可逆な時代の流れであった。そしてその叙述にあたっては、一部の地域をケーススタディとしつつ、そこで得られた知見を日本全体に一般化させる傾向が顕著であった。たしかに、時代縦断的、地域横断的な一般化が可能な動向もあるだろう。だが、不断で連続的にみえる歴史の流れのなかにも断絶があり、あるいは転回とも評価すべき現象が生じてはいなかっただろうか。また、地域住民や地域出身者の全てが国家の意思に盲目的に追従し、完全に連携したのではなく、そこにはある種の逸脱もあったのではないか。つまり、ここで注意を喚起しておきたいのは、近代日本の国民国家統合過程における連続のなかの転回、あるいは連携のなかの逸脱という側面である。

以上の視角を得た本稿が注目するのが、神社の創建、紀念碑の建立、都市祭典の挙行、城趾公園の解放と並んで、国家が地域を回収する際に活用した死者への贈位である(11)。この贈位こそ、国家が主体となって地域の住民を慰霊・追悼・顕彰するための強力なシステムにほかならず、そこにはさまざまな政治的力学が集約してあらわれた。古代律令官制に由来する贈位は、天皇制国家による価値の独占と一元化を象徴している。すなわち、天皇の名のもとに死者の功績が認知され、贈られた位階の高低でその功績が序列化され、しかも、それは歴史的過去にまで遡る。そもそも、近代以前において位階を授かったのはごく一部の高貴な身分の者に限定された。幕藩時代の各地域にあって、五位以上の高位に上るのは藩主に限られていたといってよい。そして、位階を授けられた歴代藩主には、優れた人間性と治績のため神として祀られ、地域住民の尊敬と崇拝を集めた人物も存在した。ところが、明治二〇年代以後における贈位の大量発生によって、それまで地域の崇拝を集めてきた神と同格になる、あるいは神の上位に立つ人間が多数出現することになる。かくして序列の再編成が必然化し、近代を通じ、いわば「神と人との席次争い」が繰り広げられることになるのである。

こうした「席次争い」の現場として、本稿では青森県津軽地方、すなわち旧弘前藩のケースに注目する。その際、いかなる人物＝神がいかなる理由で位階の追贈を願われたのかという、地域出身者の主張に耳を傾けてみることにしたい。後にみるように、地域の主張は国家によってただちに受諾、回収されたのではなく、挫折や、状況に応じた論理の転換を余儀なくされていた。また、地域の側も決して一枚岩ではなく、内部批判があった。「伝統」の顕彰にあたっては、顕彰される人物＝神の来歴と業績それ自体よりも、顕彰する者が置かれた立場、その立場に置かれた者ならではの心理、さらには、その心理に基づいて構築される論理を捉えることが肝心である。それによって、近代国家の作為における連続のなかの転回、あるいは連携のなかの逸脱の相貌を実見することもできるだろう。

一　明治以後の贈位問題

1　宮中土佐派による贈位政策の展開

明治二〇年代は、国家による死者への贈位件数が爆発的に増加した時代である。そして件数の増加に伴って、贈位の対象とされる人物にも大幅な質的変化が生じていた。羽賀祥二氏がまとめているように、[12]明治一〇年代以前の被贈者は、維新の功労者としては旧藩主（島津斉彬・徳川斉昭・山内豊信ら）や、死の直後に贈位された大久保利通・木戸孝允・岩倉具視らトップに限られた。そのほかには、建武新政の忠臣（楠正成・新田義貞・結城宗広ら）や尊王思想を鼓吹した国学者（本居宣長・平田篤胤ら）など、歴史上の著名人物に限定された贈位だった。これに対して、明治二四（一八九一）年の被贈者は、安政の大獄・禁門の変・生野の変など幕末期の政治運動の犠牲者や、各藩の尊攘派の主要人物たちとなった。以後も被贈者は増え続け、顕彰の対象は、明治維新の指導者クラスからそれ以下へと、漸次拡大していったのである。

明治二〇年代における贈位政策を主導したのは、土方久元・田中光顕に代表される宮中土佐派の官僚たちだった。これに関連して、近年、緻密な調査に基づく研究を進めているのが、高田祐介氏である。明治二〇年代に顕在化する旧土佐藩士を対象とした殉難志士顕彰の動向に注目した高田氏は、「明治期における政治過程の中で、国家側がいかなる意図や要因のもとに顕彰を進めたのか」の実相を明らかにすることを試みた。そうした顕彰運動が目指したのは、まず、幕末維新期の政治党争に端を発する「旧土佐藩内における「旧怨」の解消」である。さらにその運動は、明治一〇年代以後顕在化していた不平士族・民権運動の懐柔策ともなり、高知県における「立志社時代を経た対立の緩和」の表象ともなっていたことが明らかになった(13)。

一方、高田氏は、こうした顕彰の遺漏という事態についても問題化し、「国家に掬い上げられなかった「志士」たちが、明治中期以後、全国の府県に偏在し続けた」と指摘する(14)。したがって続く明治三〇年代以後も、そうした遺漏者に対する追加調査と、そうした調査が基になった贈位が持続する。国家と地域、双方の連動による死者への贈位を通じた地域顕彰活動は、さまざまに展開してゆく余地を残したのだといえよう。

2　拡大する贈位者と贈位事由

ここであらためて、明治二〇年代の贈位政策の展開を、本稿の立論に沿うかたちで整理し直してみた。表1で確認したい。

明治二〇年代における贈位において真っ先に処置がなされたのは、維新の功労者のなかでも藩主・公家など、元来の高位者に準ずる立場にあった指導者やイデオローグたちだった。明治二二（一八八九）年二月一一日の憲法発布を契機とした西郷隆盛・藤田東湖・佐久間象山・吉田松陰への大赦の意を含む贈位を皮切りに、明治二四（一八九一）年四月八日には、水戸藩の安島帯刀、長州藩の久坂玄瑞・高杉晋作、土佐藩の武市半平太・坂本龍馬らへの贈位がおこなわれた。

表1　明治22～31(1889～1898)年における主な追贈・贈位(抄)

	追贈年	月日	位階	姓名	備考
1	明治22年(1889)	2月11日	正三位	西郷 隆盛	4名のみ
			正四位	藤田 誠之進(東湖)	
				佐久間 修理(象山)	
				吉田 寅次郎(松陰)	
2	明治24年(1891)	4月8日	正四位	安島 帯刀	合計29名 水戸藩・土佐藩・長州藩などの指導者、イデオローグが中心。
				頼 三樹三郎	
				橋本 左内	
				久阪 義助(玄瑞)	
				高杉 晋作	
				武市 半平太	
				阪本 龍馬	
3	明治24年(1891)	12月17日	従一位	正親町三條 公積	合計156名 宝暦・明和事件の関係者ほか、水戸藩の天狗党の乱参加者、土佐藩の土佐勤王党員、長州藩の池田屋事件遭難者、薩摩藩の寺田屋事件遭難者などに追贈が拡大。
			正二位	岩倉 恒具	
			従二位	今出川 公言	
			正三位	植松 幸雅	
			従三位	中院 通維	
			正四位	竹内 式部	
				山県 大弐	
				頼 久太郎(山陽)	
				武田 元伊賀守(耕雲斎)	
			従四位	藤田 小四郎	
				吉田 稔麿	
				有馬 新七	
				平井 収二郎	
				那須 信吾	
4	明治31年(1898)	7月4日	正四位	高野 長英	合計 172 名 土佐藩の下士層を中心に追贈がさらに拡大。
			従四位	小南 五郎	
				望月 亀弥太	
				池 内蔵太	
			正五位	近藤 昶次郎	
				澤村 総之丞	
			従五位	安岡 鉄馬	
5	明治31年(1898)	10月25日	正三位	大寺 安純	合計46名 日清戦争の戦死将校に贈位。
			正四位	阪本 八郎太	
			従四位	今田 唯一	
				榊原 忠誠	
			正五位	林 久実	
				中萬 徳次	
			従五位	宇和川 匡義	
6	明治31年(1898)	12月23日	正五位	新 保正	合計13名 日清戦争の戦死将校に贈位の追加。
				神田 音熊	
			従五位	石黒 重熙	
				金藤 之明	

田尻佐『贈位諸賢伝』上・下巻(国友社、1927年)をもとに作成。

続く贈位対象者となったのは、彼ら指導者やイデオローグに限定しない、幕末維新期における数多くの殉難者たちである。水戸藩士（天狗党の刑死者）・土佐藩士（土佐勤王党の刑死者）・長州藩士（池田屋事件の遭難者・禁門の変の戦死者）・薩摩藩士（寺田屋事件の遭難者）などを中心に、「勤王」を主張し、その結果「殉国」した人々に対する贈位が展開した。特に、明治二四（一八九一）年一二月一七日の一五六名、明治三一（一八九八）年七月四日の一七二名に対する一斉贈位は、その裾野の拡大を象徴している。

幕末維新期に活動したいわゆる「勤王殉国の士」[15]の事績を振り返り、顕彰する際に最も重視された条件が、まず何よりも「勤王」という価値基準に則った志士としての活動履歴であったことは疑いない。しかし、それにも劣らない重要条件が「殉国」という人生の結末、すなわち、刑死・戦死・自刃、あるいは暗殺などによって非業の死を強制された点にあった。彼らの多くは、地域共同体の犯罪者か不義不忠の極悪人とみなされていたのであり、死亡した時点でその活動が報われることは全くなかった。古来、祭祀には、怨みをのんで死んでいった人々の無念と怒りを鎮めるための機能が備わる。明治二〇年代における贈位の背景としても、死者たちを顕彰するに先立ち、非業の死を強いられた彼らの慰霊をおこなわなければならないという宗教的心性が大前提にあった。彼らが靖国神社に合祀され、死してなお国家を守護する神として崇められてゆくのも、そのためこそである。

そして、このような心性に発した論理的展開の必然により、必ずしも西国雄藩出身の殉難者に限らない、あらゆる藩内部における幕末維新期の政争が顧みられることになる。その結果、比較的早い段階で、奥羽越列藩同盟に加担して敗北し、「賊軍」とされた奥羽諸藩の藩士のなかにも、贈位の対象となった人々があらわれる。

例えば、合計一五六名もの大量贈位のあった明治二四（一八九一）年一二月一七日に注目してみよう。この日、中島源蔵・目時隆之進という二人の盛岡藩士への贈位（ともに正五位）があったことが確認できる。『贈位諸賢伝』によると、中島源蔵は、奥羽越列藩同盟への参加を主導した家老の楢山佐渡に反論し、官軍への参加を主張するもそれが容れられずに自刃した人物(明治元〈一八六八〉年七月九日、四〇歳)である。[16] 一方の目時隆之進は、盛岡藩の同盟参加に抗して官軍側に投降、官軍の奥羽地方進軍にあたって献策をおこなったが、盛岡藩の降伏後、その削封に際して弁明を試みるも容れられず、やはり自刃した人物(明治二〈一八六九〉年二月八日、四七歳)であった。[17] 彼ら両名も、やがて靖国神社に合祀されている。

その他にも、仙台藩士の三好監物、天童藩士の吉田大八といった、自藩の奥羽越列藩同盟参加に反抗して「勤王」を主張し、その結果、非業の死を遂げた人物への贈位(ともに正五位)がなされた。彼ら奥羽の「勤王殉国の士」たちも、死後二〇数年の時を経て、水戸の天狗党員や土佐の勤王党員たちと並んで晴れてその名誉を回復し、天皇の名のもと、国家権力による慰撫を受けることになったのである。国家による彼らの顕彰が明治二四(一八九一)年時点で早くも開始されたことからは、高田氏が論じた「旧土佐藩内部における「旧怨」の解消」にとどまらない、「薩長土」対「奥羽」というレベルにおける「「旧怨」の解消」や、「維新の和解」に向けた国家側の意思を看取できよう。

そして、「勤王」と「殉国」という二つの要素を完全に満たすのが、この頃、帝国日本が引き起こした対外戦争における戦死者たちであった。すなわち、明治二七〜二八(一八九四〜九五)年の日清戦争で戦死した将校たちも追贈の対象となった。前記通り、合計一七二名への大量贈位のあった明治三一(一八九八)年の一〇月二五日に四六名、一二月二三日に一三名と、合計五九名にのぼる日清戦争の戦死・戦病死将校への一斉追贈が実現している。彼らもまた、出身地域における「勤王殉国」の英霊として顕彰されてゆくことになる。

3 疎外される地域

明治二〇年代後半から明治三〇年代前半にかけては、日清戦争という、近代日本が経験したはじめての対外戦争の勝利による栄光と、三国干渉を受け遼東半島返還に追い込まれた屈辱を共有することで、人々の間に、国民国家日本に参加することの興奮が強烈に実感されはじめた時代である。そのような時代の興奮を背景に、宮中土佐派の主導による歴史の再評価と「勤王殉国の士」顕彰政策が現実化し、その成果によって、国家による地域の包摂と国民国家日本の精神的統合が推し進められていった。そしてそれは、明治初年において「賊軍」と揶揄されることの多かった東北地方を排除するものではなく、むしろ積極的に取り込もうとするかたちでなされていた。

だが、まさにこの時、こうした「勤王」と「殉国」の論理に基づく統合から疎外される地域が生じることになる。その典型例こそ、青森県津軽地方であった。明治元（一八六八）年以後、明治三一（一八九八）年に至るまで、歴史上の著名人物、幕末維新期の殉難者、戦死・戦病死軍人らを対象に、のべ五〇〇人以上の死者に対する贈位がおこなわれている。にもかかわらず、そのなかに旧弘前藩関係者、津軽出身者はただの一人も含まれていない。それはつまり、津軽という地域が、有史以来明治三一（一八九八）年現在に至るまでの長い歴史のなかで、ただの一人も「勤王殉国の士」を輩出していないということの証左にほかならない。しかも、幕藩時代の弘前藩主津軽家の極位は、藩祖為信と蝦夷警備を命じられた九代寧親以後は従四位下、それ以外は従五位下であり、明治二〇年代以後被贈された人々の多くよりも下位となる。

実はこれと対照的な事例が、弘前藩の隣国であり、戦国時代以来敵対関係にあった旧盛岡藩だった。すでに見た通り、明治二四（一八九一）年には、盛岡藩士中島源蔵・目時隆之進両名への贈位が実現しており、明治二九（一八九六）年九月一九日には、南北朝時代の武将で北畠顕家と共に南朝方に殉じた盛岡藩主一族の遠祖、南部師行への贈位（正五位）もおこなわれている。奥羽越列藩同盟に参加して官軍と戦戈を交え敗北し、「賊軍」との汚名を被った直近の歴史にもかかわらず、弘前藩の仇敵盛岡藩こそ、実は、赫々たる「勤王殉国」の歴史を誇ることができる地域であり、郷土なのであった。

この現実は、旧弘前藩関係者の一部に深刻な危機意識を植えつけた。他方、国家の側にとっても、こうした疎外される地域の発生は決して望ましいことではない。こうして、地域と国家、それぞれの思惑が交錯し、明治三〇年代以後、狭義の「勤王」あるいは「殉国」の志士に限定しない、多様な人物たちへの贈位や追贈が実現してゆくことになる。

明治三四(一九〇一)年一一月八日には伊達政宗(従三位→正三位)、明治三五(一九〇二)年一一月一三日には黒田孝高・鍋島直茂(ともに従五位下→従三位)と戦国武将を対象とした位階追贈が始まるなか、弘前藩士のなかで最初の被贈者となったのは西館孤清(従四位)であった。それは、日露戦争を間近に控えた、明治三六(一九〇三)年一一月一三日のことである。贈位の理由は、戊辰戦争に際して、西館が苛烈な藩内党争を制し、弘前藩が奥羽越列藩同盟を離脱して官軍側に加わるまで導いた実績にあった(18)。西館の行動によって弘前藩は「賊軍」となることを免れたのであり、その意味で、彼は確かに「勤王」の士であったといえる。だが、西館は維新後も生存しており、明治二五(一八九二)年に死去するまで津軽地域の実力者として活動した。彼は無念の死を強制されたわけではなく、怒りや恨みをのんで死んだのでもない。そうである以上、「殉国」の士とは認定しがたいはずである。かくして、「勤王殉国の士」の慰霊・追悼という機能を濃厚にもっていた贈位は、対象者をさらに拡大させ、それによってその性格を変化させてゆく。

西館孤清への贈位の後、弘前藩関係者への贈位は陸続し、大正末年までには総計一六名に達する。その実現を長年にわたって国家に働きかけ、旧弘前藩の顕彰に力を尽くしたのが、同藩出身の歴史家で、宮内省の下僚として長年殉難録取調に従事した外崎覚という人物だった。ここで節をあらため、次に死者への贈位を手段とした津軽顕彰運動の中心人物となった、外崎覚の心理と論理を分析することにしたい。

二　津軽顕彰の心理と論理

1「伝統」を語り継ぐ者――外崎覚来歴――

外崎覚が宮内省御用掛となり殉難録取調の任にあたることになったのは、明治二七（一八九四）年一月、三五歳の時である。(19) 当時の宮内大臣は土方久元であり、やがて明治三一（一八九八）年二月には田中光顕がその後を継ぐ。前節でみた通り、彼ら宮中土佐派の主導による幕末維新期の志士顕彰運動が進行していたさなかの任官であった。以後、大正一〇（一九二一）年一〇月に六三歳で退官するまで、実に二七年もの長きにわたる史官としての勤めを全うしてゆくことになる。つまり、彼は長年、国家による死者への贈位が決定されゆく現場すぐ近くにあったわけである。

公務の傍ら、彼は津軽伯爵家の家史編纂にもあたり、明治三〇（一八九七）年には『津軽信明公』、明治三五（一九〇二）年には『弘前城主越中守津軽信政公』といった旧主の事績をまとめた歴史書を上梓している。津軽家の位階は、中興の英主と称えられ高照神社の祭神となった第四代信政、天明の大飢饉に際して領民救済に奮闘し名君の誉れ高い第八代信明の場合も従五位下にとどまり、明治二〇年代以後に被贈された藩士や軍人と同格か下位に甘んじた。この現状を是正すべく、外崎の運動が開始されたのである。

弘前藩関係者に対する贈位は、表2のような流れで実現していった。

表２　明治36(1903)年以後における弘前藩関係者への追贈・贈位(全)

	追贈年	月日	位階	姓名	備考
1	明治36年(1903)	11月13日	従四位	西館　孤清	児島高徳など53名への一斉贈位がおこなわれたなか、弘前藩士初の被贈者が誕生。弘前藩の奥羽越列藩同盟からの離脱を主導したことが評価の理由。明治25年没。
	明治40年(1907)	10月23日	正四位	※山鹿　甚五左衛門(素行)	兵学者。朱子学を排斥したため処罰された。乃木希典らの賛助による顕彰運動が結実する。
2	明治41年(1908)	9月9日	従三位	津軽　信政	弘前藩第4代藩主。山鹿素行・吉川惟足に師事して藩政を整備し、中興の英主と称えられた。高照神社の祭神。この時、松平定信・上杉治憲など奥羽諸藩の名君に対する贈位がおこなわれた。
3	大正4年(1915)	10月24日	従三位	津軽　為信	大正天皇の即位式に先立ち、旧弘前藩関係者7名に一斉贈位。この時、南部藩の新渡戸伝、斗南藩の広沢安任という、青森県の農地開発で功績を上げた人々に贈位。
				津軽　寧親	
			従四位	津軽　信明	
			正五位	山崎　清良	
			従五位	白取　数馬	
				平澤　三右衛門	
				武田　源左衛門	
4	大正7年(1918)	11月18日	従三位	津軽　順承	関東・東北地方の諸士に対する一斉贈位がおこなわれた中、弘前藩主・藩士5名にも贈位。
			正五位	館山　善左衛門	
			従五位	小島　左近	
				成田　求馬	
				高杉　左膳	
5	大正13年(1924)	2月11日	従五位	津軽　永孚	外崎覚の父、工藤主善に贈位。弘前藩における文教の泰斗と称えられる。
				工藤　主善	

田尻佐『贈位諸賢伝』上・下巻(国友社、1927年)をもとに作成。
※「山鹿　甚五左衛門」のみ弘前藩士ではない。

2 戦死軍人との距離、幕末殉難者への同情

外崎の津軽顕彰運動において注目すべきは、その軍人嫌い・軍隊嫌いともいうべき側面、すなわち、軍礼賛に直結する戦死軍人の英雄化・神格化との断絶である。

日清戦争後、三国干渉を受けた日本政府は、仮想敵国ロシアに対する備えを充実させるべく北方の軍備増強をはかる。それまで仙台の第二師団に一元化されていた東北地方の軍隊は、新たに設けた第八師団を弘前市に配したことで、二倍に増強された。以後、弘前市は「軍都」として発展してゆく。そしてこの「軍都弘前」というイメージを決定づけたのが、日露戦争における弘前第八師団の活躍だった。以下、日露戦争を経て「軍都弘前」イメージが確立し、それが誇りとともに弘前市民に共有されてゆく過程を振り返っておこう[20]。

日露戦争の勃発後、予備兵力としてしばらく国内に待機していた第八師団は、戦局の推移を受け、ついに大陸に出征する。第八師団は、旅順要塞を陥落させた第一・第七・第九師団とともに乃木希典司令官が率いる第三軍に編制され、明治三八(一九〇五)年の一月二五日から二九日まで、満州黒溝台の地でロシア軍との死闘を演じた。弘前市民にとっては、この時こそ本当の意味での日露戦争の始まりだった。黒溝台会戦と呼ばれたこの戦闘は、日露戦争の勝敗を決定づけた奉天会戦の前哨戦として戦史に記録されることになる。

第八師団は黒溝台に、一万五七一九人にのぼる兵力を動員した。その戦闘は、陸軍全体の準備不足や作戦ミスが影響し、文字通りの死闘と化す。第八師団は、このたった五日間の戦闘で、戦死一二五九人・負傷三八九〇人・生死不明七〇人と、総計五二一九人に及ぶ損傷を出したのである。損耗率はほぼ四〇パーセントに達した(このほか、やはり弘前市で編制された後備第八旅団が五三二一人を動員し、戦死三一五人・負傷一六二八人・生死不明三一人の、総計一九七四人の損傷を受けた)。黒溝台の戦闘によって、弘前の郷土師団である第八師団は戦闘力を喪失し、ほとんど壊滅寸前の

状態にまで追い込まれていたのである。

弘前市民にとって、黒溝台会戦は数多くの身内や関係者を失う、非常に辛い体験だった。だが、膨大な犠牲を払った上で戦争の最終勝利に貢献できたことは、かえって市民たちの誇りとなった。日露戦争を勇敢に戦いきった北方師団との賞讃を浴びた第八師団は、やがて「国宝師団」と呼ばれるようになる。弘前に帰還した師団本部も、毎年一月二八日を「黒溝台会戦記念日」として部隊連合の演習を実施し、そのほか、毎年実施される招魂祭や軍旗祭などの年中行事を通じて、軍隊と地域の人々とを結びつけるべく努めたのである。

かくして、国家に殉じた軍人たちは英雄となり、護国神社に神として祀られ、戦争の記憶は栄光の記憶として、弘前市民たちにおいていつでも再生可能なものとなった。軍隊と戦争を核とした記憶の共有も国家権力による地域包摂のための手段であり、地方都市に暮らす市民たちが国民国家に参加してゆく際の一つのかたちだったといえるだろう。だが、東京にあって故郷の顕彰活動を主導していた外崎は、地元でのこうした軍隊礼賛、戦死軍人の英雄化・神格化の動きには同調していない。次に掲げる資料は、まさに日露戦争さなかの明治三七（一九〇四）年五月に開かれた史談会の席上、「殉難者の事績編纂に就て所感を述ぶ」と題した講演で外崎が語ったことである。

今日露国との戦争に関して名誉の戦死を遂げたもの、又は二十七八年清国と干戈を交へて戦死したる人々に至りては国家の為めに身を犠牲に供せしものにて称賛すべきは勿論の事なれども、これは軍人といふ職分より観する時は、戦場に駆馳して屍を原野にさらすといふことは当りまへのものにて、何も珍らしいと申すべき処はありません。死にました処が之に対して金鵄勲章とか爵位の昇進とか、恩給金とか賞与金とか、其外軍人の援護、遺族の救助など種々の取世話はある計りではなく、剰さへ名誉の葬礼をも行ふことが出来る。其遺物はかしこくも振天府の中に陳列せられてやんごとなき方々の御覧を蒙むるといふことは其身の名誉と子孫の幸福この上もなきこと丶思ひます。[21]

外崎によれば、軍人が戦場で斃れるのは「当りまへ」であり、その死後には、国家による「種々の取世話」もおこなわれるのであるから、「其身の名誉」と「子孫の幸福」は「この上もなきこと」なのである。そうした国家による手篤い保障を享受できるのが、「軍人といふ職分」であった。

それと比較して、幕末維新期の殉難志士たちは、何らの保障のないままに行動を起こし、自らが信じた「勤王」に殉じた。講演の続きをみよう。

若し之を戊辰前に死にました彼の殉難者に比較せんに、実に天地雲泥の違ひかあるのです。御承知の通りこの人々は軍人といふ訳でもなくまた誰から其仕事をして呉れと頼まれたこともなければ、又是非〱せなければならんといふ義務もある訳でありませんなれども、真んに朝廷と国家を愛する熱誠より発して働いたことに外ならん様です。[22]

幕末維新期の志士たちは軍人ではなく、誰かから頼まれたのではなく、義務でもなく、ただ「朝廷と国家を愛する熱誠」から働き、命を落とした。「昔しから国事に関して死んで居る人々は沢山あるので何も珍らしいことはありませんが、安政文久慶応年間に死にました人程無残の最後《ママ》を遂げて、之に対する報酬の少ないものは恐くは古来より多くありますまい[23]」とのことばに表現されたように、殉難録編纂の職務を遂行する上で数々の悲史に触れた外崎は、そこで知り得た幕末維新期の死者たちを、自身の同時代人である戦死軍人たちよりも崇高なものと位置づけ、後世の人間によって祀られるべき対象としたのである。

3　藩祖顕彰における挫折、中興の英主顕彰における達成

公務として幕末維新期の殉難志士顕彰に参与した一方、巷間の軍人顕彰には冷淡であった外崎は、では、一体どの

ような論法を用いて故郷津軽の先人顕彰にあたったのだろうか。明治三〇年代の各地域が藩祖顕彰をおこなっていた動きと呼応し、彼が最初に請願をおこなったのは、弘前立藩の立役者、藩祖津軽為信への追贈であった[24]。その請願書は、日露戦争後まもない明治三九(一九〇六)年一一月二六日、時の内閣総理大臣である西園寺公望に宛てて提出されている。ところが、この時の請願はあえなく失敗する。先行論では、こうした地域側の藩祖顕彰要望は国家の側にスムーズに受諾されていったようにも描写されているが[25]、ここでは、地域の側に一旦の挫折があった事実を指摘しておきたい。

最初の失敗を踏まえ、彼が次に打ち出した手は、弘前藩の藩学と治世に多大な影響を与えた兵学者山鹿素行の顕彰であり、それとひと続きになった第四代藩主津軽信政への贈位請願である。『中朝事実』を座右の書とするなど素行の「勤王」思想に傾倒していた高級軍人の乃木希典、あるいは井上哲次郎・三上参次・黒板勝美ら東京帝国大学の教授たちの賛助があり、ひとり弘前藩関係者に限らない共同運動が奏功した結果、明治四〇(一九〇七)年一〇月二三日、山鹿素行に対する正四位の贈位が実現する。このことは、外崎がついに津軽顕彰の実をあげるための決定的な布石となった。

外崎は、「素行先生の胸中の大抱負の一半は、信政公の手に頼りて行はれたのであつて、信政公の経国の大事業は素行先生の教育の賜ものである」、さらには「信政公と素行先生とは全く一にして二、二にして一であつて、決して離すことの出来ない」とし[26]、山鹿素行が抱懐した治世の経綸が、弘前藩主津軽信政という実行者を得ることで、その封土たる津軽の地ではじめて実を結んだ歴史の意義深さを強調する。はたして、素行への贈位の翌明治四一(一九〇八)年九月九日、皇太子嘉仁の東北行啓に際し、白河藩主松平定信(従四位下→正三位)・米沢藩主上杉治憲(従四位下→従三位)ら奥羽各藩の名君たちへの追贈がなされたのにあわせ、ついに第四代弘前藩主津軽信政にも従三位追贈の沙汰が下る(27)。それは、弘前における「勤王」の事跡と、この地に鎮座する人神の威徳とが、国家からの承認をようやく得ることができた瞬間だった。外崎覚四九歳の秋のことである。

さて、この時の贈位にあわせて開かれた紀念会の席上、同郷の人々に対した外崎の演説(28)は、旧主の栄誉についての言祝ぎなどではなく、「皆さんも御承知の通り、我等の郷里には、昔から名を一世に轟かした様な人物は一人もありません事は、実に残念な事である」という聴客に向けた挑発から始まっている。そして、古今を通じた津軽人の不振の原因は、「我等の模範とすべき信政公、我等の師表とすべき素行先生の如き、偉人君子の徳業を忘れて居」て、自分たちの「砥石とも鞭策ともなるへきものを失つてた（ママ）結果」にあると断じた。その反対に、長州人ならば、「吉田松陰の如き、村田清風の如き、近い関係のある偉人君子を忘れて居」ることなどあり得ず、薩摩人の場合も、「斉彬公と西郷等を忘れて居る人はあるか、決して忘れては居らんのである」。すなわち、山口や鹿児島が他地域に抜きん出て数多くの人材を輩出できる理由は、同郷の「偉人君子」を記憶して自分たちの規範となし、その「伝統」を守るからこそとされたのである。

「私は今日の如き贈位紀念会を開く事は、我等に近ひ偉人君子の事業を紀念せしめて我等の奮励心を惹起す一財料と致したいと思ふのである(29)」ということばに端的に示されるように、津軽出身の歴史家外崎覚が祈念したのは、「伝統」を手段とした郷里における人材育成の活性化である。すでにみたように、それは巷間の軍隊礼賛や戦死軍人の英雄化・神格化とは一定の距離があった。他方で、彼はこの時、自然の景観を誇るような「お国自慢」についても批判している。「我等津軽人は稍もすれば、岩木山の風景の美なる事を以て他人に誇るやうでありますが、この様な天然の風物を以て人に誇ることは止めにして、人為上なる学問、事業、軍事、経済等に就て大に世人に誇るやう致したい事と存じて居る(30)」とあるように、彼の念頭にあったのは、「天然」に依頼しない「人為」に基づく地域振興である。

高照神社の祭神、旧藩主津軽信政の顕彰は、まさにその中心として据えられた。

4　大凶荒の過去と現在に対して

「天然」と「人為」との対比に引きつけ、最後にみておきたいのは、津軽という地が幾度とない大凶作に襲われ、無数の餓死者を出してきた現実である。歴史家外崎は、故郷津軽の史料をひもとく度にこうした凶荒の悲劇に直面させられ、深く苦悩していた(31)。

激烈なる戦争に亜きて惨絶悲絶の大不幸を極むる者を大凶荒の惨状とす。然れども戦争は彼凶荒に比較して無惨酷虐の所為ありと雖も、亦之に伴ふ処の恩賞、名誉、救恤、尊敬等の報酬ありて、其心を慰するに足る者あり。之に反して凶荒の惨境に陥りたる者に至りては、父子首を駢べて溝壑に転じ、妻子袂を聯ねて山野に叫号し、兄は弟を愛するも救ふの道なく、姉は妹を憐むも養ふの資なし。生きて口に糊するの食なく、死して血食を絶つの鬼となる。風雲惨悽、山色荒涼、朽骨地に委するも人の之を斂むる者なく、鬼火野を照すも人の之を弔する者なし。啻に生きて無限の苦痛を受くるのみならず、死して名字の一記録に上る者なし。其不幸、其惨悽、実に戦場に於て名誉の最後（ママ）を遂くる軍人に比すれは、啻に霄壌の差のみならんや(32)。

以上は、日清戦争後の時点で書かれた天明の大飢饉についての描写である。これをみると、戦死軍人における「其身の名誉」と「子孫の幸福」に対比させて、幕末維新期の殉難者がいかに「無残」であるかを強調していた外崎は、それと全く同じ理屈で、飢饉による死者たちの「無限の苦痛」「不幸」「惨悽」を捉えていたことが判明する。こうした「天然」の凶荒による悲劇を回避するためには、「人為」による備えを万全のものとしなければならない。

天明の大飢饉という藩国家存亡の危機に瀕した津軽の地でそのことにあたり、顕著な功績をあげた人物こそ第八代藩主津軽信明であった。かくして、すでに第四代藩主信政への追贈を成功させていた外崎は、大正二(一九一三)年一二月一三日に三たび請願書を提出し、[33]さらなる追贈を画策する。この時まで、弘前藩関係者への贈位は西館孤清と津軽信政のわずか二名の成功例をみたに過ぎない。ところが、大正四(一九一五)年一〇月二四日、一度失敗した藩祖為信、第八代藩主信明への追贈を含む、一挙七名の弘前藩関係者に対する贈位が決定する。同日、新渡戸伝・広沢安任という青森県内旧盛岡藩領の農地開拓に功績のあった人物への贈位があったことをみれば、この措置には、外崎による請願があった大正二(一九一三)年に、青森県でにわかに発生した大凶作[34]の影響があった事情が浮かびあがるだろう。

近代の地域と国家とにとって、大凶荒の悲劇とは過ぎ去った前時代のものではない。危機に瀕した地域を慰撫し、引き続き国家への包摂を維持してゆくためには、物理的支援と同時に、人々の精神的苦痛に対する配慮もまた不可欠だった。かつてこの列島に存在した共同体の危機は、死んだ人間を神として祀る構成員たちの共同行為によって幾度となく乗り越えられ、その結束は、無念の死を遂げた同胞たちに捧げる祈りを通じて高められた。近代における死者への贈位という現象の周辺にも、そうした心性は確実に作用していた。

おわりに

以上、青森県津軽地方のケースを例に、「神と人との席次争い」ともいうべき、死者への贈位を手段とした地域顕彰運動の展開を捉えた。本稿でまず確認したのは、宮中土佐派が主導した「勤王殉国の士」の慰霊・追悼・顕彰に依拠した国家統合からは疎外された地域があったこと、そして、そうした疎外を自覚した地域側の働きかけと連動することによって、死者への贈位という国家政策の内実は変化し、大きく転回していたことである。ただし、地域側の要求の全てが国家による速やかな受諾と回収をみたのではない。贈位請願の挫折に直面した地域の側には、国家の統合から取り残されたままであるという危機意識が持続し、そこに思想の展開が生み出される余地があった。

弘前出身の歴史家であった外崎覚は、旧藩主への贈位という手段を用いた故郷顕彰運動を長年にわたって推進する。たしかに、それは皇国史観に基づく体制の翼賛そのものであり、時代のイデオロギーに規定された数多くの限界点を露呈している。だが、外崎一個人の思想は、既存の国家的意思への盲目的追従や完全な連携とは必ずしもいえず、軍隊礼賛や戦死軍人の英雄化・神格化の風潮とは一定の距離を保つなど、逸脱を含むものであった。また、歴史家としての職分上、無数の無名死者たちと〝対面〟し、無念の死を強いられた彼らの怒りと恨みの凄惨さに思いを馳せた外崎は、そうした悲劇を繰り返し生み出す「天然」、すなわち大凶荒に立ち向かうための準備は決して怠ることができないと感じていた。優れた業績をあげて神格化された旧藩主たちの顕彰とは、彼らを師表とした地域における人材育成活性化のための方策である。それは「伝統」を手段とした、彼なりの精一杯の「人為」にほかならない。津軽人外崎の執念は、彼の老成とともに地域から国家への逆流となり、国家の意思へと確実に浸透していたのである。

註

（1）人神信仰の諸相に関しては、宮田登『生き神信仰―人を神に祀る習俗』（塙新書、一九七〇年）、及び佐藤弘夫『ヒトガミ信仰の系譜』（岩田書院、二〇一二年）を参照のこと。

（2）こうした「伝統」がもつ力に関して、羽賀祥二氏は、①人々のつながりに生命力を与え、活性化させ、危機を克服する復元力を付与する、②規範力、〝善き〟〝公〟なる事績を追体験することによって死者との共同行為を作り上げる、③社会的な調和力、民心の争いを緩和する緩衝材として利用できる、と三つの意義を指摘している（羽賀祥二「日本近代における「伝統」―内在する価値と力をめぐって」（『歴史評論』六四七号、二〇〇四年）。本稿においても、この意味における「伝統」の意義の把捉を試みる。

（3）羽賀祥二「神社と紀念碑」（同『明治維新と宗教』、筑摩書房、一九九四年）三四二頁。

（4）同前三四一～三四二頁。

（5）高木博志「桜とナショナリズム―日清戦争以後のソメイヨシノの植樹」（西川長夫・渡邊公三編『世紀末転換期の国際秩序と国民文化の形成』、柏書房、一九九九年）。

（6）高木博志「紀念祭の時代―旧藩と古都の顕彰」（佐々木克編『明治維新期の政治文化』、思文閣出版、二〇〇五年）。

（7）士族層に限らないさまざまな階層の人々を巻き込む動きに注目する高木氏に対して、羽賀祥二氏は、「近代の新しい地域社会の形成のなかで、「君臣の情誼」の維持を名目に士族が中心となって神社に旧領主を祀り、大掛かりな祭典を組織し、地域としての共同性を確保しようとした、その執拗な意思こそが評価の対象になったのではないか」と述べ、地域秩序の安定化に作用した士族の意向を重視している（前掲羽賀「神社と紀念碑」『明治維新と宗教』三四五頁）。

（8）前掲高木「紀念祭の時代」（『明治維新期の政治文化』）三三七頁。

（9）矢野敬一『慰霊・追悼・顕彰の近代』（吉川弘文館、二〇〇六年）。矢野氏の定義に従えば、近代における死者への対応については、①宗教的な儀礼を伴う「慰霊」、②世俗的な性格を色濃く帯びた「顕彰」、③その中間に宗教色・世俗性共に希薄な「追悼」が位置しており（六～七頁）、それぞれをめぐって多様な政治的力学の働きかけがあった。「慰霊」「追悼」「顕彰」という三つの用語と概念の使い分けについては、本稿も矢野氏の定義に従いたい。

（10）同前二〇七頁。

（11）羽賀・高木の両氏ともに、この死者への贈位についても言及している（羽賀祥二「顕彰政策と「以心伝心」のシステム」前掲『明治維新と宗教』、前掲高木「紀念祭の時代」参照)。
(12) 前掲羽賀「顕彰政策と「以心伝心」のシステム」(『明治維新と宗教』)三五五～三五六頁。
(13) 高田祐介「国家と地域の歴史意識形成過程―維新殉難者顕彰をめぐって」(『歴史学研究』八六五号、二〇一〇年)。
(14) 高田祐介「明治維新「志士」像の形成と歴史意識―明治二五・二六年靖国合祀・贈位・叙位遺漏者問題をめぐって」(『仏教大学歴史学部論集』二号、二〇一二年)。
(15) 宮内庁編『明治天皇紀』第七(吉川弘文館、一九七二年)七八七頁。
(16) 田尻佐『贈位諸賢伝』下巻(国友社、一九二七年)二一四～二一五頁。以下、本文における追贈された位階や追贈年月日などの記載は同書からの引用。
(17) 同前五八二～五八三頁。
(18) 同前二七六～二七七頁。
(19) 外崎覚の思想については、外崎本人がまとめた文集『六十有一年』(大正一一〈一九二二〉年)、及び『七十有二年』(昭和六〈一九三一〉年)所収の諸論から窺い知ることができる。その履歴の概略については、川村欽吾「外崎覚略伝―明治の津軽びと(二)」(『東奥義塾研究紀要』第九集、一九七六年)を参照のこと。
(20) 以下の記述は、中園裕「第八師団の設置」(『新編弘前市史』第四巻〈近・現代1〉、二〇〇五年)二九六～二九九頁を参照のこと。
(21) 外崎覚「殉難者の事績編纂に就て所感を述ぶ」(明治三七〈一九〇四〉年五月二一日、史談会における談話、前掲『七十有二年』)一〇七頁。
(22) 同前。

(23) 同前。

(24) 飯田巽・一戸兵衛・珍田捨己・佐藤愛麿・小山内鉄弥・芹川得一・菊池九郎・津軽薫・外崎覚「旧弘前藩祖津軽為信贈位の追褒に与からんことを請ふ書」（前掲『六十有一年』一五一～一六〇頁）。

(25) 前掲高木「紀念祭の時代」（『明治維新期の政治文化』）三一八～三二二頁。

(26) 外崎覚「津軽信政公と山鹿素行」（『贈従三位津軽信政公二百年祭記念　外乃濱風』、明治四二〈一九〇九〉年）一一九頁。

(27) 請願書は、明治四一（一九〇八）年八月二四日、外崎個人名で提出された。外崎覚「旧弘前城主津軽信政の為めに追褒を乞ふの書」（前掲『六十有一年』一六二～一六四頁）。

(28) 前掲外崎「津軽信政公と山鹿素行」（『外乃濱風』）、以下引用箇所は九〇～九四頁。

(29) 同前九一頁。

(30) 同前一二一～一二二頁。

(31) 顕彰の対象であった第四代藩主信政についても、元禄八（一六九五）年の飢饉に際して「拾万以上の餓死者を生する大惨状」を防げなかったことに対しては、「之を公の過失と謂はさるを得す」と批判する（外崎覚『弘前城主越中守津軽信政公』、明治三五〈一九〇二〉年、三一七頁）。

(32) 外崎覚『津軽信明公』（明治三〇〈一八九七〉年）四九～五〇頁。

(33) 外崎覚「弘前城主土佐守津軽信明の為めに追褒の栄を賜らんことを乞ふの書」（前掲『六十有一年』一六四～一六六頁）。

(34) 「一九一三（大正二）年、本県は史上希に見る大凶作に見舞われた。本県は明治末期の一九〇二（明治三十五）年と一九〇五年にも凶作、劣作に見舞われていたが、このときの凶作による被害と影響はそれらの比ではなかった」（末永洋一「解説（第四章　凶作と救済・振興）」『青森県史』資料編近現代3、二〇〇四年、二〇八頁）。

近代と〈未来預言〉
——仏教の滅亡をめぐる一八八〇年代の一論争について——

オリオン・クラウタウ

はじめに

一八八〇年代以降、日本における仏教各宗の「衰微」を嘆き、その「復興」あるいは「改革」を目指すような運動が、次々と展開していった。もちろん、早くも明治初期より、神道の国教化を志向した国学思想家の様々な政策に対して、諸宗同徳会盟の護法活動や(1)、島地黙雷（一八三八—一九一一）の大教院分離運動など(2)、種々な試みはみられる。しかし、一八八〇年代の後半において、その内容や担い手も、多様化していくのである。

例えば、初期東京（帝国）大学の哲学科出身で、東洋大学の前身である「哲学館」を開いた井上円了（一八五八—一九一九）は、一八八六年から翌年にわたって発表した『真理金針』において、西洋哲学の知識を踏まえ、「耶蘇教」を批判しつつ日本国家に相応しい宗教としての「仏教」を示した(3)。一八八七年から円了はまた、『仏教活論』数編の刊行を開始し、哲学の視点から日本仏教の再構築を積極的に試みようとしていた。円了のこういった著作は、当時の仏教界に対して大きな影響を及ぼし、その思想史的意義をめぐる研究蓄積も豊富である。一方、円了の思想活動ほどは知られていないが、近年、本願寺文学寮教頭などを務めた中西牛郎（一八五九—一九三〇）に関しても、様々な成果が発表されてきた。彼は、一八八七年に書き終えた『宗教革命論』を二年後に刊行し、後世に様々な影響を与えていった「旧仏教」と「新仏教」の対照的説明を試みた。(4) 大日本帝国憲法の発布が待ち望まれていたこの時期には、さらに、近代における「日蓮主義」を代表する田中智学(一八六一―一九三九)の『仏教夫婦論』(同盟舎、一八八七年)、評論団体の政教社設立者の一人となった辰巳小次郎(小二郎とも表記、一八五九―一九二九)が著した『仏教興廃論』(大和屋書舗、一八八七年)、そして東京大学において「印度哲学」を講じることとなった村上専精(一八五一―一九二九)による『仏教道徳新論』(哲学書院、一八八八年)など、近代社会における日本仏教の再構築を目指すような著作が、数多く発表された。

このコンテクストにおいて異なる様々な意見が示されており、その歴史的な全体像を描く作業自体は、極めて困難であろう。上記すべての個別事例についての研究が必ずしも存在しているわけではないが、これらの著者は仏教の「再興」を構想する上で、互いに影響したことは確実である。ならば、一八八〇年代後半における、ひとつの言説枠としての仏教刷新論に迫るためには、そのネットワーク的な側面からのアプローチも、あるいは有効となるかもしれない。筆者は以前、そういった方法を用いつつ日本の歴史学界における「近世仏教堕落論」というパラダイムの形成について考察したこともあるが、(5) 本稿では、その前史に関わるもうひとつの挿話として、一八八〇年代末期の一論争とそのコンテクストを描き出したい。

具体的には、時局風刺雑誌『団団珍聞』(一八七七年創刊)の記者や、『読売新聞』の主筆をも務めた田島象二(一八五二―一九〇九)の手による『仏教滅亡論』(名古屋、三浦兼助・其中堂、一八八八年)と、それへの反論として、「南柯堂夢笑道人」の名で小説活動もしていた萩倉耕造(生没年不詳)による『仏教不滅亡論』(名古屋、三浦兼助・其中堂、一八八九年)を検討する。二人とも名古屋在住で、仏教教団との関係が必ずしも明らかではなく、近代日本仏教史の入門書に登場するような人物でもない。以下、同じ出版社から刊行された両著の内容を概観し、それを当時のコンテクストにおいて考察する。

一　田島象二の「未来預言」

『仏教滅亡論』を著し、一九〇二年に実施された第七回衆議院議員総選挙に立候補もした田島についての研究は、ほとんどと言ってよいほど存在していない。(6)「任天居士」と号した彼は、新聞記者として広く活動する一方、曹洞宗の僧西有穆山《ぼくざん》（一八二一―一九一〇）に師事し、(7)在家の立場から仏教関係の作品も多く著した。日本初の仏前結婚式を挙げた田島は、(8)当時、『耶蘇一代弁妄記』上下（和泉屋半兵衛、一八七四年）や『新約全書評駁』（若林喜兵衛、一八七五年）などの「排耶書」でも知られており、早くも一八八二年に、明治期における初の日本仏教史入門書となったものの原稿を完成している。(9)一八八八年刊行の『仏教滅亡論』は、その角書に「未来預言」があるように、当時の仏教徒に対して、警鐘を鳴らそうとしたものである。約一一五頁からなる同書は、序と総論に挟まれる以下の全一〇章に分かれている。

第一章　釈迦ノ預言ニ就テノ滅亡
第二章　僧侶ノ品行ニ就テノ滅亡
第三章　僧侶ノ無学ニ就テノ滅亡
第四章　社会ノ進化ニ就テノ滅亡
第五章　信徒ナキニ就テノ滅亡

第六章　衣食欠乏ニ就テノ滅亡
第七章　教義上ニ就テノ滅亡
第八章　学問ニ就テノ滅亡
第九章　日本独存真宗論
第十章　漸入ノ耶蘇教論

すなわち田島は、教祖・僧侶・信徒をはじめとして、経済的および教義的な側面まで取り上げ、同時代の仏教団体を批判していく。第一章「釈迦ノ預言ニ就テノ滅亡」において、彼はその数年前に発表した『日本仏法史』の成果を踏まえ、「正像末」の三時をめぐる釈迦の「預言 prophecy」から、「現今」に至るまでの仏教の展開を概観し、日本の僧侶はその「宗教者」としての活動が不十分であると主張しつつ、当時は近未来であった二十世紀以降における仏教の行方を考える(10)。彼は、伝来から古代末期の日本仏教について、次のように語っている。

読者ヨ、上来〔平安期まで〕ノ出事〔ママ〕ヲ以テ、真正ノ宗教《レリジョン》トスル乎、余ハ其然ザルヲ覚フ。何トナレバ凡ソ宗教《レリジョン》ナル者ハ教民ノ信仰心ニ憑テ皇張且ツ維持シ、殿堂伽藍モ多ク其手ニ成ルヲ真正トスルニ、日本ノ仏教ハ之レニ反シ、民間ノ信仰心甚ダ薄弱ニシテ、維持造塔トモ挙テ王侯貴族ニ一任シ、敢テ教民ヲ顧ミズ、数百年ヲ経過シタリ、果シテ然ラバ、振古以来ノ仏教ハ之ヲ日本ノ仏教ト云ズシテ王侯貴族ノ仏教ナリシト云。(11)（下略）

一八八〇年代は、まさに、近代日本における「宗教 religion」という概念が定着する時期であり、田島の『仏教滅亡論』はかかるコンテクストにおいて理解すべきである。「王侯貴族」の仏教は日本の仏教ではないとし、さらには「宗教 religion」にあらずと主張した田島の立場は、例えば、同時代において日本仏教の特徴を皇室との関係に見出し、かかる観点からその歴史的展開を描こうとした、同じく居士の大内青巒（一八四五―一九一八）の記述と対照的である(12)。

田島は、「教民ノ信仰心ニ憑テ皇張且ツ維持」するものとして「宗教」を定義した。それは、古代において「王侯貴族」を中心に発展し、中世は諸々の紛争に巻き込まれて軍事力を発揮した。近世には「始メテ安途《ママ》ヲ得ルト同時ニ身ニ権威ト娯楽ヲ貪ボル」に至ったと説明し[13]、日本仏教各宗は「宗教」として機能したことがあるのか否か、読者に疑問をもたらす。田島はさらに、次のように述べる。

　此三百年間ハ一ニ徳川氏ノ保護ニ依テ維持シ、嘗テ民間ノ信仰心ニ於ル維持ニ非ルガ故ニ、明治革命ノ変ニ遭遇シ夫ノ生命ト仰キシ寺禄山領ノ忽然トシテ消滅スルヤ、憫レムベシ僧侶ハ航海ニ針磐《ママ》ヲ失シタルガ如ク、茫然トシテ去就スル所ヲ知ラズ、是ニ於テ乎、布教伝統ノ如キハ顧ミルニ遑アラズ、自山維持ノ方法ニ困難スル場合ニ立至リタリ。蓋シ此レ一ニ王侯貴族ニ依頼シ、民間ノ信仰心ヲ頼マザルニ原因シ、全タク宗教ノ宗教タル所以ヲ誤解シタル結果ナリト謂ザル可ラズ[14]。

田島は、当時の多くの仏教者と同様に、明治初期の様々な排仏運動の要因を僧侶自身の行動に見出している。かつ仏教と皇室との関係を「日本仏教」の最も重要な特徴と捉えた当時の一般的な史的叙述とは異なり、「帝室」も含まれる「王侯貴族」との関係を肯定しない[15]。いずれにしても、「民間」との接点が不十分、という日本仏教の古くからの問題は、明治という新時代においても解決されそうにないために、日本の仏教各宗は、その「滅亡」に向かうのみ、ということである。

日本仏教「滅亡」の要因は、その担い手である各教団僧侶の態度にまず求められなければならないが、明治以降の日本列島における「耶蘇教」という〝他者〟の勢力もまた、念頭に置く必要があるという。上記のように、田島は一八七〇年代前半からキリスト教思想に極めて大きな関心を寄せており、『聖書』の部分翻訳にも取り組んでいた。まさに〝敵を知る〟という立場からキリスト教研究を開始した田島は、一八八〇年代後半になると、日本におけるキリスト教宣教師のそれまでの活動を、見習うべきものとして評価するに至る。[16] そして、田島が「日本の耶蘇」[17]と称する親鸞によって開かれた浄土真宗のみが、未来に存続する、という「預言」を表すのである。以下、その内容を簡潔に述べる。

田島は「他力門」と「自力門」――あるいは「浄土門」と「聖道門」――の伝統的な区別を使用し、前者を「宗教」と称し、後者を「哲学」とするのである。仏教は「宗教」か「哲学」か、と盛んに議論されていたこの時期に、[18] 田島もまた、それに対するやや独自の回答を示している。例えば当時、仏教を「宗教」でなく「印度哲学」とする見解に対して、[19] 彼は以下のように述べている。

諸君ヨ、此ノ十九世紀ノ自力門僧侶ハ已ニ楽ニ自カラ印度哲学ナリ、心理哲学ナリ、観念哲学ナリト云モ、世人ノ肯セザル奈何セン。否、レリジョンハレリジョン、ウ井ソロウ井ハウ井ソロウ井ト分科シ別業スルノ今日ナレバ、余ハ速カニ自力門仏教ハ哲学ニ合従シ、一層ノ勢力ヲ鼓舞シテ中流以上ノ人士ヲシテ豁然大悟セシムルノ道ヲ発揮セシヿヲ切望ニ勝ヘズ、此レ是ヲ学問ニ就テノ滅亡ト云フ、然レバ釈迦ノ慧眼、夙ニ末法ノ今日アルヿヲ看破シ時期相応ナル浄土門、即チレリジョンヲ置レタルガ故ニ全ク仏教ハ滅亡セザルノ理由アリ、少クコレヲ論ゼン。[20]

以上の発言を理解する上で特筆すべき点のひとつとは、田島は当時の多くの人間と同じように、日本に広がりつつあったハーバート・スペンサー(一八二〇―一九〇三)の進化論や、[21] 間接的にはオーギュスト・コント(一七九八―一八五七)による段階論などの影響下で、「宗教」を考えているところである。一方の「自力門」は、最終的に、学問の一種である「哲学」として「中流以上」の人間に広がるが、「宗教」そのものとしては滅亡していく。他方、キリスト教や、「他力門」を代表する浄土真宗といった「黙従教」は、「末法ノ世ニ於テ(中略)中流以下ニ向テ必用的ノ機械」[22]

であるとされ、二十一世紀に至っても存続していくという[23]。

『仏教滅亡論』は、「宗教 religion」や「哲学 philosophy」などの新たな範疇における「仏教」の位置づけをめぐる議論のコンテクストで理解すべき著作であり、スペンサー説を踏まえつつ、様々な特徴のあるともいえる宗教進化論の枠組みで日本仏教の現状を捉え直したものである。これに対して、萩倉耕造が如何に反論したのかを、これから見ていく。

二　萩倉耕造の反論

『仏教不滅亡論』の著者である萩倉耕造について得られる情報は、極めて少ない。「南柯堂夢笑道人」という名の下でも執筆活動を送っていた萩倉は、数点の小説も著している[24]。彼は、田島と同様に名古屋在住であり、真宗を中心とする現地の仏教界に深く関わっていたようである[25]。特定の教団との関係は必ずしも明らかでないが、彼は異なる著作で、「半僧半俗」と自称している[26]。『仏教不滅亡論』を著す動機については、次のように述べている。

〔田島著『仏教滅亡論』を〕出版スルヤ、大ニ世人ノ喝采ヲ博シ、数年ノ印本ハ今既ニ沽売シ尽ントス、故ニ不日第二版ヲ印刷セント欲スト、余問テ曰ク本書ノ世ニ出ルハ已ニ百八十有余日ノ前ニ在リ、果シテ然ラバ十数万ノ高僧ガ黙々ニ附スル理ナシ[27]。

すなわち、田島著が出版された一八八八年五月から、『仏教不滅亡論』の序にみられる上記の言葉が書かれた同年十一月というわずか半年の間に、『仏教滅亡論』は凡そ完売し、「十数万ノ僧侶ハ之ヲ購読シナガラ[28]」、それへの反論はいまだに示されていない、ということである。萩倉はこうして、田島の言葉を引用、あるいは要約しつつ、各章の所論を批判し、日本における仏教の「不滅亡」を証明しようとするのである。彼はさらに、「仏教ノ不滅亡ヲ希望スル者ハ任天居士ノ滅亡論ヲ愛読シ、仏教ノ滅亡ヲ希望スル者ハ余ノ不滅亡論ヲ玩閲セヨ」(29)と述べ、自分も田島も、それぞれ自らの方法で憂慮されるべき衰微状態から仏教の復活を求めていると認めるのである。『仏教不滅亡論』の章立ては当然ながら田島著と対照的であり、以下のようになっている。

第一章　釈迦ノ預言ニ就テ不滅亡
第二章　僧侶ノ品行ニ就テ不滅亡
第三章　僧侶ノ無学ニ就テ不滅亡
第四章　信者少数ニ就テ不滅亡
第五章　衣食欠乏ニ就テ不滅亡
第六章　教義上ニ就テ不滅亡
第七章　社会進化ニ就テ不滅亡
第八章　学問ニ就テ不滅亡
第九章　聖道門隆盛論
第十章　仏教西漸論幷結論

萩倉が第一に批判するのは、「吾仏教ハ遂ニ大陸ニ跡ヲ収メ東洋ノ狐島ナル日本ニノミ存留スルト言ベシ。是ヨリ日本ノ仏教世界ヲ論ゼン」(30)と断言する田島論の枠組み自体である。真の仏教は大陸では絶滅し、日本を最後の砦とするような言説は、田島独自のものではなく、例えば生田(織田)得能(一八六〇―一九一一)や井上円了などがすでに同様の旨を述べており(31)、一八八〇年代後半の仏教活動家の間で比較的にポピュラーな語り方であった(32)。そういった一種の

〝日本仏教独存論〟に対して、萩倉は当時最新の統計データを踏まえて、「耶蘇旧教徒二億一千二百万人、基督教徒一億二千四百万人、（中略）仏教徒四億二千三百万人ナリ」と述べ、さらには「四億五千万人」「三億六千七百万人」というまた異なる調査による仏教徒の総数も示す。しかし、約「三千八百万人」である当時の日本人口の全てを「仏教信者ト仮定」しても、それは総数を示す最小の統計の場合でも一割強に過ぎないと指摘する(33)。萩倉はなお、次のように反論する。

〔残り九割は〕皆ナ印度、支那、其他諸国ノ信者ナルヲ知ルナラン、然ルニ正法一千年以後ハ印度ノ史乗ニ徴スルナシトシ、又タ像法ノ初期一千五百年以後ハ支那ニ仏教絶無ナリトシ、世尊ノ教説ヲ以テ東洋ノ孤島日本僅々タル信者ノ専有物ト堅信シ、自己ノ所説ニ引援附会スルハ我田引水ノ疑ヒナキ能ワズ、斯ク論弁セバ田島君ハ云ハン、印度其他諸国ニ仏教信徒ト称スルモノ数億ノ多シト雖トモ、啻是レ外形盲信ノ徒ニシテ真正ノ仏教信徒ニ非ズ、之レヲ非信徒ト云フモ何ノ不可カ此レアラント、夫レ或ハ然ラン、然リト雖トモ退ヒテ我国既往ノ信者ヲ顧ミルニ果シテ真正ノ信徒ト謂フヲ得ベキヤ、余ハ其判断ニ苦シムナリ、殊ニ旧幕府ガ施政ノ場合ヲ以テ仏教ヲ保庇スルノ甚シカリシタメ、却テ仏教ハ頽廃シ、名状スベカラザル弊習ヲ醸成シタリ、然ラバ即チ、二三百年以前ノ信者ト、印度其他諸国ノ信者トヲ対照シヲ〔テ〕、其優劣又何ゾ択マンヤ、之レヲ非信徒ト云フモ或ハ可ナラン、宜ナル哉(34)。

ここでは、当時における仏教の衰微が江戸期の宗教体制との関係において説明され、「我国既往ノ信者」の性質そのものが疑われるのである。萩倉は、田島が近世日本仏教と関連づけられる「仏教衰頽ノ最高点ヲ以テ標準ニ定テ、此結果ニ依テ未来ヲ推測(35)」していると批判するが、彼も「徳川氏」の政策によって成立した仏教界に対して否定的であることは、『仏教不滅亡論』の至るところで明らかである。

萩倉は以降、田島著の各章に対して反論していくが、本稿では、核心的な問題である「宗教 religion」の意義と役割について着目したい。前節で確認したように、田島によれば「レリジョン」は「黙従教」である浄土真宗およびキリスト教が「中流」以下の人々の間に広がって存続する一方、聖道門は「ウ井ソロウ井」として「中流」以上の人間に導入され、滅亡するに至る。すなわち「黙従ヲ原則トシ、他力ヲ主義ト」するものこそ「真ノ宗教」(36)と把握する田島に対し、萩倉は次のように述べる。

レリジョンナル語ノ意味如何ンヲ論究スルハ最モ必用的ニシテ任天先生（田島）ノ滅亡論アル所以ンハ蓋シ茲ニ起因ス、即チレリジョンヲ黙従ト義訳スル是ナリ、然レドモレリジョン（宗教）ヲ黙従ト翻スルハ万世不変ノ定義ナルヤ、教学社会ノ輿論ナルヤ、一二学士ノ唱道ナルヤ、任天先生一己ノ御議論ナルヤ、先ヅ之ヲ確定セザルベカラズ。余聞ク明治十二（一八七九）年ノ比、米国神学博士某氏ガ東京明治会堂ニ於テ演説ノ際、宗教ヲレリジョンノ訳語ト云ヒシヨリ、我国ノ僧侶土岐某氏ガ其演説ヲ駁スルニ当リ、「レリジョンハ今仮リニ黙従ト翻スベシ云々」。是レ即チレリジョンヲ黙従ト訳セシ起源ニノ、任天先生一己ノ御議論ト謂フベカラズ、必ズヤ之ヲ依所トセラレシナランガ、之ヲ以テ直チニ教学社会ノ輿論ナリト謂フベカラズ、況シテ仮リニノ文字アル以上ハ万世不変ノ定義ナリト謂フベカラザルヤ明カナリ(37)。

ここで萩倉はまた、田島論のもうひとつの本質的なところへ疑義を呈しており、それはつまり、「レリジョン」を「黙従教」と同一視する点である。一八七九年に東京で演説を行った「米国神学博士」は現時点で特定できていないが、明治会堂が実際に完成するのは一八八一年のことであると考えれば、萩倉がそもそも演説の年月日を誤認している可能性も否めない。一方、それに反論したとされる「我国ノ僧侶土岐某氏」の正体はよりわかりやすく、真言宗の僧土宜《どぎ》法龍（一八五五―一九二三）のことである。彼は一八八二年一月に刊行された仏教演説集に寄稿しており、そこで確かに「宗教トハ英語ノ謂ユルレリジョンニシテ、則チ、黙従ナリ」と述べている[38]。ただし、「黙従」とは仏教の本意ではないとする内容の演説を元とした原稿で、かかる「宗教」概念に仏教を当てはめることの妥当性や、仏教徒の役割を考えようとするものでもある。萩倉も同様の発想で、田島が示したような「レリジョン」の枠組みに仏教を捉える可否を以下のごとく論じている。

（前略）レリジョンハ黙従ニシテ黙従ハ宗教ナリトセバ、余ハ新世界ニ宗教ノ必用ナキヲ信シ、宗教ノ速ニ新世界ヲ去ランヿヲ希望ス、然レドモ仏教ハ黙従ニアラズシテ道理界ノ教法ナリ、而シテ之ヲ宗旨、又ハ宗教ト称スルハ、往古ヨリノ伝来ニシテレリジョンノ語ヲ俟テ始メテ宗教ト称スルニアラズ、果シテ然ラバレリジョン仮令ヒ黙従ナリトスルモ、仏教ヲ支配スルノ力ナシ、若シ強ヒテ宗教ハレリジョン、即チ黙従ナリトセバ、仏教ハ宗教ト称セザルモ敢テ差支ヘナシ、唯ダ仏陀大覚世尊ノ教示セシ所ナルヲ以テ単ニ仏教ト称センノミ。[39]

「宗教 religion」を再構想しつつも、その型に仏教各宗の一部しか嵌らないとした田島と、その語りの枠組み自体放棄まで許した萩倉との間の議論は、帝国憲法発布前後における仏教界をよく表現している。次節では、この論争のコンテクストを示し、その思想史的意義を検討する。

三　一八八〇年代における仏教の性質をめぐって

一八八〇年代は、日本の宗教思想史上、とくに変動の激しかった時期のひとつである。例えば、一八八一年には国会開設の詔勅が宣布され、立憲国家における「宗教」の位置づけをめぐる議論は一層、深刻となっていった。一八七九年一一月に、凡そ二年前に設置された高等教育機関である「東京大学」の枠組みに仏典を講じるべく、一時期ながら曹洞宗の僧籍を離れていた原坦山《たんざん》（一八一九—九二）が招かれ、一八八一年からは隔年で、浄土真宗の吉谷覚寿《かくじゅ》（一八四三—一九一四）と二人で「印度哲学」という名称の下、仏教について講じていた。さらには、一八七二年に設置されてから様々な変遷を遂げつつも存続してきた教導職の制度は一八八四年八月に廃止され、同時に以後の仏教教団を特徴づける管長制度が設けられた。

政治界・教育制度・宗教団体におけるこうした様々な動きが、仏教者による自宗の語り方を大きく左右していったことは、当然である。田島や萩倉が持論を展開していくのは、立憲国家として確立しつつあった日本における仏教の役割が、様々な方面から議論されていた時期である。以下、そのコンテクストをより詳しく考えたい。

近年は特に、明治期における「宗教」という言説の生成をめぐって、様々な研究成果が発表されてきた[40]。現在の我々が用いる「宗教」という言葉は、欧州の諸言語にみられる religion の訳として登場し、近代日本の国家建設にまつわる様々な問題との関係において定着していったことは、周知の如くである。すなわち、明治期に、それまでには異なる範疇によって自己を構想していた既成仏教教団は、ヨーロッパの学知や法制が導入されるにつれて、「耶蘇教」という時には好まざる他者と対照化されつつ、「宗教 religion」という新たな型に嵌められていくのである[41]。

立憲国家における「宗教」の位置づけが議論されるなか、「文明国」を目指した日本の道徳的根拠として、キリスト者は、欧米で最も流布しているキリスト教が採用されるべきと主張し、それに対して仏教者は否、仏教こそ日本の「宗教」となるべきことを掲げたのである。しかし、かかる主張を展開した仏教者は、当時の仏教はその本来の姿から逸脱しており、適切な「改良」の上で日本国家の「宗教」にすべきとして、そのプロセスにおいて「宗教」そのものを再定義するに至った[42]。このコンテクストにおいて、仏教はもし仮に「宗教」であるならば、それは「耶蘇教」と性格の異なる「宗教」でなければならない、という見解の者もいた一方、決して「宗教」でないと断言する者も存在した[43]。田島と萩倉との間に、様々な見解の相違は存在したものの、二人とも「宗教」に対して違和感を覚える姿勢は共通している。

「宗教」の正確な意味と国家への責任が議論されるなかで仕上がる田島および萩倉の著作はそれぞれ、当時の言論界への回答を試みているのである。信仰を基礎とする「宗教」であるキリスト教に対して、仏教はそれに加えて理性的な要素も含んでいるため、より完全なものであるとする見方は確かに、二人に起因するわけではない。一八八五年に、上記に取り上げた東京大学講師の原坦山は、キリスト教は「信」を本質とするが、仏教は「信」と「智」の両方とも兼ね備えたものであると考えた[44]。そしてより知られている事例であるが、井上円了は『真理金針』（一八八六―八七年）において、「宗教」を「情感の宗教」と「知力の宗教」に分け、キリスト教は前者にすぎないのに対し、仏教には「聖道門」（知力）と「浄土門」（情感）があるように、両方の要素が含まれていると主張したのである[45]。

しかし、殊に田島は、仏教のこの二面的性格をそれまでとはまた異なる形式で語り直した。「実験真証」を仏教の本質として、それを「宗教」ではなく「心性哲学」と規定した曹洞宗系の坦山や、仏教は「宗教」であると同時に「哲学」でもあるとした浄土真宗系の井上円了および村上専精とは異なり、田島は「中流以下」の人間に広がる「浄土門」のみを「宗教」と断言した。一方、知識層の間に流布すべき「聖道門」は、「仏教」として「滅亡」していく。真宗やキリスト教という「黙従教」こそ存続していくという田島の見解に対して、萩倉は全面否定する。曹洞宗居士の故、自身の掲げる「聖道門」は社会が「進化」するにつれて「滅亡」していくとする田島に対して、「浄土門」の萩倉は否、「聖道門」こそ将来的に隆盛し、「西洋」に流布していくと主張したところは実に興味深い[46]。しかし、田島自身もこの「預言」をどこまで信じていたのかは、疑問の余地があるように考える。

十九世紀において、世界の諸国やそれらの社会を考えるにあたり、様々な進歩的発展段階説を踏まえることが、基本的であった。例えば、幕末期から広く読まれたH・ホイートン(一七八五—一八四八)の『万国公法』(*Elements of International Law*、原著一八三六年)にみられるように、当時の国際法それ自体はこのような発想を基礎としており、福沢諭吉(一八三五—一九〇一)がそのベストセラー『文明論之概略』(一八七五年)において用いた「文明国」「半開の国」「野蛮の国」という区分は、そのひとつの表現である。(47) 同時期に、オランダ留学帰りで兵部省に出仕していた西周《あまね》(一八二九—九七)は、「実証哲学 philosophie positive」の提唱者であるフランスの社会学者A・コント(一七九八—一八五七)の三段階説を取り入れている。(48) すなわち社会は、あらゆる現象を超自然の領域において捉える「神学的段階 état théologique」、物事が抽象的な実体によって説明されるようになる「形而上的段階 état métaphysique」、そして事実の観察によって現象が科学的に理解される「実証的段階 état positif」という三つの「時代 âge」を経て、発展していくとする説である。(49)

このような発展段階説は、西周および福沢に加え、西村茂樹(一八二八—一九〇二)や井上哲次郎(一八五六—一九四四)といった、(50)「国民道徳」の確立を官学的な立場から考えた人間も大きく刺激した。一八八〇年代は、さらに、コントにも影響されつつ「進化」という用語の構想で知られるスペンサーの著作も、次々と日本語に翻訳され、(51) すでに段階説を踏まえていた明治期の多くの思想家の歴史観をより確立していった。コントやスペンサーの所説では、それぞれの特徴はあるにせよ、両者とも社会の発展につれて、「宗教 religion」が自ずと滅亡していくと考えられた。すなわち、科学的な世界観が浸透していくにつれ、「宗教」が公の場から姿を消していくか、あるいは「宗教」それ自体として終幕を迎えるという。

田島がスペンサーを直接とり上げていることは、偶然の一致ではあるまい。理性的である「聖道門」は、知識層の科学的な世界観と合致し、超自然的な事物を根拠としない「哲学」として吸収され、「宗教」それ自体として「滅亡」

する。一方、「黙従」を本質とする「浄土門」は、教育基準がさほど高くないと思われる下層階級の人々に支持され、二十一世紀まで存続していく。「宗教」として未来に残る「浄土門」への評価とも思われる田島説は[52]、当時の思想的な文脈を念頭に置くと、むしろ、一種の批判にもみえてくる。萩倉が、自宗が「黙従」という言葉で語られることに違和感を覚えたことも、このような結論を可能ならしめるもうひとつの証左となろう。

おわりに

「宗教」という言葉は、明治期において religion の訳語として成立したことを述べた。しかし、それは「宗教」だけの特徴にあらず、「社会 society」「個人 individual」「自由 liberty」なども[53]、この時期に翻訳語として生み出された。そしていうまでもなく、田島や萩倉が「宗教」と併せて取り上げた「哲学 philosophy」なる用語も、また、訳語として同様のコンテクストにおいて構想されるものである。

明治初期に、仏教各宗はそれまでに享受していた「国教」に等しい位置から外され[54]、経済的なトラブルをはじめとして、様々な困難に遭遇したことは、先学が示してきた通りである[55]。新たな国家体制の枠組みで、しかも上記の様々な言説との関係において「仏教」を再構築する作業は、種々の葛藤のなかで展開されていったのである。田島や萩倉のそれぞれの著作は、当時における仏教界の存在形態への批判であると同時に、衰微の状態から各宗を救済しようと試みたものである。二人は、明治期に登場した新たな概念を戦略的に使用して、各々の立場から仏教が歩むべき今後を描き出そうとした。

この時期を対象とした仏教革新思想の研究は、原坦山・大内青巒・井上円了・村上専精など、東京を中心に活動し、学問やメディアの主要な担い手であった人物に集中している。とりわけ円了をめぐっての研究成果は膨大であり、当時の他の仏教活動家の人脈に比べて、すでに明らかにされている彼のネットワークも、近代仏教全体を理解する上でのひとつの鍵でもあろう。ただし、同時に、名古屋のような地方都市で活動し、教団との関係が必ずしも明らかでない仏教徒は、当時の思想界における代表的な理論や学説を如何に受容して展開していったのか、などのことを検討するような視点も必要であろう。学問の中心から離れた居士と「半僧半俗」との間の論争が、三浦兼助（生没年不詳）が営んだ「其中堂」という名古屋の仏教出版社から発表され、広く読まれたようである。

近年、林淳は「俗人仏教徒」が活動する場の拡大を近代仏教のひとつの特徴としており[56]、大谷栄一は仏教出版社による活動の重要性について示唆していることを考えると[57]、研究対象としての上記議論も様々な可能性を孕んでいることは確かであろう。本稿においては、基本的な概念の検討という領域を越えることはなかった。今後、そのアクターをめぐる史料的な発掘作業も含めて、論争の更なる詳細とその思想史的意義について考えていきたい。

註

（1） 諸宗同徳会盟の活動については、古典である辻善之助『明治仏教史の問題』（立文書院、一九四九年、八三—一六六頁）、そして川村覚昭「明治維新期に於ける廃仏毀釈と京都諸宗同徳会盟」（『京都産業大学日本文化研究所紀要』第九号、二〇〇三年）および拙著『近代日本思想としての仏教史学』（法蔵館、二〇一二年、一九〇—二一八頁）を参照されたい。

（2） 島地の大教院分離運動については、吉田久一『日本近代仏教史研究』（吉川弘文館、一九五九年）「第二章　大教院分離運動について——島地黙雷を中心に——」（八一—一四九頁）や、より近年の成果として、小川原正道『大教院の研究』

（慶應義塾大学出版会、二〇〇四年）「第四章　大教院の崩壊――島地黙雷の大教院分離運動――」（一四三―一七七頁）［初出一九九九年］を参照。

（3）井上円了『真理金針』（東洋大学創立一〇〇周年記念論文集編纂委員会編『井上円了選集　第三巻』、東洋大学、一九八七年）を参照。

（4）中西については、星野靖二「明治中期における「仏教」と「信仰」――中西牛郎の「新仏教」論を中心に――」（『宗教学論集』第二九輯、二〇一〇年）を参照した。

（5）前掲の拙著『近代日本思想としての仏教史学』の第二部「僧風刷新と「仏教」をめぐる歴史叙述」（一八三―二九八頁）を参照。

（6）鈴木金太『衆議院議員候補者評伝――逐鹿界之片影』（山田丹心館、一九〇二年、一二八―一三五頁）を参照。田島個人の思想をめぐる研究は、基本的に、彼の排耶論との関係においてのものである。例えば、山本良「翻訳と文体の相克――田島象二『耶蘇一代弁妄記』における聖書の小説化――」（『国語と国文学』九〇（一一）、二〇一三年）。彼が記者を務めた『団団珍聞』については、木本至『『団団珍聞』「驥尾団子」がゆく』（白水社、一九八九年）を参照。

（7）前掲鈴木『衆議院議員候補者評伝』一三〇頁。

（8）桜井匡『明治宗教史研究』（春秋社、一九七一年）四一八頁。

（9）田島象二『日本仏法史』（潜心堂、一八八四年）。本書は駐日公使のイギリス人E・サトウ（一八四三―一九二九）のために作成され、そのもとになったと思われる『仏法東遷史』（二巻）という「著者自筆清書本」は、ケンブリッジ大学に所蔵されている(*Early Japanese Books in Cambridge University Library: A Catalogue of the Aston, Satow, and von Siebold collections*, edited by Nozomu HAYASHI and Peter KORNICKI. Cambridge and New York: Cambridge University Press, 1991, p.122）。近代における日本仏教の史的叙述においての田島著『日本仏法史』の位置づけに関しては、前掲拙著『近代日本思想としての仏教史学』八五―八六頁を参照。ちなみに『日本仏法史』は一八九二年に、『仏教滅亡論』を刊行した其中堂から再版されている。

（10） 田島象二『仏教滅亡論』（名古屋、三浦兼助・其中堂、一八八八年）一―一六頁。

（11） 田島『仏教滅亡論』一一頁。引用者による補足事項は亀甲括弧〔 〕で括って示し、句点・読点も適宜、補った。以下同。なお、以降、断りがない限り、引用中の傍点および傍線は原文の通りである。

（12） 大内青巒『日本仏教史略』（上巻、鴻盟社、一八八四年）。本書の位置づけについては、拙著『近代日本思想としての仏教史学』（八六頁）において触れている。

（13） 田島『仏教滅亡論』一三―一四頁。

（14） 田島『仏教滅亡論』一四頁。

（15） このような皇室をめぐる語り方の形成と展開については、拙著『近代日本思想としての仏教史学』第一部を参照されたい。

（16） 田島『仏教滅亡論』一〇〇―一〇四頁。

（17） 田島『仏教滅亡論』九四頁。彼は、「耶蘇教ハ西洋ノ真宗、真宗ハ東洋ノ耶蘇教」とも述べており、福沢諭吉が一八七六年に発表した『学問のすゝめ』十五編の言葉を連想させるが、福沢はイエスでなくマルティン・ルター（一四八三―一五四六）と親鸞を比較している（富田正文・他編『福沢諭吉選集　第三巻』、岩波書店、一九八〇年、一五九―一六〇頁）。福沢の宗教認識について様々な成果はあるが、真宗を中心とするものとして、例えば福島栄寿『思想史としての「精神主義」』（法蔵館、二〇〇三年）の第二章「福沢諭吉の「宗教」認識の波紋」（五七―八八頁、初出一九九七年）および守屋友江「福沢諭吉の宗教観」（『宗教研究』三一八号、一九九八年）を参照されたい。

(18) この議論は、拙稿「近代日本の仏教学における〝仏教 Buddhism〟の語り方」（末木文美士・他編『ブッダの変貌——交錯する近代仏教』、法蔵館、二〇一四年）で取り上げており、それを参照されたい。なお、ディラン戸田「近代仏教概念をめぐる一考察——「哲学としての仏教」なる言説の生成と展開——」（『近代仏教』第二一号、二〇一四年）は、この問題とそのコンテクストをより詳しく検討している、参照すべき成果である。

(19) 具体的に、田島は「仏教ノ僧侶ハ該学ノ一班ヲ窺シ者ハ、否ラザル者モ、異口同音ニ仏教ハ印度哲学ナリト揚ゲ言シ、遂ニ今日ニ至テハ仏教ノ大部分ハ哲学ナリト公認スルニ至レリ」としている（『仏教滅亡論』七八頁）。彼は恐らく、東京大学で仏典を講じていた原坦山の発言を念頭に置いていたと思われる。坦山は、神秘思想結社・神智学協会の初代会長であったH・S・オルコット（一八三二—一九〇七）の思想に影響を受け、一八八七年の講演で次のように述べた。

印度は上古に文化の聞へある国にて、当今に流行する所の宗教中、仏教猶太《ユダヤ》教等最も上古に属す、今仏教の性質を察するに、釈迦氏自性の実理を発明して仏教を設け、心性の実体を菩提・涅槃・真如・仏性・《ママ》と名づけて種々に教化せられたり、而して釈迦の出世は上古草昧なるが故に人皆奇怪不思議を奉崇し、遂に之を混淆附会したる者にして、真如・菩提・《ママ》等は決して奇怪不思議なる者に非ず、後世学科分立するに及んで、皆実験を基礎とするより、概して宗教として閣〔擱〕置せらるゝに至れり、然とも仏教は他の宗教の如く幽冥荒茫信を目的とするにあらず、ヲルコツト氏曰く「レリジョン」（宗教）と云語は仏教に用ゆること妥当ならず、仏教は寧ろ道義哲学と称すべきなりと、余は直ちに心性哲学といふを適当とす、本校（東京大学）に於て印度哲学と改むるは尤も当れり（秋山悟庵『坦山和尚全集』、光融館、一九〇九年、五四—五五頁、初出は『教学論集』第四四号、一八八七年八月）。

なお、坦山については、拙著『近代日本思想としての仏教史学』（五六—八一頁）、および吉永進一「原坦山の心理学

的禅」(『人体科学』第一五巻第二号、二〇〇六年)を参照。

(20)田島『仏教滅亡論』八七―八八頁。

(21)田島『仏教滅亡論』七七頁。

(22)田島『仏教滅亡論』一〇三頁。

(23)仏教の他宗に対して、真宗がキリスト教と同様の性質を有し、それこそreligionであるとするような維新後の見解は、早くも欧州視察中の島地黙雷に見出される。例えば、「明治五年十二月十六日」付の大洲鉄然(一八三四―一九〇二)ら宛の書簡で、田島が後に示したような「宗教」と「哲学」の区別を連想させるように、次のように述べている。

宗旨ハ真ノ宗旨ニ非ザレバ、真言デモ法華ニテモ叩キツブス工夫ガ肝要也。朝威デヤレバマダ日本デハ行ハル、也。扨、禅宗・天台抔ハ学問ナリ、人民ノ宗旨ニハ非ズ。宗旨ト云ハ死生不移者ヲ云、抗抵力アル者ヲ云。真宗ノ外日本ニテ宗旨ラシキ者ハナシ(二葉憲香・福嶋寛隆編『島地黙雷全集 第五巻』、本願寺出版部、一九七八年、一八三頁)。

なお、西洋側のこういった比較の歴史については、Galen AMSTUTZ, *Interpreting Amida: History and Orientalism in the Study of Pure Land Buddhism* (Albany: State University of New York Press, 1997, p.43ff)を参照されたい。島地の宗教観については、Hans Martin KRÄMER, *Shimaji Mokurai and the Reconception of Religion and the Secular in Modern Japan* (Honolulu: University of Hawaiʻi Press, forthcoming)を参照されたい。出版前のこの原稿は、クレーマ氏にご恵贈いただいた。

(24)例えば、萩倉耕造(南柯堂夢笑道人)『決闘状』(井ノ口松之助、一八八八年)など。萩倉による小説の内容を要約し、考察しているものとして、池田一彦「南柯堂夢笑道人『決闘状』ヲ読ム」(『成城国文学論集』三五、二〇一三年)および同「『南柯堂夢笑道人『法律擬判詐欺』ノート――小説的側面を中心に――」(『成城文藝』二二三、二〇一三年)という成果がある。

(25) 例えば、萩倉は『法之雨』などの仏教系雑誌を刊行していた法雨協会に参加し、その書物を編集していた。南条文雄・吉谷覚寿・渥美契縁などの演説が収録されている萩倉耕造編『法雨玉滴』(法雨教会《ママ》本部、一八九〇年)を参照。萩倉はさらに、同じく愛知県在住の清沢満之(一八六三―一九〇三)との交流もあったようである。大谷大学編『清沢満之全集 第八巻』(岩波書店、二〇〇三年、三一九頁)および同編『清沢満之全集 第九巻』(岩波書店、二〇〇三年、五一三頁)を参照されたい。なお、萩倉は名古屋の当時の演説会にしばしば出席し、話もしていたことは、川口高風の最新研究(二〇一二年～)に窺うことができる。『愛知学院大学教養部紀要』連載(第六〇巻・第二号～)の川口「『能仁新報』よりみた名古屋の仏教」を参照。

(26) 夢笑道人『文覚上人――連夜説教』(名古屋、三浦兼助・其中堂、一八九五年)一頁。

(27) 萩倉耕造『仏教不滅亡論』(名古屋、三浦兼助・其中堂、一八八九年)序二。

(28) 萩倉『仏教不滅亡論』序三。

(29) 萩倉『仏教不滅亡論』序七。

(30) 田島『仏教滅亡論』八―九頁。

(31) 例えば、生田は日本仏教に代表される「東部仏教」を、次のように評価している。

(前略)南部仏教ハ小乗ニ偏シ、北部仏教ハ密教ニ局ス、独リ東部仏教ニ於テハ大小顕密ノ全体ヲ有ス、他ハ皆不具ニノ、我独リ全シ、豈ニ奮発セサルヘケンヤ。(「仏教ノ大勢ヲ論ス」『令知会雑誌』三八、一八八七年、一三四頁)

さらに、同一八八七年に発表されたベストセラーの『仏教活論序論』において、円了は次のようにいう。

それ仏教は日本固有の宗教にあらずして他邦より漸入したるものなりといえども、すでに今日にありてはその本国たるインドはほとんどその痕跡を絶し、わずかにその地に存するものは仏教中の小乗浅近の一法のみ。(中略)その宗、その書、その人、共に存して大乗の深理を知り、一乗の妙味を知るべきものひとりわが日本のみ。(『井上円了選集　第三巻』三三八頁)

(32)「日本仏教」にまつわる言説とナショナリズムとの関係については、拙著『近代日本思想としての仏教史学』の第一部「国民国家と「仏教」をめぐる歴史叙述」(四九―一七九頁)を参照。

(33) 萩倉『仏教不滅亡論』一三頁。

(34) 萩倉『仏教不滅亡論』一三―一四頁。

(35) 萩倉『仏教不滅亡論』四六頁。

(36) 萩倉『仏教不滅亡論』一〇一頁。

(37) 萩倉『仏教不滅亡論』一〇一―一〇二頁。

(38) 土宜法龍「教家ノ真理ヲ敲キ出スハ果シテ是レ何レノ日ソ」(栗田信太郎編『日本各宗仏教演説亀鑑』、競錦書屋、一八八二年一月)五〇―五一頁。数ヶ月後に発表された『大日本国教論』(森江書店、一八八二年八月)において、土宜と同じく真言宗の釈雲照(一八二七―一九〇九)も「黙従」と「レリジョン」との関係について述べている(四―五頁を参照)。

(39) 萩倉『仏教不滅亡論』一〇五―一〇六頁。

(40) 例えば、鈴木範久『明治宗教思潮の研究――宗教学事始』(東京大学出版会、一九七九年)、羽賀祥二『明治維新と宗教』(筑摩書房、一九九四年)、山口輝臣『明治国家と宗教』(東京大学出版会、一九九九年)、磯前順一『近代日本の宗教言説とその系譜――宗教・国家・神道――』(岩波書店、二〇〇三年)、島薗進・鶴岡賀雄編『宗教〈再考〉』(ぺりか

ん社、二〇〇四年)、星野靖二『近代日本の宗教概念――宗教者の言葉と近代――』(有志舎、二〇一二年)、Jason Ānanda JOSEPHSON, *The Invention of Religion in Japan* (Chicago: The University of Chicago Press, 2012), Trent E. MAXEY, *The "Greatest Problem": Religion and State formation in Meiji Japan* (Cambridge, Mass.: Harvard University Press, 2014), そして註(23)前掲の KRÄMER, *Shimaji Mokurai and the Reconception of Religion and the Secular in Modern Japan* などの著作に代表される研究である。

(41) 筆者による宗教言説の展開に関しては、拙稿「宗教概念と日本――Religion との出会いと土着思想の再編成――」(島薗進・他編『シリーズ日本人と宗教――近世から近代へ』第二巻、春秋社、二〇一四年)を参照されたい。

(42) 註(3)前掲の井上円了『真理金針』にみられるような立場である。その考察については、註(40)前掲の山口『明治国家と宗教』(二一九―五五頁)を参照。

(43) 例えば、註(19)の坦山引用をみよ。

(44) 「学問は実験・索蹟・比較の三法を精密にし、事物の真理を究明するを学問と云ふ、学問の目的は智にあり、教法の目的は信に止まると、是れ蓋し西洋諸教皆天主上帝を帰所となし、人間の見聞覚知の及ばざる所となせば信に止るといふこと当れり、然れども仏教も之と同じく信に止るとは云がたし、何となれば仏教といひ仏道といひ仏学といひ、皆古来通称し来れり(中略)仏氏の経論に信解行証の次序あり、信を初級となし、証を終位となす、(信を仮名と云名字と云未だ真の仏者と云がたし)(中略)西洋諸教の見聞覚知の外に天主上帝を求むるが如きにあらず(中略)、仏学と云仏教と云皆当れり、況んや仏氏の最上結果を究竟覚と云、無上智と云、決して見聞覚知の外に在る者にあらず」(原坦山「学教の異同仏教諸教の異同」『坦山和尚全集』五二頁)。

(45) 「予さきにヤソ教を排するは実際にあるかの一論を草して、仏教は知力の宗教にして、あわせて情感の宗教なることを略述したれども、未だ十分にその意を尽くさざるをもって、あるいは読者の胸中に迷雲を浮かばしめたるの疑いなきあたわず。故に予は更に一編を起草し、仏教は知力情感両全の宗教にして、ヤソ教は情感一辺の宗教なるゆえんを詳明せんと欲す。読者幸いに一読の労をいとうなかれ」(『井上円了選集　第三巻』二五〇頁)。

(46)　萩倉『仏教不滅亡論』一一九―一二九頁。

(47)　福沢諭吉『文明論之概略　巻之一』(一八七五年)の第二章「西洋ノ文明ヲ目的トスル事」(富田正文・他編『福沢諭吉選集　第四巻』、岩波書店、一九八一年、二〇頁)を参照。

(48)　比較思想史研究会編『明治思想家の宗教観』(大蔵出版、一九七五)所収の小泉仰「第一章　啓蒙思想家の宗教観」(「第三節　西周の宗教観」九一―一〇一頁)を参照。

(49)　コントに関しては、伊達聖伸『ライシテ、道徳、宗教学――もうひとつの19世紀フランス宗教史』(勁草書房、二〇一〇年)の第二章「オーギュスト・コントの宗教史と実証主義的道徳」(七一―一一三頁)を参照されたい。

(50)　REITAN, Richard M. *Making a Moral Society: Ethics and the State in Meiji Japan* (Honolulu: University of Hawai'i Press, 2010), p.73.

(51)　HOWLAND, Douglas. "Society Reified: Herbert Spencer and Political Theory in Early Meiji Japan" (*Comparative Studies in Society and History*, 41/1,2000), p.70.

(52)　田島と萩倉の論争に焦点を当てた唯一の研究成果である桜井『明治宗教史研究』(註(8)前掲)は、この立場を支持している。九〇―九四頁を参照。

(53)　齊藤毅『明治のことば――文明開化と日本語』(講談社、二〇〇五[一九七七]年)、および Douglas R. HOWLAND, *Translating the West: Language and Political Reason in Nineteenth-century Japan* (Honolulu: University of Hawai'i Press, 2002)

などを参照。

(54) ジョン・ブリーン『儀礼と権力——天皇の明治維新』(平凡社、二〇一一年)の第四章「近代神道の創出——神仏判然令が目指したもの」(一四六—一七九頁)を参照。

(55) 例えば James Ketelaar, *Of Heretics and Martyrs in Meiji Japan: Buddhism and Its Persecution* (Princeton, N.J.: Princeton University Press, 1990) 岡田正彦訳『邪教/殉教の明治——廃仏毀釈と近代仏教』(ぺりかん社、二〇〇六年)を参照。

(56) 林淳「普通教育と日本仏教の近代化」(末木文美士編『近代と仏教』、国際日本文化研究センター、二〇一二年、一〇四頁)。

(57) 大谷栄一「丙午出版社と近代仏教出版文化」(『宗教研究』第三六三号、二〇一一年、一四四—一四五頁)。

欽仰すべくして干犯すべからず

——憲法学における天皇制理解に関する一考察——

石澤理如

はじめに

一九四六年（昭和二一）六月に「天皇小論」[1]という文章が発表された。これは、同じ年の四月に「堕落論」を発表し、一躍「時代の寵児」となった坂口安吾が、戦前の天皇制に言及したものである。この文章で坂口は、天皇の存在によって日本が終戦（もしくは敗戦）の混乱を免れたとする「常識」に対して「嘘だ」とし、日本人は「内心厭なこと」があっても「大義名分」がなければ嫌だと主張しないだけのことであり、戦争をやめる「大義名分」として「天皇の名」を利用したに過ぎないと指摘している。天皇という「大義名分」を利用して自己の正当化をはかる「封建的欺瞞」に対して、坂口は敗戦により相対化がはかられると一縷の希望を抱いたが、実際にはこの「封建的欺瞞」が根強いこと、またそれに対して日本人が自覚していないことを挙げ、現状を打開するためには、天皇という存在を再検討すべきであると述べている。言い換えれば、「日本的知性の中から封建的欺瞞」を取り除くには、天皇が「たゞの天皇家」になってもらうより方法はなく、「歴代の山稜」や「三種の神器」といった天皇の神聖性を象徴するものを「科学の当然な対象」として扱い、神格を取り去る必要があることを意味している。ここで坂口の言う「科学」とは文字通り

science ではなく、客観的分析を意味する語と解することができる。

坂口は、天皇から「神格」を取り除き、「科学の前で裸」にし「たゞの人間」にした上で、日本社会における天皇の存在を再考すべきだと捉えている。もちろん「天皇制」が政治的制度として必要な場合、あるいは宗教的な権威として必要な場合は、「必要に応じた天皇制をつくるのがよい」として、坂口は、広い意味での天皇制および天皇という存在は否定していない。ただ前提として、天皇という存在を「公平な一人間」として再認識し、その上で新たな天皇の存在を考えることが今後の日本では必要なことだと指摘している。

こうした坂口の認識から、明治時代以降、神格化した天皇という存在を再検討し、「科学」的な分析を経て天皇の存在を再定義すべきだということが読み取れる。しかし、裏を返せば、坂口をしても抗えないほど戦前の天皇制原理が強固なものであり、人々の精神的支柱として機能していたことを如実に表していると思われる。では、戦前において確立された天皇＝現人神という構図をどのように考えたらよいであろうか。

大日本帝国憲法の発布以降、戦前にかけて共通認識であった天皇＝現人神という認識、神聖性の論理に対して、いくつかの疑問が生じる。まず、このような天皇のイメージ―神格化・神聖視・絶対性という認識―を連続性の中で捉えることが可能であるのかという点である。次に、第一の疑問に付随して、こうした天皇イメージが大日本帝国憲法(以下、明治憲法と略す)の発布により形成されたという一般的な認識は妥当であるのか、という疑問である。最後に、そもそも天皇を神聖視し絶対視する法的根拠はどこに存在するのか、またその際の法的解釈はどのような理論であったのか、という点である。

先行研究において、第一の疑問に正面から言及したのが安丸良夫氏(2)である。氏は、近代天皇制に看取される天皇の絶対性および神聖性を、それ以前の天皇制と区別し、「実質的には明治維新を境とする近代化過程において作りだされたもの」(3)に過ぎず、天皇制に関する制度や観念に連続性を認めつつも、「それらは近代天皇制を構成する素材として利用されて新しい意味を与えられた」ものであるとし、「古い伝統の名において国民的アイデンティティを構成し国民国家としての統合を実現することは、近代国家の重要な特質のひとつ」だと述べている。つまり、近代天皇制は近代以前の天皇制との関係性はあるものの、連続制として捉えることは難しく、近代国家建設と相まって新たに創造された制度と解すことができる。

第二の疑問に対しては田中彰氏の論考(4)がある。天皇神聖化のプロセスに関する一般的な認識は、一八八九年（明治二二）に制定された明治憲法と、翌一八九〇年に出された「教育ニ関スル勅語」、いわゆる教育勅語によって確立されたという認識である。こうした認識に対して田中氏は「その内実を確固としたのは、むしろ明治二七～八年の日清戦争とその「戦後経営」を通してである」(5)と指摘している。氏は、近代天皇制の過程は、日本の資本主義の育成と表裏一体をなすものであり、それは「十九世紀後半における、より絶対主義的な権力によるブルジョワ国家の形成過程でもあった」とし、天皇制イデオロギーが深く民衆に浸透し、さらに日本の産業化への道を切り開く決定的な契機となったのが日清戦争とその戦後経営であると指摘している。

つまり、明治憲法の制定や発布、教育勅語によって即座に天皇神聖性のイデオロギーが確立し、人々に浸透したわけではなく、日清・日露戦争という二つの対外戦争の経験とその後の戦後経営によって、神としての天皇というイメージが人々に浸透していったと考えられる。この二つの対外戦争以外で、天皇を神聖視し、天皇＝現人神と認識させたものとしては「天皇行幸」が挙げられる。原武史氏(6)は、「行幸」という天皇の行為が、神としての天皇イメージを浸透させるのに一役買ったことを論じ、明治国家という共同幻想において、可視化しうる装置ないしは演出として行幸の意義を分析している。

天皇の神聖化のプロセスに関しては、奥平康弘氏の研究がある。氏は『「萬世一系」の研究―「皇室典範的なもの」への視座―』(7)において、天皇を神聖視し絶対視した根拠として皇室典範および明治憲法の「萬世一系」という語に注目し、現存する皇室典範の成立過程を詳細に分析し、「女系天皇の否定」や「庶子天皇の可能性」を軸として論じている。天皇行幸や社会情勢からのアプローチではなく、皇室典範の成立過程といった法制史的な視座から天皇神聖視のプロセスを解明した点では注目に値する。また田中氏も「天皇の呼称」の問題に言及して、神聖化のプロセスを論じている。(8)氏は、天皇という呼称が明治時代以前には流布しておらず、一般的な呼称としては「宮様」もしくは「天子様」であった。尊皇派の間でも「天皇」という呼称は見られず、もっぱら「玉(ぎょく)」であったことを指摘している。こうした天皇の呼称の変遷から、田中氏は天皇が敬慕の対象というよりは政治的優勢と尊皇派の正当性を確保する存在もしくは対象であったと述べている。そのことは、尊皇派が用いる「玉」の意味が、王が存在する玉座ではなく、将棋の駒の玉と解する方が妥当であるという解釈からうかがえる。

奥平氏および田中氏の研究を踏まえて考えれば、後で検討する伊藤博文の『大日本帝国憲法義解』や穂積八束の憲法学の著作において、ことさら天皇の神聖性や神としての天皇イメージを鼓吹した背景には、こうした近代以前の天皇認識があったものと思われる。「宮様」や「天子様」という呼称から看取される天皇イメージ、また将棋の駒になぞらえた尊皇派の「玉」といった呼称を鑑みれば、明治憲法発布以後に、天皇を神聖視し、現人神として位置づけた天皇神聖性のプロセスも理解できる。

最後に、天皇神聖視の法的根拠に関する疑問である。これは「国体の護持」とともに重要なテーマであるが、この点に関して一つの示唆を与えているのが家永三郎氏(9)と石井良介氏(10)の論である。家永氏は、従来の明治憲法研究が明治憲法の成立過程の研究に終始し、「明治憲法成立以後の歴史にほとんど及んでいないこと」を問題視し、明治憲法制定に至る制定過程の研究に加え、明治憲法下の憲法思想として、政府やアカデミズム、さらには国民の憲法観にまで言及している。一方、石井氏は、古今東西の国家統治の形態を比較し、国家元首もしくは君主に強大な権限を付与する明治期の天皇制について、「なんら君主制として特異な存在」ではなく、また「決して無比なものではない」と捉えている。こうした一連の研究史に対し、水林彪氏は『天皇制史論—本質・起源・展開—』(11)において、天皇制を法史学の俎上に載せ、天皇権威と国制との関係性を詳細に論じている。氏は天皇制原理に看取される支配の正当性と、権威の起源を通時代的に検討し、広いパースペクティヴから天皇制論を展開した点は評価できる。こうした石井・水林両氏の研究を踏まえれば、天皇神聖性の法的根拠を解明するには、当時の国法学者もしくは憲法学者の天皇制理解、天皇の神聖性に関する解釈を紐解く必要があると思われる。その意味では、憲法学者の個別具体的な解釈を体系的に把捉し、その上でこの疑問を解決する以外に方法はないと思われる。

本稿は、天皇が神として位置づけられ神聖視され、やがて昭和期の軍部の台頭と相俟って神格化されていく過程の前提として、明治・大正期の国法学および憲法学の解釈を土台として、天皇神格化の源流を明らかにするものである。その際、伊藤博文の『大日本帝国憲法義解』を端緒として、憲法学黎明期の一木喜徳郎と穂積八束、その継承者である美濃部達吉と上杉慎吉の著作を手掛かりに、四人の天皇制理解と神格化の法的妥当性を明らかにしたい。さらに天皇神聖性が単なる時代の「雰囲気」として醸し出されたものではなく、法的な妥当性を有しつつ思想として形成されていったことを論証したい。この考察を手掛かりとして、今後、近代天皇制における天皇神格化の過程の一側面を明らかにしていきたいと考えている。

一 『大日本帝国憲法義解』における天皇の神聖性

『大日本帝国憲法義解』[12]（以下、『義解』と略す）の著者は伊藤博文だが、実際には伊藤のブレーンであった井上毅が執筆した「憲法説明」が基になっていることは夙に知られている[13]。この「憲法説明」とは、枢密院で憲法草案を逐条検討する際に配布された注釈書である。ここで重要なことは、『義解』が伊藤の著作か否かではない。むしろ明治憲法制定の中心人物であり、後に日本初の内閣総理大臣を務めるなど、明治政府の中枢にいた伊藤が憲法の注釈書を刊行したことに大きな意義があると思われる。というのも、伊藤は正確に言えば、憲法学の研鑽を積んだ学者ではない。ただ憲法起草のためドイツに留学し、グナイスト[14]やモッセ、シュタイン[15]といった、当時のドイツ憲法学および国法学の著名な教授から薫陶を受けたことを鑑みれば、伊藤の憲法学・国法学の知識は、最新の憲法理論を反映したものと言える。伊藤は、そうした知見を駆使して、日本の国情に合致した憲法を制定するとともに、自らが編集した憲法の正確な運用を期して『義解』を自らの名で刊行したものと考えられる。その意味では、伊藤が自ら『義解』なる注釈書を刊行した意味は大きい。では、この『義解』を紐解きながら、伊藤の天皇認識、天皇理解を見ていきたい。

伊藤は序において、「帝国憲法」の意義について「国家の大経を綱挙し、君民の分義を明劃す」と述べている。憲法が国家の方向性を示すだけではなく、君主と民衆とを区別し、その上で各人が果たすべき社会的役割を規定することに主眼が置かれている。この序で述べられた伊藤の憲法観は、当時の欧米の憲法観と差異は見られない。注目すべき点は、この注釈書の刊行意図である。

博文ひそかに僚属を倶に研磨考究するの余、録して筆記と為し、稿を易へ、繕写し、名けて義解と謂ふ。敢て大典の注疏と為すにあらず。聊か備考の一に充てむことを冀ふのみ。若夫貫穿疏通して、類を推し、義を衍ずるに至ては、之を後人に望む事あり。而して博文の敢て企つる所に非ざるなり。（『義解』序）

伊藤は、憲法編纂委員のメンバーと憲法について「研磨考究」する中で、自らの備忘録として憲法に関する議論を筆記し、その手記を基に文章を改訂し、その草稿を「義解」と名付けたに過ぎないと述べている。そうした性格上、刊行された『義解』は「大典の注疏」とすべき意図をもって編まれたわけではなく、あくまでも「備考の一に充てむことを冀ふのみ」とし、『義解』を通じて自らの憲法観が広く国民に共通見解として認識されることを望むだけであると述べている。憲法制定の立役者であり、明治政府の中枢に位置する伊藤の発言とは思えないほど謙虚な姿勢と思われるが、これは伊藤なりの配慮とも考えられる。『義解』の「第一章　天皇」の冒頭において、明治憲法制定の目的は「臣民の権利及義務を明にし、益々其の幸福を進むることを期」するものであるという箇所からも、伊藤の憲法制定に対する周到な配慮が感じられる。

このことから、伊藤の『義解』の刊行意図は、政府の一方的な憲法解釈を押し付けるためではなく、「祖宗の遺業」に基づく国民の権利義務関係を規定するとともに、国民の幸福を増進する意図で編纂されたことを世に知らしめようとすることにあった。『義解』以外の解釈を容認しないことは、憲法解釈の限定を生じさせ、反対に固定化された解釈に拘泥することが考えられる。そのため伊藤は、あえて自らの解釈書を聖典化するのではなく、憲法自体を聖典化すべき意図があったと考えられる。とはいえ、『義解』は間違いなく明治憲法の運用に関しての政府見解、という性格は失われていない。では『義解』の解釈では、天皇の神聖性や天皇大権をどのように解釈していたのであろうか。

明治憲法に規定された天皇大権について、伊藤は「憲法に依て新設の義を表するに非ず」とし、天皇の大権は「祖宗」から連綿と続く権限であり、その権限が「国家統治権の存する所」であると解釈している。言い換えれば、天皇大権が明治憲法によって創出された天皇の権限ではなく、あくまでも既存の日本の国家体制から当然のごとく導き出せる権限であることを強調している。そうした認識に基づけば、第一条の「大日本帝国ハ萬世一系ノ天皇之ヲ統治ス」という規定は当然の規定と言える。この点について伊藤は、『日本書紀』や『古事記』『続日本紀』を引用することによって、天皇統治および天皇大権の歴史的正当性を論じている。「統治」を意味する「しらす」とは「統治の義に外ならず」とし（『義解』二三頁）、そうした統治権は天皇の「私事」ではなく、「公民を恵みたま」うという「天皇の徳」に基づいていると捉えている。

恭テ按スルニ、天地部判シテ神聖位ヲ正ス神代紀、蓋天皇ハ天縦惟神至聖ニシテ臣民群類ノ表ニ在リ、欽仰スヘクシテ干犯スヘカラス、故ニ君主ハ固ヨリ法律ヲ敬重セサルヘカラス而シテ、法律ハ君主ヲ責問スルノ力ヲ有セズ、独不敬ヲ以テ其身体ヲ干瀆スヘカラサルノミナラス、併セテ指斥言議ノ外ニ在ル者トス。（『義解』二五頁）

伊藤の解釈によれば、天皇は「臣民群類」とは区別され、「欽仰」すべき存在であり「干犯」することは道徳的に認められないとしている。そうした存在である天皇は法律を遵守している以上、天皇を法律によって「責問」することはできないとも解している。このことから、天皇は君臣とは別次元で存在する「欽仰」すべき存在として憲法に規定されていることが読み取れる。

また第五条「天皇ハ帝国議会ノ協賛ヲ以テ立法権ヲ行フ」の解釈として、「立法ハ天皇ノ大権ニ属シ」、これを行使するには「必議会ノ協賛」が必要であるとしている（『義解』二八頁）。ただし立法権の行使は天皇大権である以上、「両院ノ同意」を条件としながらも、天皇の「裁可」を成立要件としていることに注目される。つまり、天皇大権の一つである立法権は、「議会ノ協賛」を必要としながらも最終的な判断は天皇の「裁可」に委ねられていることである。形式的には民主的な手続きで立法権が行使されているが、実質的には天皇の判断によって「両院ノ同意」を反故にする決定を天皇ができる余地を残した条文であるといえる。

また第八条では、「公共ノ安全ヲ保持」する場合、もしくは「災厄ヲ避クル為緊急ノ必要」がある場合は、帝国議会閉会中であれば勅令によって対応すべきことが規定されている（『義解』三一～三三頁）。この条文について伊藤は、緊急事態の「除―外―例」として位置づけている点が面白い。伊藤は、法律を制定する場合、議会の協賛という必要条件を念頭に置いていたことがわかる。ただ、伊藤はこの規定が「疑問尤モ多キ」条文であるとし、慎重に解釈すべき旨を指摘している（『義解』三一～三三頁）。この勅令が法律の不備を補充するレベルにおいて解すべきか、もしくは現行法を「停止」もしくは「変更」し、さらに「廃止」するレベルにまで及ぶかという疑問である。緊急事態という状況に鑑み、再会された議会においてこの勅令を承認しない場合は、勅令の失効を公布し、実質的に廃止もしくは停止した法律を現状に回復する必要があると述べている。

第五条および第八条の解釈から、伊藤は「議会ノ協賛」という条件を軽視せず、議会の同意に基づいた天皇大権の行使を想定していたと考えられる。後述するが、穂積八束の解釈に見られるような、神聖性を前提とした大権の神聖不可侵性を声高に叫ぶのではなく、伊藤は憲法公布の翌年（一八九〇年〈明治二三〉）に開設される帝国議会の政治的役割を重視し、天皇の大権行使を、事実上「協賛」する機関として議会を捉えていたことがわかる。憲法に基づいた議会のあり方や政治運用を、伊藤は意識して『義解』の中に盛り込んでいる。先述の瀧井氏の指摘通り、伊藤はシュタインから学んだ立憲政治を実現すべく、その思想を『義解』に反映させたのである。

その一方で、伊藤は天皇の神聖性については、『日本書紀』や『古事記』『続日本紀』といった記紀神話を基礎としながら論じている点は注目に値する。明治憲法における天皇神聖性の理論と法の運用とを区別し、前者に対しては、あえて伊藤の個人的見解を入れず、あくまでも神話の中に神聖性の根拠を求め、解釈を避けたものと思われる。しかし、天皇大権を含む法律事項に関しては、立法府としての議会の役割を軽視せず、憲法の運用論の中に取り込むことによって法的妥当性を与えようとしたと考えられる。その意味では、憲法学者ではない政治家・伊藤が、私的見解だとした注釈書である『義解』は、その後の憲法学の先鞭をつけたと言っても過言ではない。次節では、日本の憲法学における天皇制理解と、それに附随する天皇と憲法との関係、統治権に対する理解を、四人の憲法学者――一木喜徳郎・美濃部達吉・穂積八束・上杉慎吉の著書から読み解いていきたい。

二　憲法および国法学における天皇制認識

1　一木喜徳郎『国法学講義』における憲法と君主との関係

一木喜徳郎(一八六七―一九四四)は内務官僚、帝国大学法科大学教授も務めた法学者である。一木は内務省時代にドイツに留学し行政法を専攻、後に帝国大学でももっぱら行政法を講じた。一木と美濃部、穂積と上杉を分けて検討していくが、こうした分類は当時の帝国大学法科大学の講座編成に基づいている。というのも、当時の帝国大学法科大学の憲法・国法学は第一講座と第二講座に分かれていた。第一講座を一木が担当し、第二講座を穂積八束が担当した。穂積に関しては後述するが、両氏は日本における憲法学および国法学の基礎を築いた存在であることは間違いない。こうした二つの講座が並立し、第一講座担当の一木の後継者が美濃部達吉であり、第二講座の穂積の後継者が上杉慎吉である。美濃部・上杉論争の発端となった美濃部の天皇機関説は、もともとは一木が提唱したものである。国法学および行政法という公法学者の立場から、一木は天皇の絶対性および国家における君主の地位をどのように捉えていたのであろうか。一木は行政法学者であると同時に、国法学にも精通している。そこで一木の行政法に関する注釈書や解釈書ではなく、憲法と行政法を含む「国法学」について論じた『国法学講義』を手掛かりとして、一木の君主観、君主の絶対性を検討していく。

一木は『国法学講義』[16]（以下『講義』と略す）の「第三編　国家機干《ママ》ノ組織」の第一章で、「君主」について述べている。その「第壱節」が「君主ノ国法上ノ地位」である。一木は君主の地位は「政体ニ依リテ異ナ」るとし、国法における君主の地位はあくまでも「政体」の違いに依拠することを強調している（『講義』六五ウ）。ここで言う政体とは、国家の組織形態を指しており、国体とは別概念である。一木は政体の差異について、「統治権ノ総攬又ハ国家元首ノ組織及地位」によって異なるとし、日本をイギリスやプロイセンと同じ「立憲独任君主国」と位置づけている[17]（『講義』三九オ）。伊藤が『義解』で、この「国体」概念について、記紀神話を援用して、その正当性を指摘し論じているのとは対照的に、一木はこの「国体」の是非といった問題には触れず、政体の違いに基づいて君主の概念および国法上の地位を説明している点は注目に値する。

明治憲法第四条の「統治権ヲ総攬シ」という規定に関して、一木は「専制君主国及立憲君主国ニ於テハ統治権ハ専ラ君主ノ総攬スル所ナリ」とし、ドイツやプロイセンの国家制度を紹介しながら、君主が国家の統治権を総攬することは、憲法解釈上、「国法学者ノ普ク認ムル所ナリ」とし、君主が統治権の総攬者と規定すること自体、問題がないと述べている（『講義』六五ウ〜六六オ）。

ではイギリスやアメリカに代表される民主主義的な「君主合治国」と、ドイツやプロイセン・日本などの「立憲君主国」との違いは何に起因するのか。この問いに対し一木は、「憲法変更ノ権限ヲ有スルコトニヨリテ定マル」と述べ、国家における自らの法的な地位を規定した「憲法」の「変更」、つまり憲法の改正権の有無によって決まると捉えている（『講義』六六オ）。イギリスなどの「君主合治国」、現代的用語に置き換えれば議院内閣制では、統治権の総攬者は君主であり議会である。「君主合治国」では、君主は「統治権ヲ総攬スル機干《ママ》ノ一要素」という地位しか附与されていない。そうした政治体制を有する国々では、君主権力を国家内における最高の機関とは見做しておらず、憲法によって君主の権限は制限を受けることとなっていた。

しかし、「立憲君主国」では、自らを規定する憲法の改正に関する権限を君主が有することにより、国家における最高の地位を附与されることになった。極論すれば、立憲君主国における君主は、自らの地位を強固なものにし、国家権力を集中させる可能性もありうる。憲法による国家権力の歯止めという憲法の機能は、立憲君主国では有名無実であり、君主の恣意による変更が可能であるという事実に基づき、君主は統治権の総攬者という地位にあると解釈できる。一木自身は天皇の神聖性について、『講義』の中で肯定も否定も述べていない。しかし、日本がプロイセンと同様、立憲君主国という政治体制を採用している以上、天皇が統治権の総攬者として、憲法やそれに附随する各種法律によって制限されないことは間接的に導き出せる。

では第五条に規定された「天皇ハ帝国議会ノ協賛ヲ以テ立法権ヲ行フ」と第五十五条の「国務大臣ハ天皇ヲ輔弼シ其ノ責ニ任ス」を、どのように解釈したらよいであろうか。帝国議会の「協賛」とは、明治憲法下において、帝国議会が法律案や予算を成立させるため、統治権の総攬者である天皇に対して必要な意思表示をする義として解釈されてきた。一方、国務大臣の「輔弼」とは、天皇の行為に対して進言し、採納を奏請し、その全責任を負う意味として考えられてきた。国務上の輔弼は国務大臣が、宮務上の輔弼は宮内大臣および内大臣、統帥権上の輔弼は参謀総長または軍令部総長の職責ということになる。こうした一般的な解釈に従えば、帝国議会は天皇大権に対して追認するという意思表示の権限しかなく、各国務大臣も奏請した上でしか大臣としての政策を実施および実行できなかったことになる。このような絶対的な権限に対して、国法学の立場から一木はどのような説明をしているのであろうか。

一木は憲法変更以外に関する三権の関与――主として議会と内閣――は天皇大権と矛盾するという疑問に対して、自ら「他ノ事項ニ干《ママ》スル制限ハ須ク描キ法律ノ制定ニ干シ憲法ノ制定ニ干シ他ノ機干ノ参与ヲ必要トスルハ何故ナルカ」と問いを立て説明している。国務大臣の「輔弼」とは、「君主ノ旨ヲ受ケ之レヲ行フモノナレハ君主ノ意思ヲ制限スルモノニ非ストスルモ議会ノ協賛ヲ以テ立法ノ要素トスルハ君主カ統治権ヲ総攬スルハ原則ニ反対スルモノニ非サル」と断定している(『講義』六六オ〜六六ウ)。

以上、一木の国法学に基づく憲法と君主(天皇)との関係を検討してきた。一木は国法学の立場から立憲君主制国における君主の大権を論じることで、日本における天皇大権と置換し、その法解釈上の妥当性を論証しようとしていた。しかし、全体にわたって俎上に載せているのはあくまでも立憲君主国における君主の大権であり、日本の天皇制に由来した天皇大権および天皇の神聖性には直接触れていない。ただ、国法学の立場から、日本の天皇大権が西洋の法理論の中に位置づけられるのかを演繹的に論じたものと思われる。その意味では一木の解釈は総論的であり、各論的な解釈はなされていないと思われる。次項では、一木の後継者として憲法学を講じた、美濃部の天皇大権理解について見ていく。

2　美濃部達吉『憲法講話』における憲法上の君主の地位

一木の後継者として憲法学第一講座を継承した美濃部達吉(一八七三―一九四八)は、師の天皇機関説を継承し、一九一二年(大正元)に刊行された『憲法講話』(18)(以下『講話』と略す)において、はじめて天皇機関説を提唱した。この後、第二講座の上杉慎吉との間で、天皇の地位をめぐって論争が起こった。いわゆる天皇機関説論争である。本稿では天皇機関説論争(19)には立ち入らず、美濃部の憲法学および国法学において、天皇の神聖性および絶対性がどのように論じられているかを検討していく。その際、天皇機関説をはじめて世に問うた『講話』を取り上げ、上記の問いを考えてみたい。水林彪氏[20]は美濃部憲法学の意義として『憲法撮要』を取り上げ、美濃部憲法学では「皇祖皇家」を法源とせず、「歴史ト条理ニ基キ」とし、制定法に限らず広い意味での「法」を法源とする特徴があると指摘している。では、美濃部は「法」に基づき天皇制を、どのように理解していたのであろうか。

美濃部は天皇の国法上の地位について、「日本帝国の君主」であり「国家の凡ての権力の最高の源泉」であると捉え、天皇を「日本帝国の最高機関たる地位」にあるとしている（『講話』六五頁）。ここで美濃部は、憲法学上で想定される疑問――天皇は国家の最高機関であるか、それとも国家の機関ではなく天皇自身が統治権の主体と捉えるか――に対して自身の見解を示している。美濃部はこの疑問が「純粋の法理論」であるとし、あえて詳細に論じる必要がないとしながらも、一定の方向性を示している。美濃部は、天皇が「国家の最高機関」と解釈したとしても「天皇が最高の役人である最高の官吏であるといふのではない」とし、役人や官吏は君主の委任を受けて君主の機関として権力を行使する存在であり、国家機関説を唱えたからといって天皇の存在や天皇の大権を侵害するものではないと述べている。続けて「天皇の大権」が「憲法上当然に天皇に属する大権」であり「誰からも委任されたもの」ではなく、その意味では法律学上では「国家の直接機関」であるとも述べている（『講話』六五～六六頁）。天皇を国家の機関と捉えた場合、天皇を官吏と同等の存在と考える解釈は妥当ではなく、あくまで「天皇大権」は直接機関として位置づけるべきものと解釈している。

また美濃部は、天皇自身が統治権の主体であるという立場に立てば、君主（この場合は天皇）＝国家の機関という解釈が「吾々の尊王心を傷つけるやうな感じ」を与えてしまうことがあるという認識に留意しつつも、自らの解釈の妥当性を論じている。君主が国家の機関であるという解釈は、国家が「一の団体であるとすることから生ずる当然の結果」であり、「君主が統治権の主体であるとするのは却て我が国体に反し吾々の団体的自覚に反するの結果」を招くとしている（『講話』六六頁）。法律学における解釈では、君主＝統治権の主体とは、統治権が君主の一身上の権利として君主に属することを意味し、統治権があたかも君主の利益の為だけに存在するという解釈を導くことになると指摘している。歴代の天皇が「常に国民の幸福を以て自己の幸福となし給うた（中略）歴史上の顕著なる事実」に反する解釈を生みだすと批判している。注目すべきは、過度の尊王心は法解釈上、反対の結果を導くことに美濃部が気づいていたことである。つまり、天皇を現人神として敬う「尊王心」を満たす形で天皇大権を論じることは、法律学上は天皇を私的権利の濫用者と解釈してしまうことになり、結果として「歴代の天皇」が「民が富めるは即ち朕の富めるなり」と捉えてきた歴史的事実を、歪曲することにつながることを看取していたのである。

加えて美濃部は、仮に、君主＝統治権の主体と解釈した場合、統治権は「団体共同の目的の為に存するもの」ではなく、「唯君主御自身の目的の為にのみ存する」ことになり、「君主と国民とは全く其の目的を異にするもの」となり、結果的には「国家が一の団体であるとする思想と全く相容れないこと」になるとしている（『講話』六七頁）。統治権は天皇の一身専属的な私的な権利ではなく、あくまで「全国家の共同目的の為に存する」と解釈すべきだと捉えている。租税の徴収、軍備、対外戦争、領土拡張といった統治権に関する事項は、「常に全国家の利益を計り国利民福を達するが為にするもの」であり、「単に君主御一身の利益の為」ではないことは「争を容れない所」であると述べている（『講話』六七頁）。こうした統治権理解を土台として、君主＝国家の最高機関と解することは、天皇大権が私的権利の行使ではなく、あくまでも「国利民福」に基づいた権限であることの証左であり、「我々の尊王心」を傷つけるものではなく、むしろ「益々発揮」されるものだと断言している。

こうした天皇制理解、別言すれば君主制の理解は、西洋の政治体制と比較した場合、特殊な政治体制と呼べるのであろうか。美濃部は明治憲法下における「天皇の国法上の地位」に関して、西洋諸国の君主の地位および権限と比較しながら、その差異を指摘している。

美濃部は、天皇大権が西洋諸国の君主の大権に比して「著しく広いと云ふ点に帰する」としている。では西洋諸国の君主大権と日本の天皇大権とでは、具体的にどのような差異が見られるのか。美濃部は、君主の大権そのものではなく、「国民の忠君尊王の心が著しく深いこと、其歴史上の基礎が遥に強固である点」に起因すると述べている（『講話』六八～六九頁）。天皇の国法上の地位が強固であることは、とりもなおさず国民が天皇自体を支持し、その天皇という存在に対して「忠君尊王の心」を持ち、国民の天皇への忠誠は歴史的な背景に裏付けられていると解している。政治体制の違いにも言及しているが、強固な天皇制は国民の信頼に裏付けられたものであること、その信頼が「民が富めるは即ち朕の富めるなり」という言説からもわかるように、歴史的事実に依拠していることを指摘している。

政治制度的もしくは法制度的な相違として、一木と同様、美濃部も憲法改正の発議権が専ら天皇にのみ「留保」されている点、また皇室に関する法規、いわゆる皇室典範が帝国議会の議に付されず天皇の大権として「留保」されている点を挙げている。特に二つ目の違いは、先に引用した奥平氏が天皇の「萬世一系」を考察する際に皇室典範に着目した点と一致しており興味深い。戦前の憲法学において、皇室典範の特殊性に着目した点は美濃部の炯眼と思われる。いずれの相違点も概観すれば、議会の審議を経ずとも法律の改正や変更が可能であること、また議会が天皇の改正案および修正案に対して異論を差し挟む余地が全く残されていない点である。憲法改正の発議権に関してはバイエルン憲法の中に同様の規定はあるが、改正発議権以外は議会での議論の余地は残されている。こうした差異性は、法律上許容された権限であり、その意味では憲法に従った形での君主大権の容認につながっていると解釈される。

さらに美濃部は、天皇の国法上の地位が、明治憲法制定の性格――欽定憲法という性格――に依拠しているという解釈に対して、疑問を呈している（『講話』七三頁）。言い換えれば、欽定憲法が天皇絶対性の根拠とする理論に対して否定的な立場に立っているということである。明治憲法が欽定憲法であるということを前提とし、「其の結果として当然憲法の解釈権及び憲法の改正権も専ら天皇に属して居る」という解釈に対し、美濃部は「大なる間違」と一笑に付し、「欽定憲法であると云ふことは、唯憲法の制定が専ら勅旨に基いたといふ歴史的事実を示すのみであつて、其の解釈権又は改正権は決して欽定憲法であるといふことから当然生ずべき事柄ではない」と断言し、「法律の定むる所が憲法の最高の有権的解釈であると見るの外は無い」としている（『講話』七三頁）。欽定憲法という制定の性格に由来して天皇大権を捉える見方に対して、欽定性は「歴史的事実」でしかなく、それを前提とした解釈論を誡めている。

ただ注意すべきことは、美濃部は天皇大権の差異性にのみ注目していたわけではないという点である。というのも、天皇大権は憲法の実施前と実施後には微妙な違いがあることを指摘している。それは憲法の条規に従って、統治権を行使するということである。統治権の総攬者としての天皇の地位は変わらないが、国の最高法規である憲法の条規に従って統治権を行使することは、日本が「立憲政治の専制政治」とは異なり、あくまでも立憲政治に基づく天皇制であることを強調する狙いがあったものと思われる。立憲君主制と専制政治とを区別し、天皇の大権が西洋の政治体制の範囲内で捉えられることを視野に入れていたものと思われる。このような視点は、前任の一木にも看取された視点である。あくまでも日本特殊な天皇制が法解釈上導き出されること、また天皇制が専制的な政治体制ではなく、立憲君主制に含まれるべき要素を内包していることを知らしめる意図が、美濃部の中にあったと思われる。このことは美濃部が、日本の政体を「立憲政体の国」と断言したことからも想像できる。

具体的な制限としては、立法権に関する制限、司法権に関する制限、行政権に関する制限であるが、中でも立法権と司法権における天皇大権の制限について見ていきたい。

立法権に関しては「議会の協賛」を必要条件とし、「議会の両院が一致の決議を為さなければ法律は成立することが出来ない」と述べている。日本が立憲政治であることの証左として、天皇大権が憲法の制限を受けることを指摘したものと思われる。しかし、この制限は議会での法案が可決された後、天皇の「裁可」を要することで制限として機能していないことが読み取れる(『講話』七五~七八頁)。「議会の協賛」という表面的な民主手続きを必要条件として憲法に規定し、その上で天皇大権の制限を無効化する「裁可」を法律の成立要件とした点が、巧妙であると言わざるを得ない。

立法権に関する制限を概観したが、ここでいう法律とは何を指しているのであろうか。「法律」について、美濃部は実質上の法律と形式上の法律の二種類あることを前提として論を進めている。実質上の法律とは「国家又は臣民の権利義務を定める法則」であり、この「法律」を制定するには「必ずしも議会の決議を経た法律を以て定むることが必要ではな」いとし、「事柄に依つては議会の議決を経」ずに、「勅令」や「天皇の委任のある場合は閣令」や「省令」なども含まれることを指摘している(『講話』七五~七八頁)。つまり、「立法権を行う」という文言は、美濃部の解釈によれば、「所謂実質上の法律を意味」しており、「議会の審議」や「議会の協賛」はあくまでも形式的なものに過ぎず、「沢山の例外」も許容している。表面的には憲法に基づく立憲政治であるが、その運用は必ずしも憲法の規定に拘泥するのではなく、例外規定として処理できることを指摘している。こうした美濃部の解釈は、天皇制を否定せずに立憲政体としてどのように憲法を解釈し運用するのかという、苦渋の決断であったと思われる。

司法に関する天皇大権も立法権同様、制限はあるものの実質的にはそのように解釈することは難しいと言える。裁判所による司法権の行使は、「天皇の名に於て裁判所が之を行ふ」ものであり、司法権の行使に「天皇及天皇の政府は全く之に干渉することは出来ない」という原則がある。しかし、司法権の行使はあくまでも「天皇の名に於て」行使すべきものであり、換言すれば「天皇に代つて天皇の大権を行ふ」のであり、その意味では裁判所の司法権の行使は天皇大権に内包されると解している（『講話』八〇〜八一頁）。

以上、立法権と司法権における天皇大権の表面的な制限を見てきた。憲法に規定された天皇大権の種類およびそれに対する制限。この当時、一つの問題提起がなされた。天皇大権は憲法に規定されたものが全てで、それ以外は大権の範疇に含まないのか、それとも憲法の規定は主要なものを列挙したに過ぎず、それ以外にも天皇の大権は存在するのか、という疑問である。この問いに対して美濃部は、伊藤博文『義解』を根拠としながら穂積八束の解釈を否定している。では具体的に美濃部は、どのような見解を有していたのであろうか。

美濃部は、伊藤が『義解』の十六条の註で「元首ノ大権」を「憲法ノ掲クル所ハ既ニ其ノ大綱ヲ挙ケ又其ノ節目中ノ要領ナル者ヲ羅列シテ以テ標準ヲ示スニ過キサルノミ」という箇所に着目し、憲法上の制限があるものを列挙したに過ぎず、それ以外は天皇の大権として天皇に属すると解釈している。つまり第四条に「其の大原則」を示し、以下五条から十六条まで天皇大権の主要な権限を列挙したに過ぎないという見解であった。こうした見解に対し、四条から十六条以外は大権事項ではなく、この大権事項については法律の制定を容認しないと唱えたのが、穂積八束である。穂積は、天皇の大権事項は議会の協賛も必要なく、法律の制定は認められないこと、また大権事項は天皇の親裁を要件とするため行政官庁に委任して行わせることができないという理解である。こうした見解に対して美濃部は、「穂積博士（引用者註―穂積八束を指す）が熱心に其の説を唱へられて居る」が、「根拠の有る説とは信ずることが出来ない」とし、「極めて無理なる解釈」と断じている（『講話』八九〜九〇頁）。美濃部は、穂積らが主張する解釈を裏付けるに該当する憲法の条文が存在しないこと、また行政官庁は天皇大権の一部を委任して行使しているに過ぎないことを理由に、反対の立場を示している。この指摘からもわかるように、美濃部は天皇大権の絶対性を法解釈から導き出そうとしていることがわかる。

以上、美濃部憲法学における国法と天皇との関係を考察してきた。美濃部は天皇を国家の「最高機関」と位置づけた、いわゆる天皇機関説が天皇大権を合理的かつ法解釈上、首肯しうる形で提唱したことを論証しようとしていることがわかる。統治権の主体を天皇自身と解釈することの問題、西洋諸国の政治体制と比較し、天皇制が特殊な政治体制ではなく、法律上の妥当性を有していること、さらにはその天皇制自体を法的な観点だけではなく、歴史的・文化的背景を視野に入れ、その妥当性を論証すべく天皇機関説を提唱したことがわかる。しかし、こうした意図とは反対に、美濃部の天皇解釈は天皇の神聖性を侵害するものだとして反対論が起こり、国会でも審議されるほどの国家問題へと発展していった。次項では、一木・美濃部の系譜とは異なり、法解釈ではなくあくまでも歴史的経緯から天皇制理論を展開した、第二講座の穂積八束・上杉慎吉の天皇制論を検討していく。

3　穂積八束における天皇の地位および天皇大権

穂積八束(一八六〇―一九一二)は、帝国大学法科大学(現・東京大学法学部)第二講座を担当した憲法学者である。彼の名は民法施行の是非を争った民法典論争において、「民法出デ、忠孝亡フ」を発表し、家族国家観を主張した人物として知られている。その後、帝国大学法科大学学長を務めた穂積は、明治憲法における天皇の地位をどのように捉えていたのであろうか。そこで穂積憲法学の概要を知るため、『憲法大意』(21)(以下『大意』と略す)と『憲法』(22)を手掛かりとして穂積憲法学を見ていきたい。

『大意』において、穂積は、政体と国体との関係を論じ、政体が「国体の基礎に立つ」とし、この国体に抵触する政体は存立できないとしている。翻って日本の政体は「立憲政治」であり、これを詳細に理解するには、その基礎となる国体の理解が先決であると論じている。穂積は「萬世一系ノ天皇之ヲ統治ス」という第一条を引用し、天皇制という国体が「数千年ノ歴史」に由来し、その根底には「民族一致ノ確信」があるとしている。こうした強固な国体が基礎となり政体自体は変遷を見せたが、国体自体は「其ノ基礎(引用者註―国体を指す)ヲ動揺シタルコトナキナリ」と断言している(『大意』一八頁)。

ではこの国体は、何に起因するのであろうか。穂積は「建国ノ根本ハ我カ家制」にあるとし、日本固有の家制は「祖先崇拝ノ観念」を基礎とする「血族団体」であると述べている。親族が「平等平和ノ団結」をしても家制とはならず、「家長権」という条件が成立要件としてあり、「家族ハ之ニ服従シテ、其ノ保護ヲ享クル」ことによって成り立つと述べている。この「家長権」とは、「祖先ノ子孫ニ対スル保護ノ権威」であり、家父がそれを代表して行使すると捉えている。祖先を崇拝し「家長権」の下に強固な血族団体を形成し、ひいてはそれが国家として成立すると認識している。この強固な血族団体が「家」を構成し、「家ヲ以テ国ヲ成シ、国ヲ以テ家ヲ成ス」ことが「建国ノ大本」であるとも述べている(『大意』一八〜二〇頁)。

こうした血族団体である「家」を基盤として、穂積は天皇の神聖性に言及し、「皇位ヲ神聖ナリトスルハ、主権ヲ神聖ナリトスルナリ」とし、皇位の神聖性が国家主権の神聖性とシンクロしていることを示唆している。西洋諸国の君主制は、表面的には日本の天皇制と類似しているが、西洋の君主は「国民ノ委託ニ由リ統治スルモノ」であり、君主を「国家設備ノ機関ノ一」とみなし、議会や裁判所と同列に置く三権分立の中に成立していると捉えている。そのため、統治権は「君主ノ固有ニ属」しており、これを「神聖侵スヘカラス」として「崇敬ノ念」をもって認識するものはいないとしている。こうした西洋諸国の君主制は邪蘇宗教(キリスト教)の本義に起因するとし、「人間ガ人間ヲ崇拝スルハ天帝(引用者註―キリスト教における神)ニ対スル侮辱」であると述べている。一方、日本の天皇の神聖性は

「国家主権ノ本位」であり、それは「皇位ト主権」とが不可分の関係にあることに起因すると述べている。「皇位ノ皇位タルハ主権ノ本位」であり、「統治主権ノ中心ヲ離レタル皇位ハ断シテ我カ皇位ノ観念」ではなく、こうした発想自体、「国体ヲ破壊セントスルノ暴挙」であると批判している(『大意』二一～二二頁)。

穂積は『大意』の中で、日本の国体は家制を根幹としており、西洋諸国の君主制と表面的には類似の政治体制ではあるが、その根底に流れる宗教の違いが存在することを主張している。こうした穂積の議論は、法律学というよりは文化論的な視座と呼べる。こうした認識に基づいて、穂積は統治権の主体をどのように理解していたのであろうか。

穂積が一九〇九年(明治四二)に刊行した中央大学の講義録である『憲法』では、「統治ノ主体」が論じられている。穂積は明治憲法第一条および皇室典範第一条を根拠条文として、次のように述べている。

我統治権ノ主体ノ何レノ所ニ在ルカヲ定メタルモノデアツテ皇位ハ統治権ノ存スル所デアルコトヲ宣言セルモノデアル、此国体ハ我建国以来数千年ヲ経テ益堅ク萬世ニ亘テ変ラザル所デアル、憲法ハ之ヲ文章ニ表ハシテ明言シタルニ過ギナイ、萬世一系ノ皇位トハ我皇室ノ御祖先ノ血統ノ連綿トシテ絶エズ其血統ノ人祖宗ノ位ニ居ツテ祖宗ノ権力ヲ行フト云フ精神デアル、(『憲法』三六頁)

『大意』と同様、皇位と統治権とは不可分の関係にあることを指摘し、憲法はそうした歴史的あるいは政治的な事実を文章化し明言したものと捉えている。こうした観点から考えた場合、国体とは何であろうか。穂積は国体を「国民ノ久シキニ亘ルノ一致ノ確信」であり、「民族一致ノ信ジテ疑ハザル所ガ即チ其権力ノ由テ基キ存立スル所以」(『憲法』二六頁)としている。皇位と統治権の一致が国民の総意に基づくこと、またそれに対する国民の「確信」が根拠として存在すると論じている。だからこそ、「萬世一系ノ皇位ヲ以テ主権ト仰グ」か否かは「道理ノ問題デモナイ、政略ノ問題デモナイ、又法理上ノ問題デモナイ」のであり、「単純ニ我民族ガ国ヲ成セルノ事実」であり、「是非善悪ノ問題ハ別ノ事」であって「我国家ハ歴史上ノ事実トシテ此基礎ニ存立シテ居」り、「数千年ノ歴史ヲ経テ国民一般ガ之ヲ確信シテ疑ハズ、如何ニ政体ノ変遷アリト雖モ主権ノ所在ニ付テハ確信アツテ一致ノ見解ニ出タルコト」だと述べている（『憲法』三六頁）。

以上、穂積憲法学における天皇の地位と憲法との関係性を見てきた。穂積憲法学では、法律学的な解釈はせず、天皇の歴史的な起源や国民の天皇に対する一致した認識を前提として、天皇の神聖性や絶対性を論じている。ややトートロジーのような印象を受けるが、穂積の中では強固な事実として認識されていたと考えられる。このような認識は弟子の上杉にも継承されたのであろうか。次項では、上杉憲法学における憲法と天皇との関係について検討していく。

4　上杉慎吉における憲法と天皇との関係

上杉慎吉（一八七八―一九二九）は、先程述べたように美濃部の天皇機関説の是非を論じ、天皇を国家の一機関として解釈する美濃部の立場を批判し、一躍その名を知られることとなった憲法学者である。穂積憲法学を継承した上杉は、『憲法読本』[23]（以下『読本』と略す）および『新稿　憲法述義』[24]（以下『述義』と略す）においてどのような理論を展開し、天皇の地位や統治権を論じていたのであろうか。

『読本』の中で上杉は、天皇と国体との関係について論じている。日本が「萬世一系の天皇の統治したまふ所」であり、これこそが「我が国体」であると述べている。国体については「国家存立の基礎たる組織」であり、「天皇定まりて日本国家あり」と位置づけ、「天皇は国家と一体」で「萬世に亘りて不動である」と述べている（『読本』三三頁）。穂積とは異なり、天皇と国家とをシンクロさせ、天皇と国家は不可分の関係にあると述べている。さらに上杉は、国体は「国家の生命」であり、国体が変更されれば国家は「死滅」すると捉えている。穂積と同様に政体と国体とを明確に区別し、政体の変遷は認めるものの国体の変更は国家の「死滅」を意味しており、その意味では国体の変更はなかったと捉えている。

こうした認識に基づき、上杉は美濃部の天皇機関説を批判している。天皇を「法人の機関」と捉えることは、「我が国体に合せぬ」ことであり、君主を国家法人の一機関と捉えられるのは、西洋諸国の国家観に基づく思想であると述べている(『読本』三三―三四頁)。西洋諸国の認識に基づく「国家」とは、「皆本来民主なりとするの事実及び思想」が根底にあり、こうした認識は憲法にも反映されていると上杉は考えている。「西洋諸国の憲法」における君主の地位は「臨座すれども政治せず」であり、「空名を抱きて実権無きもの」であるとしている(『読本』三七～四〇頁)。つまり有名な「君臨すれども統治せず」と同様、国王もしくは君主は政治の中心で大権を行使する存在ではなく、あくまでも「民主的」な制度に則り、その範囲内で憲法に規定された「政治」を行うに過ぎないと捉えている。こうした認識の背景には、西洋諸国の政治的変遷に対する上杉の認識がある。

上杉は、西洋諸国の君主(国王)が、中世の封建制に由来し、「広大なる土地を占領」し、人民を「私有の奴隷」の如く扱い、他国との領土紛争を経て国王となり、国内において「極度なる専制政治」を行ったがゆえに、人民は塗炭の苦しみを受けることになった。このような政治体制に対して王を打倒し、国王を「虚位」の存在とし、「国王の名義」を残存させることで「民主共和の政治を行う仕組」を確立したと述べている(『読本』三七～四〇頁)。こうした経緯を背景とし、上杉は「西洋立憲の根本主義」が、「国王の権力を奪ってこれを空名とする」ことだと結論づけた。換言すれば、国王の専制政治に対する国王権限の無力化、権力の無効化を目的として憲法が制定されたという認識である。一方、日本はこうした西洋的な君主の地位ではなく、「憲法に依りて、益々天皇親政の実を挙げ、国民に直接し、君民合致、以て統治の効果愈々挙がることを期せんとする」ために憲法が制定されたと捉えている。こうした認識は、穂積の憲法観とも通底している。

さらに上杉は、西洋諸国の立憲政治と日本の立憲政治は、その根本が異なっている以上、名称は同一であっても、運用面で差異があることを認識すべきだと述べている（『読本』三七～四〇頁）。「天皇の親政を発揚」し、憲法がそれ故に天皇の大権を中心として制定されていることを踏まえて解釈し運用しなければ、「我が立憲の主義」を崩壊させ、結果として国体の変更を余儀なくされることへの恐怖を吐露している。こうした上杉の見解は、天皇を「法人の機関」と解する美濃部の天皇機関説への反論といった趣意が読み取れる。

次に上杉の『述義』から、憲法と天皇との関係を見ていく。基本的には先程検討した『読本』と大きな違いは見られないが、この中で上杉は、憲法と天皇との関係性について一歩踏み込んだ見解を示している。

上杉は、天皇の「神聖ニシテ侵スヘカラス」という第一条の規定が、「憲法ヲ以テ特ニ責任ヲ免除シ、法ノ制裁ヲ受ケサルノ特権ヲ附与スト為スカ如キハ、我カ国体法ト相容レサルナリ」とし、「西洋立憲ノ定説」を援用し、憲法上の天皇の地位を解釈することは容認できないとしている。天皇の行為に対する「無責任」とは、「違法ノ行為無シト云フノ意ニ非ス」とし、天皇は自ら憲法を制定し、「自ラ其ノ条規ニ依リテ統治権ヲ行フヘキコトヲ定メタマフ以上ハ、之ニ違反スル天皇ノ行為アリ得ルハ云フヲ俟タス」として、天皇の行為であっても自ら制定した憲法に違反する場合は、その責任を天皇自らが負うと捉えている（『述義』一一五～一一六頁）。上杉は、天皇の行為の「無責任」とは、「唯タ法ヲ以テ之ヲ責問スルコトヲ得サルヲ云フノミ」とし、憲法の範囲外の法律によって天皇の行為を「責問」することは認められていないと解するのが妥当であるという認識である。

上杉の認識に基づけば、憲法とはどのようなものと呼べるであろうか。即ち、憲法とは「天皇統治ノ行為ノ規律」であり、「一般臣民ニ適用セラルヘキ諸種ノ法」とは異なると捉えている。この「諸種ノ法」はあくまでも「一般臣民」にのみ適用される法であり、「天皇ノ行為ヲ規律スルモノニ非ス」としている。天皇の行為は「諸種ノ法」の「適用ノ外」であり、刑法によって「天皇ノ行為ヲ律スルコト」はできず、また民法や商法といった「私法」も天皇の行為に対して適用することはできないとしている。結果として、「天皇ニ犯罪ナシ」ということになるとしている（『述義』一一五〜一一六頁）。憲法は天皇の統治権を規定し、天皇大権の範囲を明文化したものと考えられる。美濃部は憲法の第四条から十六条に規定された行為以外にも天皇大権は存在すると解釈したが、上杉はあくまでも憲法に規定された権限が天皇の大権事項に該当するという解釈をしている。

以上、上杉の憲法関連の著作から、憲法と天皇との関係、天皇大権の範囲等を検討してきた。師の穂積八束とは異なり、天皇の神聖性や絶対性を、その文化的背景や歴史的事実に基づいて抽象的な議論を展開してはおらず、天皇の行為および地位に関する神聖性の由来を西洋の政治体制と比較しながら論じている。師の影響もあってか、神話に基づく解釈も散見されるが、具体的な検討を通じて憲法と天皇との関係性を考察していると思われる。

おわりに

明治憲法制定の中心人物であった伊藤博文の『大日本帝国憲法義解』を端緒として、日本における憲法学のフロンティアである帝国大学の憲法学講座の二系統を比較分析し、近代天皇制にみられる天皇神聖性の原理、天皇大権の法的根拠を巡って検討してきた。伊藤はシュタインから学んだ立憲政治を確立すべく、憲法の性質を天皇の神聖性と天皇大権の法的根拠とに区別しながら、周到な憲法解釈の先鞭をつけた。続く、帝国大学の憲法学第一講座の一木喜徳郎・美濃部達吉は、天皇の神聖性や天皇大権を抽象的に論じるのではなく、あくまでも法律論として把捉し、欧米の憲法学もしくは国法学の知見を駆使して理論的な解釈を展開した。神聖性に関する比重は若干弱い印象を受けるが、天皇大権に関しては、立憲君主国の範疇に天皇制を位置づけ、そこから抽出される理論に基づいて、天皇大権の理論を構築していた。一方、第二講座の穂積八束は天皇の神聖性に特化し、記紀神話や歴史書を天皇神聖性の根拠としながら、天皇権威の絶対性を抽象的に論じていた。トートロジー的な論理に拘泥した感が否めない穂積憲法学だが、議論の余地を残さない、いわば排他的憲法学の構築に一役買っていたと思われる。穂積の理論を継承した上杉慎吉は、師の歴史法学的な視座を受け継ぎつつも、天皇大権に関しては法的な解釈の必要性を見抜き、天皇制を神話や歴史的産物として捉えるのではなく、法的妥当性を視野に入れながら、独自の憲法学を構築していったと考えられる。

伊藤から上杉といった、非常に狭い範囲での断片的な検討になってしまった観は否めない。ただ、天皇神聖性や天皇大権といった明治憲法を語る上で欠くべからざる論点に対して、一つの方向性を示せたのではないかと思われる。堅田氏が指摘したように、憲法の「欽定性」に起因する時代的な制約の中で、独自の理論を構築し、時には議論を戦わせながら、天皇制の理論、藤田省三氏の言を借りれば、天皇制国家の支配原理が形成されていったものと考えられる。そうした制約の中の自由な解釈が奪われ、憲法に関する熟議が失われた時代の「雰囲気」が、昭和期の強固な天皇制イメージを形作ったのではないかと思われる。今後は、天皇機関説の詳細な検討や、いわゆる「不敬」事件に関する分析を踏まえ、戦前における天皇制イメージの形成過程を明らかにしていきたい。

註

（1）『坂口安吾全集　04』（筑摩書房、二〇〇四）。坂口は「人間と天皇の関係が神の問題に相応するかどうかは今後の問題」としながらも、天皇を人間に戻して再認識することを「現在の日本において絶対に必要なことゝ信じ」とし、客観的な天皇認識の必要性を訴えている。
（2） 安丸良夫『近代天皇像の形成』（岩波現代文庫、二〇〇七）。
（3） 安丸 前掲書(2)、一一～一四頁。安丸氏は、天皇制の連続性および断絶性の研究史を要約し、断絶派に立って天皇制を考察している。
（4） 田中彰『近代天皇制への道程』（吉川弘文館、一九七九）。従来の単線的な天皇神聖性理解に対して、日清・日露戦争という対外的な危機とその解決という視点から分析している。政治的視点のみならず、経済的な視点―日本の産業化という視点―も含めて詳細に検討している。
（5） 田中 前掲書(4)、五七～六〇頁。
（6） 原武史『可視化された帝国―近代日本の行幸啓―』（みすず書房、二〇〇一）。氏は、明治国家という共同幻想において、「天皇行幸」の意義および国民への影響について詳細な分析をしている。
（7） 奥平康弘『「萬世一系」の研究―「皇室典範なるもの」への視座―』（岩波書店、二〇〇五）。
（8） 田中 前掲書(4)、二三四～二三七頁。
（9） 家永三郎『日本近代憲法思想史研究』（岩波書店、一九六七）、三～五頁。家永氏は「尾佐竹氏(引用者註―尾佐竹猛を指す。法律家、明治文化研究家)らの研究の行われたのは明治憲法下の時代であったから、欽定憲法としての大日本帝国憲法が「不磨の大典」としての権威を有し、みだりにその批判をゆるさない」(四頁)状況にあり、「憲法の欽定にいたる経過のみがその歴史のすべて」であり、その後の憲法の歴史を研究し論じることは「憚られねばならな」(同頁)い事情があったことを指摘している。
（10） 石井良介『天皇―天皇の生成および不親政の伝統―』（山川出版社、一九八二）、三一九頁。天皇制を統治形態として捉えた場合、氏の指摘は特異な認識とは言えない。

(11) 水林彪『天皇制史論―本質・起源・展開』（岩波書店、二〇〇六）。天皇の権威を通時代的に分析し、天皇の権威の変遷を古代から現代にまで範囲を広げて考察した点は評価できる。

(12) 伊藤博文『帝国憲法　皇室典範　義解』（丸善、一八八九）。以下、引用頁は伊藤博文著・宮沢俊義校注『憲法義解』（岩波文庫、一九四〇）による。

(13) 小嶋和司「明治典憲体制の成立」（『小嶋和司憲法論集一』所収、木鐸社、一九九八）、四〇六〜四〇七頁。小嶋氏は、この論考の「三　『憲法義解』の成立事情」において、『義解』成立に関する経緯を詳細に論じている。

(14) グナイストの影響に関しては、堅田剛『明治文化研究会と明治憲法』（御茶の水書房、二〇〇八）の「第一章　伊藤博文の憲法修業」（『獨協法学』七三号、二〇〇七、所収）で論じている。氏は、吉野作造の「スタイン、グナイストと伊藤博文」（『改造』一五巻二号所収）を嚆矢として、尾佐竹猛『日本憲政史』（日本評論社、一九三〇）や『伊藤博文秘録』（復刻版、原書房、一九八二）を手掛かりとして詳細な分析を行っている。氏は、伊藤のドイツ留学が「単なる物見遊山の視察旅行ではなく、参議みずからが直接に彼の地の憲法を学んできたという事実は、吉野作造の憲法制定史研究によって初めて解明された」（七頁）とも指摘している。

(15) シュタインの日本における影響を詳細に論じたものとしては、瀧井一博『ドイツ国家学と明治国制―シュタイン国家学の軌跡―』（ミネルヴァ書房、一九九九）がある。伊藤とシュタインとの関係について、氏は坂本一登氏の『伊藤博文と明治国家形成』（吉川弘文館、一九九一）という研究を受け、「シュタインの講義から伊藤が得ることのできた最大の収穫は何より彼が憲法典の制定ということに尽きない立憲政治の全体像を獲得し、憲法をそのような全体的な国家構造の一環として位置づけるという広やかな国制改革の展望を抱き得た点に求めることができよう」（二〇二頁）と述べ、伊藤のドイツ留学が岩倉・井上毅という憲法構想に対抗し主導権を奪還するためのポーズであるとした坂本氏の指摘を批判している。

(16) 一木喜徳郎『国法学講義』(出版社不明、出版年不明)。講義録と考えられる。原稿は手書きで書かれており、訂正の際には二重線で消している。

(17) 一木は、日本を立憲独任君主国と位置づけ、憲法に基づく君主制の国家と捉えている。

(18) 美濃部達吉『憲法講話』(有斐閣、一九一二)。

(19) 天皇機関説に関する研究としては、宮沢俊義『天皇機関説―史料は語る―』上(有斐閣、一九七〇)、同『天皇機関説―史料は語る―』下(有斐閣、一九七〇)、宮本盛太郎『天皇機関説の周辺　増補版―三つの天皇機関説と昭和史の証言―』(有斐閣選書、一九八〇)、植村秀和「天皇機関説批判の「論理」―「官僚」批判者蓑田胸喜―」(『日本主義的教養の時代―大学批判の古層―』所収、柏書房、二〇〇六)、菅谷幸浩「天皇機関説事件展開過程の再検討―岡田内閣・宮中の対応を中心に―」(『日本歴史』七〇五号所収、吉川弘文館、二〇〇七)などがある。

(20) 水林　前掲書(11)、二七五頁。

(21) 穂積八束『憲法大意』(八尾書店、一八九六)。なお引用資料は、穂積八束『憲法大意』(日本評論社、一九四二)を用いた。以下、頁数は日本評論社版のものである。

(22) 穂積八束『憲法』(中央大学、一九〇七)。この書は中央大学第一学年の「憲法」の講義録と考えられる。

(23) 上杉慎吉『憲法読本』(日本評論社、一九二〇)。

(24) 上杉慎吉『新稿　憲法述義』(有斐閣、一九二五)。

葦津珍彦と英霊公葬運動

昆野伸幸

はじめに

葦津珍彦（明治四二〜平成四〈一九〇九〜一九九二〉年）は明治四二（一九〇九）年、福岡県筥崎において葦津耕次郎（明治一一〜昭和一五〈一八七八〜一九四〇〉年）の長男として生まれた。葦津家が代々社家を務めてきた筥崎宮は、亀山天皇の宸筆と伝わる「敵国降伏」の額を神宝とし、歴史的に元寇や日本海海戦などの対外戦争の際に篤い信仰が寄せられてきた神社である。葦津珍彦の祖父磯夫（天保一一〜明治三五〈一八四〇〜一九〇二〉年）は筥崎宮宮司を務め、全国神職会設立の中心となった神道人であり、父耕次郎は筥崎宮に神職として務めた後、葦津鉱業公司や社寺工務所などの諸事業を興すとともに、自らの信仰に基づき独自の言論活動を展開した[1]。葦津珍彦は、このような神道的雰囲気の濃厚な家庭環境で成長したものの、大正一一（一九二二）年に東京府立第五中学校に入学して以降、クロポトキン、マルクスなどの著作に興味を持ち、社会主義の研究会に出入りし、昭和六（一九三一）年には友人の共産党員の勧めで『アカハタ』に無署名の論文を執筆している。

ところが、葦津は昭和七（一九三二）年二月にマルクス主義と訣別し、今までの思想理論を一挙に放棄する。彼自身の回想によれば、「私は、父の神道的ユートピアの美を信じて、そのユートピアを発展させて、近代的に理論武装し、それを現実的な社会路線のものとするための研究に、全力を投入しようと決意するにいたった」[2]とのことである。彼の回心には父の存在・信仰が極めて大きく作用しており、「もしも私が、葦津耕次郎といふ神道人の子といふ血縁がなかったとすれば、「個」としての私の天性は、当然にラジカルな社会主義者になってゐて然るべきだと常に思ふ」[3]と述懐するのも当然のことであった。回心後の彼は、父の事業を補佐しつつ、民族主義的な思想活動に邁進し、宮内省掌典星野輝興や国語審議会会長橋本進吉の弾劾運動、英霊公葬運動などに携わった。

敗戦後の葦津は、神道と天皇を守ることによって日本の民族精神の昂揚を実現しようと、宗教法人神社本庁の設立に関わるとともに、日本国憲法を核とする戦後日本のあり方の変革に取り組む。彼は、神社界の機関紙『神社新報』の主筆として長らく神社界のオピニオン・リーダーを務め、大きな影響力を保ち続けた。伊勢神宮の神器の法的地位確認や靖国神社国家護持、紀元節復活、元号法制化の諸運動、津地鎮祭訴訟への対応など、天皇・皇室、神道・神社をめぐる様々な社会問題に深く関与し、その理論的指導者として活躍した。

葦津の言論活動は、はやく一九三〇年代からはじまるものの、一般に戦前の活動よりも戦後の活動の方に注目が集まりがちである。そもそも彼の死後に編集された『葦津珍彦選集』全三巻には、戦前の著作としては父への追悼文しか収録されていないことが端的に示すように、こんにちの神社界において、彼は戦前に様々な運動に携わった民族主義青年としてではなく、戦後に「神道の社会的防衛者」として長らく活躍した、代表的理論家・ジャーナリストとして記憶・顕彰されている。

このような戦前の葦津の活動に対する関心の低さは、先行研究においても同様であり、ほとんどのものは戦後の活動に焦点を合わせ、戦前の彼に関しては部分的な言及や一部の評論での解説にとどまっている。[4]もちろん戦後の彼の長きにわたる精力的な活動の重要性を考えれば、現代の神社界や研究者の関心にかかる偏りが生じるのも当然ではあるが、戦後における葦津の主張や活動の意味を正確に理解するためには、まずは彼の思想形成期にさかのぼって、彼の思想を実証的に検討しなければならない。その際、先にも触れたように、彼が父耕次郎から強い影響を受けたことは明らかであり、さらに父との縁から今泉定助・頭山満といった当時の民間神道・右翼の陣営における長老的存在からも薫陶を受けており、彼らとの思想的影響関係の具体相を解明することも重要であろう。(5)さらに世代の異なる父・今泉・頭山との関係のみにとどまらず、葦津と同世代の人物との交流にも注目する必要がある。このような人間関係も視野に入れたうえで、葦津の戦後の認識が、敗戦前の認識とどのような面で連続し、また断絶しているのかという点の解明は、単に葦津個人の問題にとどまらず、近現代における神道思想の歴史的意義を考えるうえでも極めて重要なことかと思われる。

本稿では、以上のような問題意識に基づいて、とりあえず戦前の葦津の思想・活動に注目し、彼の民族主義と神道信仰の内容を明らかにするとともに、彼の思想・信仰と英霊公葬運動との関わりについて分析する。英霊公葬運動（忠霊公葬運動）とは、陸・海軍や市町村等が主催する戦没者の葬儀（公葬）において仏式を排し、神式（教派神道のことではなく、神社神道の儀式であり、国式国礼とも称された）で統一すべきことを主張し、その実現を目指した諸集団による運動をいう。(6)

夙に日露戦争期には、戦没者の慰霊に関して、神道と仏教の間で慰霊の場所や行事のあり方などをめぐって紛争が生じていたが、その後は表面化することのないままであった。(7)しかし、満洲事変以降の非常時のなか、英霊公葬運動が展開することで、再び神仏間の摩擦は激しくなる。同運動は、戦前には「国家の宗祀」として非宗教と規定されていた神道の宗教性、端的にいえば霊魂観・死後観といった論点の顕在化を促し、結果として戦時下における神道界と仏教界との決定的な対立を引き起こしかねず、取締り当局も同運動の盛り上がりを危険視していた。

昭和期の英霊公葬運動は、昭和九(一九三四)年の東郷平八郎元帥の国葬を契機として、今泉定助・葦津耕次郎による明治一五(一八八二)年の内務省達(神官の葬儀不関与)の廃止運動等が単発的に生じた萌芽期、昭和一六(一九四一)年に神社人や有志が公然と英霊公葬神式統一運動をはじめる成長期、昭和一七~一八(一九四二~四三)年、神社界のみならず大東塾など右翼団体をも巻き込んで展開する完結期の三期に分けることができる(8)。葦津は、師と父が念願とした公葬神式の実現を目指して、同運動に参加していく。本稿は、同運動に示された彼の見解を、戦前における彼の思想のひとまずの集大成とみなす立場から検討を行う。

一　民族主義者としての出発

葦津が日本回帰を果たしたとされる昭和七(一九三二)年二月、当時の彼が最も親しくしていた友人千葉直太郎(明治四〇~昭和八〈一九〇七~一九三三〉年)は葦津を高く評価し、のちに大日本生産党に入党する國學院大學学生影山正治に葦津のことを話していた(9)。おそらくそれからほどなくしてであろう、葦津は千葉の紹介で影山と初対面を果たしている(10)。さらに同年秋頃には、葦津は再び千葉の紹介で今度は前田虎雄(明治二五~昭和二八〈一八九二~一九五三〉年)に会い、畏敬すべき人物との印象を抱いている(11)。

葦津がどのような縁で千葉と友人になったのかは不明ながらも、日本回帰後の葦津は、このように千葉を介して当時の国家主義陣営との接点を作っていったのだと推測される。というのも、千葉は、大正一五(一九二六)年に赤尾敏が設立した建国会に参加し、そこで津久井龍雄・鈴木善一・前田虎雄らと知り合い(12)、八幡博堂が昭和四(一九二九)年一一月に結党した日本国民党に鈴木善一とともに加わる[13]といった経歴から、昭和六（一九三一）年六月、内田良平によって創立された大日本生産党の幹部と極めて密接な関係をもち、自身も大日本生産党関東本部書記として広い人脈をもっていたからである。千葉は、昭和七（一九三二）年八月、民族時代社を設立し、雑誌『民族時代』や民族時代社パンフレットを創刊するも、経営不振によって廃刊し、昭和八（一九三三）年以降、津久井龍雄からの依頼によって国難打開聯合協議会の機関誌『国民運動』の編集実務に携わるさなか[14]、同年六月に急死している（享年二七）。葦津は前田虎雄・八幡博堂・津久井龍雄・鈴木善一らとともに葬儀委員を務め、愛国同志葬を執り行っている[15]。

葦津は、大日本生産党の準機関紙にあたる『改造戦線』の紙面において、昭和維新を目指す同志として次のような提案をしている。

> 改戦〔『改造戦線』─昆野註、以下同じ〕が各所に散在する我々の様な読者達を、単なる新聞読者として放任することなく、出来るだけ運動に近づけ、出来るだけ積極的に活動させる様にするために「読者会」といふ様なものを是非共組織せられむことを切望します。（改行）尚、血盟学生〔血盟団事件に連座した学生メンバー〕の救援運動が活溂《ママ》に行はれて、「反資本主義者として、我が戦闘的日本主義こそ其最たるもの」（本紙前号対メーデー策より）なることを、大衆に理解せしめ、反資本主義大衆を糾合することに成功せられんことを期待してゐます─戦闘的救援運動の目的とする所は、（中略）大衆に対して、犠牲者は何を理想し、何を目的としたかを知らしめ、その志を大衆自らの志とせしむるに在ると考へます[16]。

ここで葦津が重視しているのは、反資本主義を旗印とする読者・大衆の組織化であり、昭和維新に挺身する者の理想を大衆に共有させることで、彼は資本主義を打破する昭和維新への大衆の一斉動員を計画している。

ところで、葦津が回心を遂げ、大日本生産党の同志として活動していく昭和七（一九三二）年前後の時期には、血盟団事件、五・一五事件といったテロが立て続けに起きている。さらに昭和八(一九三三)年には、神兵隊事件により彼の友人村岡清蔵や面識のある前田虎雄・影山正治らが一斉に検挙され、国内的には昭和維新運動が一頓挫し、対外的には日本が国際連盟を脱退するといった内外多事の状況を経て、葦津は、昭和九(一九三四)年一二月、日本民族が今後とるべき世界政策についてまとめた私見を公刊し、自ら「国の柱」と頼む人物に送付した。その提言は「道義」実現に向けた熱意がほとばしり、そこには「道義」を体現する天皇への信仰と天皇を支える日本民族の使命感が満ち溢れているが、まずはその内容を詳しく確認していこう。

然も、我が日本天皇こそは、世界唯一の大慈悲の具現者に在しますのであり、覇道に苦しむ東洋十億の民族の唯一真実の救世主に在しますのであります。日本天皇は、人類が理想し得る限りの至高至明の現人神であり、この天皇を措いて、他に東洋十億の力ある救世主は、絶対に存在し得ぬのであります。(中略)この道理が明かとなり、東洋十億の民衆が、日本天皇の御聖徳に憧憬の念を抱く時、必然的に日本帝国の存在は安泰なるを得、又東洋被抑圧民族は解放せられ、世界に道義の確立を見ること又期すを得べしと信ずるのであります。(17)

葦津によれば、天皇は「世界唯一の大慈悲の具現者」「東洋十億の民族の唯一真実の救世主」「至高至明の現人神」であり、天皇を戴く日本は理想主義的な「道義」外交を遂行し、西洋の帝国主義から東洋の被圧迫民族を救うことが要請される。天皇の位置づけについてはともかく、このような「道義」言説自体は、大川周明など近代日本のアジア主義者たちによって、西洋の功利主義・帝国主義に対する批判言説として広く流布されていたものであり、基本的には特異なものではない。葦津において特徴的なのは、日本による植民地統治の現実を棚上げにした独善的な主張なのではなく、帝国主義それ自体を否定し、日本の植民地の解放・独立をも視野に入れていた点である。

我々は順を以て進み、満洲も朝鮮も、日本天皇の偉大なる精神的皇化の下に、民族国家を建設せしむることを終

局の理想とする。(18)
日本民族の果すべき任務は、遼遠にして雄大である。鮮満台の民族、住民を「安堵」せしめ、東洋十億の民族に日本天皇の聖徳を知らしめ、以て覇道に堕落せし欧米帝国主義権力に対し、道義の権威もて東洋よりの撤退を説諭すべし。而して又彼等を反省自覚せしめて道義国家に転向せしむべきである。(19)

葦津は、最終的には「精神的皇化の下に」満洲・朝鮮・台湾を「民族国家」として独立させるとともに、欧米諸国をも「道義国家」化することを目指していた。全ての国家が帝国主義を放棄し、「道義」（＝「日本天皇の聖徳」）に従うことによって世界平和を実現せんとする壮大な構想である。

このような葦津の構想は、友人の伊藤芳男（明治三九〜昭和二五〈一九〇六〜一九五〇〉年）から「君の理想は清く美しいが、現実の権力情況を無視してゐる。（中略）君の論は、まったく書生論で、現実を動かしえない」(20)と批判されるものであり、実際、現実の日本は欧米にならった功利主義的外交を展開しており、帝国主義の放棄、植民地の解放などは論外であった。もちろん葦津もこのような苦々しい現状を正確に認識しており、「天皇の大権の御発動」(21)によって理想主義的「道義」外交の方針を不動のものとして宣言することを主張している。さらに併せて「政党議会主義的多数決思想、デモクラシイの思想」を清算して方針の不統一を避けること、(22)および外交方針の変更に伴う内政の「道義」化、すなわち「内政の改革」＝「功利主義的資本主義」（階級対立）の根絶の必要性も説いている。(23)

葦津は、このように天皇の徳に基づく「道義」外交と国内改造＝昭和維新を主張するわけだが、「道義」外交論こそが日本民族を動かす情熱を喚起すると信じ、「道義」に則った世界政策を掲げることで、広範な人々を昭和維新へと動員しようとする。

今、日本に於て、人々は総て昭和維新の緊急なる所以を説いてゐる。然し昭和維新の呼び声は高いけれども、不足する所は、広く全日本民族を動かすに足る情熱の力である。広く大きな情熱を呼び起すに足る一つの中心的目標に欠けてゐる。(中略)我が世界政策は、昭和維新、天皇御親政、「世界平和」確立のための情熱の焔とならねばならぬ。それは我天皇の御生命御使命は永久の世界平和確立であるからである。これ即ち皇祖肇国の御神命であり我国家の生命であるからである。(24)

先に確認したように、葦津は大衆を組織化し、「大衆自らの志」として大衆を昭和維新へと駆り立てることを目指していたが、その問題意識はここでも一貫している。彼がここまで国民の組織化・動員に固執したのは、昭和維新は限られた要路の人物のみによって実現されるのではなく、広範な国民的運動に基づく支持を不可欠とすると考えていたためだろう。彼におけるこのような無名の大衆を組み込んだ昭和維新構想は、彼の強烈な天皇への信と矛盾するものではない。なぜなら彼は「現津御神の御統治は決して智力や武力や財力の政治でもなく、人間的偉人英雄の政治でもない。現津御神と大八洲国知ろしめす天皇の下に於てこそ百千の英雄が併び立ち、共に伸びるの道を開き得るのである。実に明治維新の天皇御親政復古以来、日本に於ては、少からぬ無名の英雄を生んだのである。数千の無名の英雄に依りて、明治時代の日本の飛躍史は成就せられたのである」(25)というように、現人神たる天皇がいてこそはじめて「数千の無名の英雄」は生まれ、活躍できると捉えていたからである。

昭和時代の維新・飛躍もまた天皇のもとに集う「数千の無名の英雄」によって遂行されねばならないと捉える葦津は、千葉らとともに昭和維新運動に挺身した。その過程で彼は千葉をはじめとする旧日本国民党幹部や大日本生産党関係者との人脈をもとに思想を形成し、様々な活動を展開していったように、葦津の思想は千葉らと共通するものであった。八幡博堂は、自身も共有する千葉の思想について、次のようにまとめている。

日本民族の理想は、内に於いて非道義的、反日本的な資本主義機構を改造、刷新し速やかに皇道政治を確立すると共に、外に向つては日本民族の伝統的理想精神たる道義外交を樹立し、日本　天皇の御聖徳を全世界に光被せしむることが、日本　天皇の臣たるわれ〳〵日本民族の一貫せる崇高なる大理想でなければならぬ。（中略）同志故千葉直太郎君は（中略）国内改造と併行し、我日本　天皇が亜細亜の救世主に在しますと云ふ建前から、その正しい対外方針を確立し、白色帝国主義列強の覇道に苦しむ東洋民族の解放を叫んだのであるが、（後略）(26)

葦津の主張が、ほぼ完全に千葉の思想と同じであることは明らかである。むしろ千葉のみならず、葦津の思想は、基本的に旧日本国民党幹部の思想と共通するものだったのだと推測される。そして、以下のような千葉の認識を、葦津も共有していたのだろう。

支那問題に於いて、ヒリツピン問題に於いて、エチオピア問題に於いて、更らに手近な朝鮮、満洲、台湾問題等々に於ける我国の対処如何は、天皇国日本が全有色民族の信をかち得て日本　天皇の御聖徳を全世界に光被せしめるか、将又、民族憎悪を激発して亡国を招来するか我国は極めて重大なる歴史的転機に立たしめられたのである。(27)

だからこそ、昭和一〇（一九三五）年、葦津は同年五月にフィリピンの即時独立を求める急進的政党サクダリスタスの党員が武装蜂起したことに即応して檄文を発表し、「我が徒は、日本政府が敢然として道義的権威の存在を示し、東洋諸民族の信頼に背かず、比島独立派志士の安全を保証すべきことを要求する」(28)と訴えるとともに、武装蜂起前に来日し、帰国できなくなっていたサクダリスタス総裁ラモスと会談する(29)など、フィリピン問題を中心に理想主義的アジア主義者としての活動を重ねていくのである。

このように葦津は、対外論としては反帝国主義、アジア主義の旗幟を鮮明にしており、とくに昭和一二（一九三七）年、日中戦争が本格化して以降は、一貫して日中和平の道を模索し続けた。(30)彼の熱心な活動の背後には、日本国・日本民族の戴く天皇の高い道徳性に対する強烈な信仰があったといえる。

二　葦津の神道信仰と英霊公葬論

1　葦津の神道信仰

前節で葦津の昭和維新に向けた構想を確認したが、実はそれ以前に父耕次郎も昭和維新を構想しており、そこでは外交面として「共存共栄ノ大義ニ立ツ確固不動ノ自主独立外交ノ建設。世界正義化ノタメ積極的献身的外交ノ確立(31)」という方針が考えられていた。

天皇・日本による「世界正義化」(=帝国主義の否定)を説き、アジア解放を求める耕次郎の主張は、葦津と共通するものであり、以て父から子への影響が推測される。そして、耕次郎の改革案は「以上祭政一致の本義既に明なるに至らば、諸政改革の方途は之に依りて自ら明かに、昭和聖代の維新期して成るべきなり(32)」というように、「祭政一致の本義」の闡明に収斂するものであった。耕次郎にとって、日本は祭政一致の国体であり、神と人とが分離することなく、神の精神が人の自性として保持されてきた。そのため、天皇は「国民をして「人(ママ)としての神、神としての人たらしめ、以て平和幸福の神国を顕現する(33)」ことを政治の目的とする。つまり、天皇の祭祀を通じて、国民は公平無私の精神に目覚め、自性を発揮した人々同士の生活によって日本さらには世界の平和・幸福は実現するというのが耕次郎の考えであった。そして、葦津によればそれは「天下万民をして、その所を得させるように祈らせられるのが天皇の御祭り(34)」と解釈された。すなわち、耕次郎における祭祀(=天皇の祈り)の重視は、葦津における「道義」=天皇への信と共鳴しあうものなのである。戦後の葦津が記すところによれば「私の当時の維新の理想とは、「天皇の祭りの精神」を基底にして、近代的高度工業国における万民救済の高度政策を樹てることにあった（中略）私は、日本の維新は、天皇の祈りへの忠誠を、不抜の第一義とするのでなくては、真の力は生まれないと考えた（これは父子継承）[35]」とある。

このように葦津は父の神道信仰を介して、「日本神道のなかに洋風社会主義には見られない（崇高の）美があると信じた」[36]ことによって、マルクス主義から民族主義へと回心し、「天皇の祭りの精神」＝神道信仰に支えられつつ、昭和維新運動に従事していく。

ところで、前節で確認したように、葦津の昭和維新構想は、アマテラスによる「肇国の御神命」は世界的な天皇による世界平和の実現にあり、日本一国にとどまらないという神話解釈に裏づけられたものであった。このような神話理解は、彼が師事した今泉定助から影響を受けたものであり、神学的には次のように理論化されていた。

> わが古事記の伝承によれば、宇宙万有、全世界、全人類の中心にましまして、之を主宰し給ふ天之御中主神の御神格は、日本国家日本民族の最高中心主宰神にまします　天照大御神と表裏の関係にあらせらるゝ。（中略）この様な、神ながらの信仰こそは、日本民族の最も優れた世界精神（八紘一宇の信仰）と、最も優れた民族精神（万邦無比の信仰）との高き統一を全ふせしめたのである。日本の信仰に於ては、民族精神は、雄大なる世界精神に裏づけられてゐる。[37]

葦津は、アマテラスの権威を一国主義的に限定するのではなく、根源神アメノミナカヌシとアマテラスを表裏一体の関係に捉えることで、日本民族が「八紘一宇」を実現しうる「世界精神」を兼ね備えていることを主張する。彼はさらにこの二神と天皇が一体であるという三位一体の解釈に立ち、天皇を「世界全人類の「おほぎみ」[38]」と位置づける。彼にとって、天皇は単なる日本の国家・民族の中心にとどまらず、全世界・全人類の中心なのであり、「神ながらの信仰」は普遍的に通用する世界性を有するものとして称揚される。

そして、天皇信仰を中核とする葦津の神道信仰は、昭和一五(一九四〇)年における父耕次郎の死を経ることによって完成されたのだと思われる。

父は嘗て私に云った「おれの臨終の姿を見て、顕幽一体、死生一如の心境を知れ」と。然り、顕幽一体、死生一如の心境は天皇陛下万歳(七生報国)の信仰によりて、始めて揺ぎなくも顕現し来るものであることを、父は臨終の姿に於て示した。(39)

「天皇陛下万歳(七生報国)の信仰」に生きた父の死の姿を目の当たりにすることで、葦津は「顕幽一体、死生一如の心境」を感得した。すなわち、この世とあの世は通じており、死と生とは相反するものではなく、死んであの世に行っても現世における天皇・日本国家への忠義は変わらず永遠に有効であるとの信仰に到達したのである。「七生報国」という言葉も含めて、この父子のやりとりは、さながら楠木正成・正行父子の桜井の別れを連想させる。実際、葦津はこの故事から「自己死滅の後と雖も、自己の理想は継承し得られ、自己の責任は遂に果し得らるゝとの確信、自己の精神的生命は厳として永続し得るとの信念」「皇運扶翼の責任は、自己一身の責任に止まる事なく、その子孫をして、之を継承せしめずんばやまず、との信仰」を読み取り、それを「天壌無窮の日本の特色」と捉えている。(40)忠君報国という「自己の精神的生命」「皇運扶翼の責任」は死を経ても不滅であるとの信仰は、父が示した「顕幽一体、死生一如の心境」を葦津なりに受けとめ、言い換えたものなのだろう。

昭和一六(一九四一)年初頭、吉川永三郎は「私は葦津珍彦氏の説く所を聞くうちに、同氏の家の信仰(父祖伝承の神道信仰)なるものが天地を貫く一本の中心的柱の如くに打ち樹てられ、この柱を中心として、一切の対立的概念が統一されて行く所の一つの世界観を諒解するに至つた。(改行)この世界観は、物心一如、顕幽一如、公私一体といふ如き信仰を基礎としてゐる」(41)と述べ、神道信仰を基軸として物質と精神、この世とあの世、公的生活と私的生活といった対立関係が止揚されている[42]世界観を葦津の思想に見出している。ここでは後述する彼の英霊公葬論との関わりで、「公私一体」について説明しておきたい。

葦津のいう「公私一体」とは、「滅私奉公」的な意味合いとは異なり、あくまで「私」は否定されず、「公も私もある、という事である」。彼は「公」と「私」の対立を排し、両者が矛盾なく併存することを理想としていた。この立場から彼は、金融資本主義の弊害を指摘しつつも、私有財産制度と私的企業の積極的意義を主張し、「私有財産の公有化（或は社会化）」ではなく「私人の精神と生活が公人化すること」を要請する[43]。その具体例として彼は、戦時経済の財源について、法制度的に徴収される低率ないしは一律の公的税金ではなく、個人の自由意思に基づいた、私有財産や収入の過半に及ぶ高額献金に頼る方がよいと提案するのである[44]。

さらに、葦津は自身の献金推進論が、「財産は国家よりの御預り物である」という考えからなされる「財産奉還」論とは異なることを強調し、「御預り物であるといふことは事実その通りに違ないけれども、之は何も無意味に御預りしたものではない筈である。国家が直接的機関たる政府をして保管し運営せしむるよりも、私人に対しで（ママ）預けておいた方が、より良いからして預ける事になつてゐるのである。無期限で御預りしてゐるといふことは之は極めて重要な理由があつての事である。（帝国憲法御制定の意義慎重熟慮すべし）（中略）生命とか財産とかいふものは、本来から御預りすべき性格を有するものであり、然も欽定憲法を以て、その条章に従ひ御預りすべきことを明示せられたものである[45]」と主張する。生命や財産は、本来的に私的なものであり、かつ大日本帝国憲法によって保障された臣民の権利である以上、彼において「滅私奉公」的な「奉還」論などありえないのである。

2 葦津の公葬神式論

以上のように、葦津が帝国憲法の規定を尊重しながら、「公私一体」等の世界観を完成させた頃、英霊公葬運動は進展を見せる。すなわち、大政翼賛会第一回中央協力会議総会(昭和一六〈一九四一〉年六月一六日)において、國學院大學教授松永材は、仏教的死生観を反国体的と非難し、葬儀の非宗教性を指摘したうえで、戦没者を仏式ではなく日本に伝統的な儀式で祀ることを提案した。(46) この彼の主張は大きな反響を呼び、英霊公葬運動が盛り上がる契機となった。昭和一七(一九四二)年以降、松永のみならず、彼の教え子の影山正治の主宰する大東塾や天野辰夫ら神兵隊事件関係者が関わる維新公論社、さらに祭政一致翼賛協会などが一斉に英霊公葬運動を進めていく。葦津もまた、かかる一連の流れに乗るかたちで公葬神式論を展開する。

ところで、松永材や影山正治は、仏教は非日本的であるという立場から活動しており、彼らの議論は葬儀神式論と排仏論という二つの論点を一体不可分のものとしていた。そのため彼らにおいては公葬・私葬の別なく、全て神式による葬儀が主張された。これに対し、葦津は、戦没者の公葬を神式に統一するという問題と、日本における仏教・キリスト教などの宗教が「日本精神」に反するか否かという問題の二つを分離して考え、「所謂日本化せる諸宗教の儀式は、日本臣民の私的儀式に際して、採用せらるゝの自由を保証せらるゝけれども、公的儀式は、他の信教の内容如何に関係なく、厳として国式国礼たる古神道の儀式が尊重せられねばならぬ」(47) というように、公葬での神式・私葬での自由形式といった使い分けを認めていた。

もちろん葦津にしても、神職の家系に生まれた関係から「私本人にとりましては、公葬であるからどうとか私葬であるからどうとかいふやうな考へはないわけなのですが、私共対社会的に活動致します際には、(中略)公葬私葬の別といふことを特に取立てましして論じてをるやうなわけなのでございます」(48) というように、彼個人としては公葬・私葬の区別などなく、神式のみが唯一の儀式と考えていたが、できるだけ社会に受け入れられやすいようにという現実的な判断から公葬・私葬の使い分けを提案していた。ただし、彼が私葬に対して不干渉の立場に立つ理由は、日本社会の現状に対する配慮のみではない。松永や影山らとは異なる自らの立場について、彼は次のように述べている。

先輩同志各位の中には純信仰の立場から公私の別なく仏教の徹底的否定を御主張になる方も多いのですが、私共はその信仰には敬意を表しつゝも、帝国憲法の条章を特に素直に尊重します立場から、私葬に対しては必ずしも干渉せずとの立前で居ります。(49)

葦津は根本的には帝国憲法の規定を尊重したからこそ、私葬については問題にしなかったのである。彼は戦後に「初めて先生〔松永材〕とお話したのは、戦時中に雑誌「公論」での座談会だった。帝国憲法の「信教自由」について先生の説に私が同意しなかったので、かなりに激しい議論になった。全文速記したのだが、編集者が「同じ神道人が激論したのでは拙いだらう。七八枚削除したい」と申し出て、先生も承諾なさったので私も同意した」(50)と回想しているが、同じく公葬神式を求める陣営の一員とはいえ、帝国憲法の定める信教自由原則の解釈について、松永と葦津との間には大きな懸隔があった。

信教自由原則に関する松永の持論は、以下のようなものである。

信仰の自由と云つても、憲法には「安寧秩序ヲ妨ゲズ及臣民タルノ義務ニ背カザルル《（ママ）》限リ」の条件書きもついてをる。心の内で国体違反の思想を持つことは、安寧秩序を妨げ、臣民たるの義務に背く者である。伊藤公が憲法義解を書いた時代は、もう陳腐な過去に属する。公は「内部に於ける信教の自由は完全にして一の制限を受けず」と考へてをつた。これでは心の内で親殺しを目論んでをつても、それが外部に現はれなければ差支なしと謂ふことになる。（中略）今やかゝる出鱈目な考へ方に徹底的反省を加へて、健全なる精神にかへらねばならぬ。これが精神奉還又は思想維新である。[51]

松永の場合、外面の行為にあらわれすらしない個人の内面までが非難の対象とされ、私的内心のすべてが公的価値（天皇・国家）へ「奉還」される「滅私奉公」（彼は「滅私奉皇」とも表記）が求められる。彼の「精神奉還」とは、先に葦津が批判した「財産奉還」論に通じるものであり、その根底にはいわば日本国民各自の内面生活は個々人本来の私的なものではなく、あくまで天皇・国家からの預かり物（恩恵）であるという発想が認められる。

これに対し、葦津は、帝国憲法が限定的ながらも信教の自由を認めている以上、私的内面・精神が預かり物だとしても、そのような権利付与にはそうした方がよい重要な理由があると判断したのだろう。そのため、彼は私的内面の自由を一概に否定はしない。とはいえ、その「私」は「公」と対立するものとは想定されていない。

我々は苟も日本に於て信教の自由を認められたる宗教は（仏教であれ基教であれ回教であれ）総てが惟神の大道に帰一するものであると解してゐる。惟神の大道に帰一せず、惟神の大道に反抗するが如き信教が、大日本帝国に於て許容せらるゝ道理がない〔。〕惟神の大道こそは、仏教徒であれ基教徒て《ママ》あれ回教徒であれ、苟も日本人たる限り、如何なる信教を有する個人にも全的に例外なく共通する所の大道でなければならぬ。国式国礼に則りて公葬を執行すべしとなす我々の主張は、断じて戦没英霊個々人の信教を無視するものではない。[52]

そもそも信教自由の名のもとに日本で布教されている現存の諸宗教は、「安寧秩序ヲ妨ケス及臣民タルノ義務ニ背カサル限ニ於テ」という条件をクリアしているはずであり、そうである以上は神道（「惟神の大道」）に抵触することはない。葦津からすれば、個々人が内面でいかなる信仰を把持していようとも、公的には全ての日本人は神道を信仰することが当然視され、戦死者の公葬を神式（「国式国礼」）で行っても、戦没者個人の私的な信教の自由を侵したことにはならない。「公」（「惟神の大道」）と「私」（信教自由に基づく個人の信仰）との対立が排され、「公」も「私」も共存する関係が構想されている。ただし、「仏教や基督教の日本化といふ事は日本民族思想の傍系的存在を赦されるか、或は全的に否定せらるべきかといふ問題にすぎぬ。それは断じて、古神道に代りて、日本民族信仰の中枢たるの地位を占める事を赦されるものではない」(53)というように、公的な「古神道」と私的な仏教等の宗教との区別は厳然としている。「私」に属するものはどれだけ「日本化」されても「公」にはなりえず、「公」は神道によって独占されているのである。

葦津は昭和一八（一九四三）年六月二六日、内務大臣（神祇院総裁）宛に進言書を提出するに至り、そこでも「公葬に於ける神式（国式国礼）の確立、私葬に於ける各信教自由の尊重」(54)という持論の解決策を提示したが、彼らの運動は結局、政府や軍部、神祇院を動かすには至らず、昭和一九（一九四四）年以降は低調化していく。ひとり大東塾は運動を継続するが、それも敗戦によって終焉を迎えることになる。

おわりに

以上、本稿は、葦津珍彦が日本回帰を果たした昭和七（一九三二）年から英霊公葬運動に参加する昭和一八（一九四三）年までの、彼の思想について検討した。当該期における彼の思想が部分的な言及にとどまってきた研究史の現状に対し、本稿は彼の民族主義、神道信仰の内容や英霊公葬運動との関わりの一端を解明した。以下、本稿の内容をまとめて結論に代えたい。

昭和七（一九三二）年二月以降、葦津は民族主義者として出発し、理想主義的外交論と国内改造論を柱とする議論を展開し、昭和維新運動の一翼を担う存在となっていく。そして、神道信仰＝天皇信仰を核とする彼の思想は、父耕次郎から大きな影響を受けたものであり、かつ彼の親友千葉直太郎をはじめとする昭和維新運動の中心人物たちの思想に通じるものであった。昭和八(一九三三)年の千葉の死以降も、葦津は千葉の遺産(思想的にも人脈的にも)を受け継ぐ形で活動を展開する。

昭和一五(一九四〇)年の父の死後、葦津は神道信仰を基軸とする自らの世界観を完成させたと考えられ、それを背景にして様々な運動に積極的に関与していく。その一つとして彼は、昭和一六(一九四一)年以降盛り上がりをみせた英霊公葬運動に加わり、公葬・私葬を使い分ける立場から公葬神式統一の論陣を張る。彼の立場は、国民に「精神奉還」「滅私奉公」を要求する松永材の主張とは異なり、一応は私的内面の自由を基本的に認めたうえで私葬への不干渉を容認するものであった。

「天皇の祭りの精神」を基礎とする、戦前の葦津の神道信仰は、戦後も継承された。それは「天皇は常に、日本人すべてのために、国安かれ、民安かれと祈って祭りにつとめられた。日本国の祭り主だと云ふことでは、初代いらい今日にいたるまで終始して変ることがない[55]」という天皇観や、「天皇国日本への関心なくしては、神道は存立しえない[56]」という神道観からうかがうことができる。戦前と戦後における彼の変化も含めた、より総体的な分析は今後の課題としたい。

註

(1) 葦津耕次郎については、西矢貴文氏による以下の一連の研究を参照。「葦津耕次郎の対外観―「敵国降伏」と朝鮮への眼差しを中心に」(『神道宗教』一九一号、二〇〇三年七月)、「明治期の葦津耕次郎」(『神道史研究』五三巻二号、二〇〇五年一〇月)、「葦津耕次郎の政治観」(『明治聖徳記念学会紀要』復刊四二号、二〇〇五年一二月)、「事業家としての

葦津耕次郎」（『明治聖徳記念学会紀要』四三号、二〇〇六年一一月）、「大正期の葦津耕次郎」（『神道宗教』二〇四・二〇五号、二〇〇七年一月）、「靖国神社僧侶参拝問題に関する一考察」（『神道史研究』五八巻一号、二〇一〇年四月）。

（2）　葦津珍彦「老兵始末記」（一九八三年七月。葦津珍彦著・葦津珍彦の主張普及発起人会編『昭和史を生きて―神国の民の心』、葦津事務所、二〇〇七年、六頁）。

（3）　葦津珍彦「私も神道人の中の一人である」（『神国の民の心』、島津書房、一九八六年、一一四頁）。

（4）　葦津珍彦を扱った先行研究としては以下が挙げられる。堀幸雄『増補　戦後の右翼勢力』（勁草書房、一九九三年）、鈴木滿男「アジアを考えた人―葦津珍彦私論」（『諸君』二六巻三号、一九九四年三月。のち加筆・改題のうえ鈴木滿男『「帝国の知」の喪失』、展転社、一九九九年、に再録）、鈴木正「君主論ノート―葦津珍彦論」（『情況』七巻一号、一九九六年一月）、稲葉稔「現代に生きる武士道―葦津珍彦の戦闘精神」（一九九六年六月。『近現代　戦闘精神の継承』、頭山満翁生誕百五十年祭実行委員会、二〇〇六年）、斎藤吉久「朝日新聞と神道人」（『正論』三〇六～三〇八号、一九九八年二～四月）、山西逸朗「葦津珍彦の「国体」意識についての一考察」（『明治聖徳記念学会紀要』復刊二三号、一九九八年四月）、鈴木滿男「葦津珍彦書簡考」（上）（中）（下）（『日本及日本人』一六三一～一六三三号、一九九八年七月～一九九九年一月）、藤田大誠「「神道人」葦津珍彦と近現代の神社神道」・齊藤智朗「『国家神道とは何だったのか』と国家神道研究史」（ともに葦津珍彦著・阪本是丸註『新版　国家神道とは何だったのか』、神社新報社、二〇〇六年）、渋川謙一ほか「『神道文化』座談会　葦津珍彦とその時代」・齊藤智朗「国家神道研究史補説」・藤田大誠「近代国学における非宗教性の淵源―祭神論争と祭教学分離」（以上『神道文化』一八号、二〇〇六年一二月）など。なお他に葦津への追悼文や回想をまとめた葦津珍彦先生追悼録編集委員会編『葦津珍彦先生追悼録』（小日本社、一九九三年）、神社新報社編『次代へつなぐ葦津珍彦の精神と思想』（神社新報社、二〇一二年）、なども葦津研究のうえで有益である。

（5）今泉定助と葦津珍彦との影響関係については、阪本是丸「神道・政教論解題」（葦津珍彦選集編集委員会編『葦津珍彦選集』一巻、神社新報社、一九九六年）、拙稿「日本主義の系譜—近代神道論の展開を中心に」（『岩波講座 日本の思想』一巻、岩波書店、二〇一三年）、参照。

（6）戦時期における戦没者の公葬問題に関する先行研究としては、以下が挙げられる。中濃教篤「公葬形式をめぐる神仏の抗争—靖国神社国営化問題に関連して」（『現代宗教研究』九号、一九七五年三月）、同「総論」（中濃教篤編『戦時下の仏教』、国書刊行会、一九七七年）、赤澤史朗「神祇院の成立」（『近代日本の思想動員と宗教統制』、校倉書房、一九八五年）、「英霊公葬問題」（神社新報政教研究室編『増補改訂 近代神社神道史』、神社新報社、一九八六年）、中西直樹「戦時体制下の「神仏対立」—「英霊」の公葬をめぐって」（「戦時教学」研究会編『戦時教学と真宗』一巻、永田文昌堂、一九八八年）、長友安隆「戦時下神道界の一様相—従軍神職と英霊公葬運動を中心として」（『明治聖徳記念学会紀要』復刊三四号、二〇〇一年一二月）、粟津賢太「戦没者慰霊と集合的記憶—忠魂・忠霊をめぐる言説と忠霊公葬問題を中心に」（『日本史研究』五〇一号、二〇〇四年五月）、白川哲夫「地域における近代日本の「戦没者慰霊」行事—招魂祭と戦死者葬儀の比較考察」（『史林』八七巻六号、二〇〇四年一一月）、同「大正・昭和期における戦死者追弔行事—「戦没者慰霊」と仏教界」（『ヒストリア』二〇九号、二〇〇八年三月）、藤田大誠「国家神道と靖国神社に関する一考察—近代神道における慰霊・追悼・顕彰の意味」（國學院大學研究開発推進センター編『慰霊と顕彰の間—近現代日本の戦死者観をめぐって』、錦正社、二〇〇八年）、同「昭和戦前期の戦死者慰霊に関する一考察—英霊公葬問題を中心に」（日本思想史学会二〇一一年度大会個別研究発表レジュメ、二〇一一年一〇月三〇日）、同「近代神職の葬儀関与をめぐる論議と仏式公葬批判」（『國學院大學研究開発推進センター研究紀要』八号、二〇一四年三月）、同「英霊公葬問題と神職」其の壱～参（『神社新報』三二二三、三二二四、三二二五号、二〇一四年八月一一日、一八日、二五日）、同「文

那事変勃発前後における英霊公葬問題」（『明治聖徳記念学会紀要』復刊五一号、二〇一四年一一月）等。

（7）白川哲夫「地域における近代日本の「戦没者慰霊」行事」前掲註（6）、参照。

（8）長友安隆「戦時下神道界の一様相」前掲註（6）、参照。

（9）影山正治『一つの戦史』（一九三二年二月一一日条）（一九五七年初版、一九七五年増補五版刊行。のち『影山正治全集』六巻、影山正治全集刊行会、一九九〇年、一五〇頁）。

（10）葦津珍彦「痛惜」（『影山正治大人追悼集』、影山正治大人追悼集編纂委員会、一九八〇年、三四頁）。

（11）葦津珍彦「前田虎雄大人を想ふ」（『新勢力』七巻七号、一九六二年七月、二八～三〇頁）。ただし、より後年の回想では、葦津は友人の村岡清蔵（旧日本国民党中央委員）の案内で前田に会ったと記している（葦津珍彦「老兵始末記」前掲註（2）、一四頁）。

（12）津久井龍雄「日本主義運動の回顧（三）」（『国民運動』一巻三号、一九三三年六月、九〇頁）。

（13）同右、九四頁。

（14）津久井「嗚呼、千葉直太郎君」（『国民運動』一巻四号、一九三三年七月、九四頁）。

（15）無署名「惜むべし同志千葉君逝く」（『改造戦線』二七号、一九三三年六月、三面）。『改造戦線』は法政大学大原社会問題研究所所蔵。

（16）葦津珍彦「同志通信」（『改造戦線』一四号、一九三二年五月、三面）。なお『改造戦線』に葦津の記事があることは、愛知学院大学大学院研究員岡佑哉氏よりご教示いただいた。記して感謝申し上げる。

（17）葦津珍彦『日本民族の世界政策私見』（一九三四年。葦津珍彦『神道的日本民族論』、神社新報政教研究室、一九六九年）四頁。

(18) 同右、一九頁。
(19) 同右、一六頁。
(20) 葦津珍彦「伊藤芳男君の横顔―汪精衛が深く信頼した日本人」(『小日本』一九八四年一一月号。『葦津珍彦選集』二巻、神社新報社、一九九六年、六八二～六八三頁)。
(21) 葦津珍彦『日本民族の世界政策私見』前掲註(17)、一八頁。
(22) 同右、一三頁。
(23) 同右、一五頁。
(24) 同右、二一～二二頁。
(25) 葦津珍彦「私有財産と私的企業」(一九四一年二月。葦津珍彦著・吉川永三郎編『論集』、兄弟会、一九四二年、一〇六頁)。
(26) 八幡博堂「千葉兄の理想主義的対外方針を想ふ」(高野芳信『太平洋パンフレット第参輯　日本民族の理想精神』、『太平洋』同人、一九三五年、一二～一三頁)。
(27) 同右、一四頁。
(28) 『太平洋』同人「比律賓独立戦争と我徒の態度―独立派志士を米国官憲に渡すな」(『太平洋』一九三五年五月号、『論集』一三〇頁)。
(29) 南船北馬「サクダリスタスを紹介する」(高野芳信『太平洋パンフレット第参輯　日本民族の理想精神』前掲註(26))参照。南船北馬は葦津珍彦の筆名である。
(30) 葦津珍彦「日華和平の基本的問題」(一九三八年八月。『論集』参照)。

(31) 葦津耕次郎「昭和維新案」（一九三二年、頁数なし。昆野所蔵）。これには「葦津」と朱印があるだけだが、一九三二年一〇月付でまとめられた葦津耕次郎「昭和維新案」（国立国会図書館憲政資料室所蔵松本学文書Ｒ一一、分類番号一六四）の草案にあたる。
(32) 同右、頁数なし。
(33) 頭山満・葦津耕次郎「朝野官民に告ぐ」（一九二八年四月。葦牙会編『あし牙』、葦牙会、一九四〇年、一七九頁）。
(34) 葦津珍彦「老兵始末記」前掲註(2)、三頁。
(35) 同右、一三～一四頁。
(36) 同右、一三頁。
(37) 白旗士郎「古典・民族・人類」（『維新公論』六巻九号、一九四二年一〇月、七頁）。白旗士郎は葦津珍彦の筆名である。
(38) 同右、八頁。
(39) 葦津珍彦「亡父葦津耕次郎の追想」（一九四〇年七月一九日。『葦津珍彦選集』三巻、神社新報社、一九九六年、六七五頁）。
(40) 以上、葦津珍彦「楠公を想ふ」（『論集』九三頁）。
(41) 吉川永三郎「はしがき」（吉川永三郎『私有財産と私的企業』、兄弟会、一九四一年、二～三頁）。吉川は神兵隊事件に関与し、検挙されるも昭和一〇（一九三五）年一二月保釈され、その後、葦津が経営する会社（日の丸組）に迎えられた。昭和一四（一九三九）年頃から葦津と同居しはじめ、彼とほぼ思想を同じくする人物である。
(42) 葦津珍彦「補筆」（『論集』一二〇頁）。
(43) 葦津珍彦「私有財産と私的企業」（『論集』一一六頁）。

(44) 同右、一一一～一一二頁。
(45) 同右、一一五～一一六頁。
(46) 松永材「敬神崇祖を一体化する件」『第一回中央協力会議会議録』(須崎愼一編『大政翼賛運動資料集成』二集二巻、柏書房、一九八九年、二〇～二二頁)。
(47) 白旗「宗教思想の批判と公葬問題の解決」(『報国新報』一〇二二号、一九四三年二月七日、一面)。
(48) 白旗士郎談「座談会　忠霊公葬問題」(『公論』六巻一〇号、一九四三年一〇月、九七頁)。座談会の出席者は、平田盛胤(神田神社社司)、松永材(國學院大學教授)、白旗士郎、幡掛正浩(日本大学皇道学院講師)、武藤包州(大東塾塾生)、志村陸城(仏教圏協会理事)、安曇磯興(大日本神祇会嘱託)である。
(49) 同右、九〇頁。
(50) 葦津珍彦「松永先生の淋しさ」(『新勢力』一四巻九号、一九六九年一〇月、五四～五五頁)。
(51) 松永材『敬神崇祖一体論』(平凡社、一九四一年)、一三九～一四〇頁。
(52) 白旗士郎「大日本仏教聯合会に対する反批判」(『報国新報』一〇二八号、一九四三年三月二八日、一面)。
(53) 白旗「宗教思想の批判と公葬問題の解決」前掲註(47)、一面。
(54) 「公葬問題に関する葦牙寮の進言書」(一九四三年六月二六日内務大臣宛提出。「公葬問題ニ干スル綴」国立公文書館所蔵、アジア歴史資料センター・レファレンスコード A06030085200)。
(55) 葦津珍彦「対話—皇室の精神史」(葦津珍彦『天皇—日本人の精神史』、神社新報社、一九七三年、一三頁)。
(56) 葦津珍彦「日本の国政と神道」(一九六八年。『神道的日本民族論』前掲註(17)、二三八頁)。

刊行に寄せて

佐藤　弘夫

このたび、私の所属する日本思想史研究室の准教授である片岡龍先生と助教の冨樫進君を中心とする研究室の在学生・出身者・関係者のご尽力によって、私の還暦を機してこのような充実した論集を準備していただいた。執筆者をはじめ、関わられたすべての皆様に厚く御礼申し上げたい。

一九九二年四月に東北大学に着任してから、今年で二三年になる。この間、日本はもとより世界中から、たくさんの人々が日本思想史研究室の門戸を叩いてくれた。文学研究科の二五専攻分野のなかで、教員一人当たりの研究室構成員数・院生数からいえば、ここ一〇年ほど、日本思想史は第一位の不動の座を守り続けている。卒業生・修了生が社会に雄飛し、学界のみならず各分野で活躍してくれていることも大きな喜びである。

少しでも事情を知っている方ならお分かりの通り、教育者としての私は決して模範になるような人間ではない。私からきちんとした研究指導を受けたという記憶のある学生は、おそらくほとんどいないのではなかろうか。着任してしばらくの間は、まだ若かったこともあって、遊びの世界で学生諸君と比較的濃密な人間関係を築くことが出来たが、やがて内外の仕事が増えるにつれて接触できる時間がみるみる減っていった。それでも優秀な人材が陸続と育っていったのは、ひとえに私の助教授時代に主任教授だった玉懸博之先生と、二〇〇四年に准教授として着任された片岡先生、ならびに歴代の助手・助教の皆様のご尽力によりものであり、学生・院生諸君みずからの弛みなき精進の成果である。戦後間もなくの時代に比べれば、人文学の学問分野は研究者の数においても、公刊される研究の数の面でも飛躍的に増大した。しかし、丸山眞男のように分野を超えて愛読され、市井の人々にまで影響を与えるような仕事を、現在の私たちは生み出し、共有しているであろうか。残念ながら、そうなってはいない。

その原因は研究者の能力の低下ではあるまい。直面する時代の課題に学問を通してきちんと向き合っているかどうかの問題であり、その課題の解決に果敢に取り組む姿勢をもっているか否かという問題なのである。私が近年学生諸君に対してしばしば口にする「野心的たれ」という言葉には、そうした認識を踏まえた自戒の意味もこめられている。

広く現在の人文科学の分野の現状を見渡したとき、方法や視座の面において、日本の学界は欧米のアカデミズムに対し圧倒的な輸入超過の状況にある。欧米の研究者が作り上げたルールに従って競技に参加するプレイヤーの地位に甘んじているのが、いまの日本の研究者の現状なのである。

私たちはなによりも世界的レベルでのルール作りに参加できるまで、自分たちの研究のレベルを引き上げていく必要がある。そのためには既存の学問分野の棲み分けに甘んじていてはならない。積極的に他分野と関わり、脱領域的研究の舞台に打って出ていかなければならない。たとえ日本列島という限られたフィールドであっても、世界に通用する方法と視座を求めて、私たちの足下をどこまでも深く掘り下げていく不断の努力が求められているのである。

今世紀に入ったころから、私は著書や論文を執筆する際に心がけていることがある。一つは、他分野の研究者はもとより、ある程度の教養人であればだれにでもわかる内容にすることである。二つ目は、そのまま翻訳しても外国の研究者が理解でき、なおかつ面白いといって読んでいただける作品に仕上げることである。近年刊行した『死者のゆくえ』と『ヒトガミ信仰の系譜』(岩田書院刊)は、いずれも日本人以外の読者を想定して書いたものである。

私がこうした点を意識し始めたのは、四〇代も後半になってからのことであった。積極的に国外に出るようになったのも、その頃からである。私よりはるかに若い皆様の前途は無限である。視線を高く保って、どこまでも妥協のない真理探求の一道を突き進んでほしい。

すでに還暦を迎えたが、私はまだまだ自分の学問のレベルに満足していない。引き続き新しい分野と領域に挑戦し続けていくつもりである。読む者に鳥肌を立たせるような、そんな刺激的な学術論文を書くという夢もまだあきらめてはいない。ここに論文を寄せていただいた皆様は、同じ研究の道を志す良きライバルでもある。ともに切磋琢磨しながら、まだみえてこない山頂を目指したいものである。

末筆ながら、まったく採算の取れる見込みのないこのような論集の出版をお引き受けいただいた岩田書院の岩田博氏に甚深の謝意を表したい。私は、岩田書院がきちんと経営を維持できるかどうかが、日本の学術出版界の、さらには日本の人文学の健全さを計るバロメータであると思っている。自分からこのようなお願いをするのも気がひけることであるが、周りの人々に勧めて、一人でも多くの方に本書を購入していただければ幸いである。

『近代日本思想としての仏教史学』(法藏館、2012年)
「宗教概念と日本――Religionとの出会いと土着思想の再編成」
(『シリーズ日本人と宗教――近世から近代へ 第2巻 神・儒・仏の時代』春秋社、2014年)
"Against the Ghosts of Recent Past : Meiji Scholarship and the Discourse on Edo Period Buddhist Decadence" (*Japanese Journal of Religious Studies, 35/2*, 2008)

石澤　理如(いしざわ　あやゆき)　1973年生
吉野作造記念館非常勤研究員
「法典と慣習の「調和」――梅謙次郎の法典観」(『ASIA JAPAN JOURNAL』09、2014年)
「穂積陳重の法律進化論に関する一考察――穂積陳重の法認識」(『青森法政論争』15、2014年)
「法実務家の法意識――加太邦憲の法意識」(『青森法政論叢』12、2011年)

昆野　伸幸(こんの　のぶゆき)　1973年生
神戸大学大学院国際文化学研究科准教授
『近代日本の国体論――〈皇国史観〉再考』(ぺりかん社、2008年)
「日本主義と皇国史観」(『日本思想史講座4　近代』ぺりかん社、2013年)
「日本主義の系譜――近代神道論の展開を中心に」
(『岩波講座日本の思想 第1巻「日本」と日本思想』岩波書店、2013年)

佐藤　弘夫(さとう　ひろお)　1953年生
東北大学大学院文学研究科教授
『ヒトガミ信仰の系譜』(岩田書院、2014年)
『死者のゆくえ』(岩田書院、2008年)
『神・仏・王権の中世』(法藏館、1998年)

（国立政治大学日本語文学系編『政大日本研究』10、2013年）
「中近世移行期の系譜認識にみられる神と王――神・王の社会的必要性」（永井隆之・片岡耕平・渡邊俊編『カミと王の呪縛　日本中世のNATION 3』岩田書院、2013年）

本村　昌文（もとむら　まさふみ）　1970年生
岡山大学大学院社会文化科学研究科准教授
「治癒と臨床」（『日本思想史講座 5　方法』ぺりかん社、2015年刊行予定）
「村岡典嗣「日本国民性ノ精神史的研究」執筆の背景」（『東北大学史料館紀要』7、2012年）
「熊沢蕃山の死生観」（『日本思想史学』40、2008年）

東海林　良昌（しょうじ　よしあき）　1970年生
浄土宗総合研究所研究員
「近世末の法然伝――法洲・法道『御伝撮要説』を中心に」
（藤本浄彦先生古稀記念論文集刊行会編『法然仏教の諸相』法藏館、2014年）
「明治時代後期における祖師顕影―「円光大師十徳」をめぐって」
（石上善應編『現代社会と法然浄土教』山喜房佛書林、2013年）
「九条兼実の見た頭光踏蓮の法然上人について」（『浄土学』44、2007年）

中嶋　英介（なかじま　えいすけ）　1977年生
中国・蘭州大学外国語学院外籍教師
「山鹿素行の教化論――『武教小学』・『山鹿語類』の差異を中心に」
（『日本経済思想史研究』13、2013年）
「山鹿素行の職分論再考」（『ヒストリア』232、2012年）
「大道寺友山『武道初心集』考」（『書物・出版と社会変容』9、2010年）

末永　恵子（すえなが　けいこ）　1965年生
福島県立医科大学医学部講師
『死体は見世物か――「人体の不思議展」をめぐって』（大月書店、2012年）
『戦時医学の実態――旧満洲医科大学の研究』（樹花舎、2005年）
『烏伝神道の基礎的研究』（岩田書院、2001年）

鈴木　啓孝（すずき　ひろたか）　1977年生
韓国・東義大学校人文大学日語日文学科助教授
『原敬と陸羯南――明治青年の思想形成と日本ナショナリズム』（東北大学出版会、2015年）
「明治青年の一時帰郷と日本ナショナリズム――宮崎湖処子『帰省』を中心に」
（河西英通・浪川健治編『グローバル化のなかの日本史像』岩田書院、2013年）
「韓国の大学における歴史素材を活用した日本文化講義の意義」
（韓国日本近代学会編『日本近代学研究』41、2013年）

オリオン・クラウタウ（KLAUTAU, Orion）　1980年生
ドイツ・Ruprecht-Karls-Universität Heidelberg Cluster of Excellence “Asia and Europe in a Global Context” Research Fellow

【執筆者紹介】論文掲載順　＊は編者

＊冨樫　進（とがし　すすむ）　1973年生
東北大学大学院文学研究科助教
『奈良仏教と古代社会――鑑真門流を中心に』（東北大学出版会、2012年）
「比叡山造鐘説話に見る嵯峨上皇――伝円澄「比叡山建立縁起」を起点として」
（小林真由美・北條勝貴・増尾伸一郎編『寺社縁起の古層』法藏館、2015年）
「〈ほとけ〉の言葉は伝わるか」（『古代文学』54、2015年）

和田　有希子（わだ　うきこ）　1974年生
早稲田大学日本宗教文化研究所招聘研究員・群馬県立女子大学非常勤講師
『中世禅籍叢刊 第5巻 無住集』（共編書。臨川書店、2014年）
「禅林の思想と文化」（『日本思想史講座2　中世』ぺりかん社、2012年）
「新出初期禅宗聖教断簡の復元と研究」（『名古屋大学グローバルCOEプログラム「テクスト布置の解釈学的研究と教育」第4回国際研究集会報告書』、2008年）

成　海俊（성해준　スン　ヘジュン）　1960年生
韓国・東明大學校国際文化学部教授
『동아시아 명심보감 연구（東アジア明心宝鑑の研究）』（図書出版文、2011年）
『일본 열도의 사생관（邦題：佐藤弘夫『死者のゆくえ』）』（訳書。図書出版文、2011年）
「동양사상에서의 통치자와 피통치자（東洋思想における統治者と被統治者）」
（『退溪學論集』12、2013年）

片岡　龍（かたおか　りゅう）　1965年生
東北大学大学院文学研究科准教授
『公共する人間1　伊藤仁斎――天下公道の道を講究した文人学者』
（金泰昌と共編。東京大学出版会、2011）
『日本思想史ハンドブック』（苅部直と共編。新書館、2008）
「『朝鮮王朝実録』に見える「公共」の用例の検討」（王敏編『〈国際日本学とは何か？〉東アジアの中の日本文化――日中韓文化関係の諸相』三和書籍、2013）

舩田　淳一（ふなた　じゅんいち）　1977年生
佛教大学等非常勤講師
『神仏と儀礼の中世』（法藏館、2011年）
「西大寺十代長老清算考」（『日本仏教綜合研究』12、2014年）
「中世の神祇・神道説と東アジア」
（説話文学会編『説話から世界をどう解き明かすのか』笠間書院、2013年）

永井　隆之（ながい　りゅうじ）　1971年生
台湾・国立政治大学日本語文学系助理教授
『戦国時代の百姓思想』（東北大学出版会、2007年）
「国家をめぐる歴史研究の新たな試み」

カミと人と死者

2015年(平成27年)3月　第1刷　300部発行　定価[本体8400円＋税]

編　者　東北大学大学院 文学研究科　日本思想史研究室 ＋ 冨樫 進

発行所　有限会社岩田書院　代表：岩田　博　http://www.iwata-shoin.co.jp

〒157-0062 東京都世田谷区南烏山4-25-6-103　電話03-3326-3757　FAX03-3326-6788

組版・印刷・製本：熊谷印刷

ISBN978-4-87294-902-5 C3021　￥8400E

コピーOK